U0632497

今注本二十四史

漢書

漢 班固 撰 唐 顏師古 注

孫曉 主持校注

二六　傳〔一四〕

中國社會科學出版社

漢書　卷九七上

外戚傳第六十七上

　　自古受命帝王及繼體守文之君，[1]非獨內德茂也，蓋亦有外戚之助焉。夏之興也以塗山，[2]而桀之放也用末喜。[3]殷之興也以有娀及有㜪，[4]而紂之滅也嬖妲己。[5]周之興也以姜嫄及大任、大姒，[6]而幽王之禽也淫襃姒。[7]故《易》基《乾坤》，《詩》首《關雎》，[8]《書》美《釐降》，[9]《春秋》譏不親迎。[10]夫婦之際，人道之大倫也。[11]禮之用，唯昏姻爲兢兢。[12]夫樂調而四時和，陰陽之變，萬物之統也，可不慎與！[13]人能弘道，末如命何。[14]甚哉妃匹之愛，君不能得之臣，父不能得之子，況卑下乎？[15]既驩合矣，[16]或不能成子姓，[17]成子姓矣，而不能要其終，豈非命也哉？孔子罕言命，蓋難言之。[18]非通幽明之變，惡能識乎性命！[19]

　　[1]【顏注】師古曰：繼體，謂嗣位也。守文，言遵成法，不用武功也（殿本無此注）。

　　[2]【顏注】師古曰：禹娶塗山氏之女而生啓也（殿本無此注）。【今注】塗山：即塗山氏，古部族名。塗山地望所在，爭訟

不一。或以爲即今浙江紹興市境内的會稽山，或以爲在今重慶市渝北區，或以爲在今安徽當塗縣，或以爲即今安徽懷遠縣一帶的塗山，或以爲即今河南嵩縣三塗山。錢穆、顧頡剛、吕思勉等均持嵩縣三塗山説。

［3］【顔注】師古曰：末喜，桀之妃，有施氏女也，美於色，薄於德，女子行，丈夫心。桀常置末喜於膝上，聽用其言，昏亂失道。於是湯伐之，遂放桀，與末喜死於南巢（殿本無此注）。【今注】桀：夏朝末代君主，名履癸。事迹詳見《史記》卷二《夏本紀》。　用：因。

［4］【顔注】師古曰：有娀，國名，其女簡狄吞燕卵而生禼（禼，蔡琪本作“契”），爲殷始祖（殷，蔡琪本作“湯”）。有娎氏女，湯妃也。娀音嵩。娎音詵（殿本無此注）。【今注】有娀（sōng）：即有娀氏，古部族名。居處於今山西永濟市西一帶。相傳有娀氏長女名簡翟，簡翟吞玄鳥卵而生契，契爲商之始祖。　有娎（shēn）：即有娎氏，又作“有辛”“有莘”“有姺”“有侁”。古部族名。居處於今山東曹縣一帶。相傳有娎氏之女爲湯之妃，伊尹爲媵臣，借機向湯陳述王道，輔湯滅夏。

［5］【顔注】師古曰：妲己，紂之妃，有蘇氏女也，美好辯辭，興於姦宄，嬖幸於紂。紂用其言，毒虐衆庶。於是武王伐紂，戰于牧野，紂師倒戈，不爲之戰。武王克殷，致天之罰，斬妲己頭，縣之於小白旗，以爲紂之亡者，由此女也（殿本無此注）。【今注】紂：商代末代君主，名受，又作“辛”。事迹詳見《史記》卷三《殷本紀》。

［6］【顔注】師古曰：姜嫄，有邰氏之女，帝嚳之妃也，履大人迹而生后稷，爲周始祖。大任（大，大德本、殿本作“太”，本注下同），文王母；大姒，武王母也。嫄音原（殿本無此注）。【今注】大姒（sì）：即太姒。有莘氏之女，嫁周文王姬昌，生武王姬發。以賢德著稱，被尊爲“文母”。大，大德本、殿本作“太”。

　[7]【顏注】師古曰：謂黜申后而致犬戎，舉僞烽而諸侯莫救也（殿本無此注）。【今注】幽王：即周幽王姬宮湦，西周末代君主。事迹詳見《史記》卷四《周本紀》。　禽：同"擒"。　褒姒：初爲周幽王妃，甚得寵幸，生子名伯服。幽王爲博褒姒一笑，不惜舉烽燧而征諸侯。後廢申后而以褒姒爲王后，廢太子宜臼而立伯服爲太子，申后之父申侯聯合犬戎攻周，殺幽王，擄褒姒，周室被迫東遷。

　[8]【顏注】師古曰：基亦始（殿本無此注）。【今注】易基乾坤：《乾》《坤》是《周易》六十四卦中最基本的兩卦，分別象徵天、地，喻指夫、婦。　詩首關雎：《關雎》出於《國風·周南》，爲《詩經》的第一篇。本爲描寫男女戀愛的作品，因其"樂而不淫"，被後世解讀爲夫婦倫理的標準，常用來喻指后妃美德。

　[9]【顏注】師古曰：釐，理也。《尚書·堯典》稱舜之美，云"釐降二女于嬀汭"，言堯欲觀舜治迹，以己二女妻之，舜能以治降下二女，以成其德（殿本無此注）。

　[10]【顏注】師古曰：《春秋公羊經》："隱二年，紀履須來逆女。"傳曰："外逆女不書，此何以書？譏也。何譏爾？始不親迎也。"（殿本無此注）

　[11]【顏注】師古曰：倫，理也。

　[12]【顏注】師古曰：兢兢，戒慎也。【今注】案，昏，蔡琪本作"婚"。

　[13]【顏注】師古曰：與讀曰歟（殿本無此注）。

　[14]【顏注】師古曰：末，無也。《論語》載孔子曰："人能弘道，非道弘人。"又稱子路曰："道之將興，命也；道之將廢，命也。公伯寮其如命何（中華本無"其"字）？"故引之（殿本無此注）。

　[15]【顏注】師古曰：言雖君父之尊，不能奪其所好而移其本意。

[16]【今注】驩（huān）合：指婚配。驩，同“歡”。

[17]【顏注】師古曰：姓，生也。【今注】子姓：子孫。

[18]【顏注】師古曰：《論語》曰：“子罕言利與命與仁。”罕者，希也（殿本無此注）。

[19]【顏注】師古曰：惡音烏，謂於何也。《論語》稱子貢曰：“夫子之文章可得而聞也，夫子之言性與天道不可得而聞也已矣！”謂孔子不言性命及天道。而學者誤讀，謂孔子之言自然與天道合，非唯失於文句（唯，蔡琪本作“惟”），實乃大乖意旨（殿本無此注）。

　　漢興，因秦之稱號，帝母稱皇太后，祖母稱太皇太后，適稱皇后，[1]妾皆稱夫人。[2]又有美人、良人、八子、七子、長使、少使之號焉。[3]至武帝制倢伃、娙娥、傛華、充依，各有爵位，[4]而元帝加昭儀之號，[5]凡十四等云。[6]昭儀位視丞相，[7]爵比諸侯王。倢伃視上卿，[8]比列侯。[9]娙娥視中二千石，比關內侯。[10]傛華視真二千石，比大上造。[11]美人視二千石，比少上造。[12]八子視千石，比中更。[13]充依視千石，比左更。[14]七子視八百石，比右庶長。[15]良人視八百石，比左庶長。[16]長使視六百石，比五大夫。[17]少使視四百石，比公乘。[18]五官視三百石，[19]順常視二百石。[20]無涓、共和、娛靈、保林、良使、夜者皆視百石。[21]上家人子、中家人子視有秩斗食云。[22]五官以下，葬司馬門外。[23]

　　[1]【顏注】師古曰：適讀曰嫡。后亦君也。天曰皇天，地

曰后土，故天子之妃，以后爲稱，取象二儀。

[2]【今注】夫人：又稱作"姬"，在群妾中身份貴重。漢武帝之後被婕妤、娙娥取代。

[3]【顏注】師古曰：良，善也。八、七，禄秩之差也。長使、少使，主供使者（供，蔡琪本作"拱"）。【今注】八子：後宮女官名，亦爲皇帝妃妾。本卷記許皇后事即有田八子。《史記》卷五《秦本紀》記秦孝文王即位之後，尊亡母唐八子爲唐太后。《史記》卷七二《穰侯列傳》"秦昭王母宣太后"，《索隱》曰："宣太后者，惠王之妃，姓芈氏，曰芈八子者是也。"可知"八子"之號，秦統一之前已置，漢沿置，秩視千石，爵比中更。諸侯王後宮亦置，秩比六百石。

[4]【顏注】師古曰：健，言接幸於上也。伃，美稱也。娙娥，皆美貌也。傛傛，猶言弈弈也（弈弈，殿本作"奕奕"），便習之意也。充依，言充後庭而依秩序也（蔡琪本"言充"前有"言充依"三字）。健音接。伃音予，字或從女，其音同耳。娙音五經反。傛音容。【今注】健伃：亦作"婕妤"。漢武帝時始置，在后妃中地位僅次於皇后。皇后闕，常由婕妤遞進選立。元帝置昭儀，婕妤地位有所下降。　娙娥：後宮女官名，亦爲皇帝妃妾。意謂美貌。亦作"娙阿"。

[5]【顏注】師古曰：昭顯其儀，示隆重也。【今注】昭儀：後宮女官名，亦爲皇帝妃妾。漢元帝時始置。在后妃中地位僅次於皇后。位視丞相，官秩一萬石，爵比諸侯王。最初是對有子婕妤的殊遇，成帝時得寵婕妤無子亦可加昭儀號。

[6]【顏注】師古曰：除皇后，自昭儀以下至秩百石，十四等。

[7]【今注】案，承，蔡琪本、大德本、殿本作"丞"，是。

[8]【今注】上卿：古官爵名。周及諸侯國皆置卿，分上、中、下三等，上卿爲最高。漢代公卿大夫士位系統中，御史大夫及

前、後、左、右將軍等皆位上卿，位在公之下，九卿之前。

[9]【今注】列侯：爵名。漢代二十等爵制的第二十級，爲最高一級。本爲徹侯，爲避漢武帝劉徹名諱而改稱通侯，亦稱列侯。有封國，食邑少者數百户，多者達萬户，且有侯國相、家丞等官屬。

[10]【顏注】師古曰：中二千石，實得二千石也。中之言滿也。月得百八十斛，是爲一歲凡得二千一百六十石。言二千者，舉成數耳。【今注】中二千石：漢代官吏秩禄等級。因漢代所得俸禄以米穀爲准，故官秩等級以容量單位“石”名。漢朝二千石爲朝廷列卿及諸國守相等，又可細分爲中二千石、真二千石、二千石、比二千石四等。中爲滿之意。中二千石即實得二千石，月俸一百八十斛。地位在真二千石、二千石、比二千石之上。 關内侯：爵名。秦漢二十等爵制的第十九級，僅低於列侯。有侯號，無封國。一般是對立有軍功將領的獎勵，封有食邑數户，有按規定户數徵收租稅之權（參見師彬彬《兩漢關内侯問題研究綜述》，《中國史研究動態》2015 年第 2 期）。

[11]【顏注】師古曰：真二千石，月得百五十斛，一歲凡得千八百石耳。大上造，第十六爵。【今注】真二千石：尹灣漢簡《東海郡吏員簿》記東海郡尉之秩爲真二千石。 大上造：爵名。秦漢二十等爵制的第十六級。沈欽韓《漢書疏證》以爲即《史記》之大良造。

[12]【顏注】師古曰：二千石，月得百二十斛，一歲凡得一千四百四十石耳。少上造，第十五爵。【今注】少上造：爵名。秦漢二十等爵制的第十五級。

[13]【顏注】師古曰：中更，第十三爵也。更音公衡反（殿本無“音”字；公，大德本作“工”），其下亦同。【今注】千石：漢代官吏秩禄等級。月俸一百八十斛。 中更：爵名。秦漢二十等爵制的第十三級。

[14]【顏注】師古曰：左更，第十二爵。【今注】千石：或以爲“九百石”之誤。王念孫《讀書雜志·漢書第十五》曰：“充依不當與八子同視千石，當依《漢紀》作‘充依視九百石’。此涉上‘千石’而誤。” 左更：爵名。秦漢二十等爵制的第十二級。

[15]【顏注】師古曰：右庶長，第十一爵。【今注】右庶長：爵名。秦漢二十等爵制的第十一級。

[16]【顏注】師古曰：左庶長，第十爵。【今注】八百石：王念孫《讀書雜志·漢書第十五》以爲當依《漢紀》，良人視七百石。 左庶長：爵名。秦漢二十等爵制的第十級。

[17]【顏注】師古曰：五大夫，第九爵。【今注】六百石：月俸七十斛。 五大夫：爵名。秦漢二十等爵制的第九級。

[18]【顏注】師古曰：公乘，第八爵。【今注】四百石：月俸五十斛。 公乘：爵名。秦漢二十等爵制的第八級。

[19]【顏注】師古曰：五官，所掌亦象外之五官也。【今注】五官：本書卷九八《元后傳》記載王根“聘取故掖庭女樂五官殷嚴、王飛君等”。 三百石：月俸四十斛。

[20]【今注】二百石：月俸三十斛。

[21]【顏注】師古曰：涓，絜也（絜，蔡琪本作“潔”）。無涓，言無所不絜也。共讀曰恭，言恭順而和柔也。娛靈，可以娛樂情靈也。保，安也。保林，言其可安衆如林也。良使，使令之善者也。夜者，主職夜事。令音力成反。【今注】百石：月俸十六斛。

[22]【顏注】師古曰：家人子者，言采擇良家子以入宮，未有職號，但稱家人子也。斗食謂佐史也。謂之斗食者，言一歲不滿百石，日食一斗二升。【今注】有秩：官名。意謂需要上報給上級官署、在秩次表中有一席之地的小吏。分爲官有秩、鄉有秩二種。漢初有秩對應的秩級爲一百二十石至二百五十石，後來固定爲一百石，月俸十六斛（參見鄒水傑《兩漢縣行政研究》，湖南人民

出版社 2008 年版，第 90 頁）。　斗食：秩百石以下的小吏。月俸
十一斛。

[23]【顏注】服虔曰：陵上司馬門之外。【今注】司馬門：此
指帝陵司馬門。西漢帝陵以墻垣環繞，四面皆有門，謂之司馬門，
對應皇宮之司馬門。皇后及嬪妃墓葬在帝陵附近，地位低下的姬妾
如中宮以下，則葬於司馬門外。

　　高祖呂皇后，[1] 父呂公，[2] 單父人也，[3] 好相人。
高祖微時，呂公見而異之，乃以女妻高祖，生惠帝、
魯元公主。[4] 高祖爲漢王元年，封呂公爲臨泗侯。二
年，立孝惠爲太子。

　　[1]【今注】高祖：漢高祖劉邦。紀見本書卷一。　呂皇后：
高祖皇后呂雉。紀見本書卷三。
　　[2]【今注】呂公：凡名字不可考證的男性，漢代人往往稱
"公"。
　　[3]【顏注】師古曰：單音善。父音甫。【今注】單父：縣名。
治所在今山東單縣南。
　　[4]【今注】惠帝：漢惠帝劉盈。紀見本書卷二。　魯元公
主：高祖之女。嫁趙王張敖爲妻，生張偃，後封爲魯元王。

　　後漢王得定陶戚姬，[1] 愛幸，生趙隱王如意。[2] 太
子爲人仁弱，高祖以爲不類己，常欲廢之而立如意，
"如意類我"。戚姬常從上之關東，日夜啼泣，欲立其
子。呂后年長，常留守，希見，益疏。如意且立爲趙
王，留長安，幾代太子者數。[3] 賴公卿大臣爭之，及叔
孫通諫，[4] 用留侯之策，[5] 得無易。

[1]【今注】定陶：縣名。治所在今山東菏澤市定陶區西北。

[2]【今注】趙隱王如意：劉如意，劉邦第四子。傳見本書卷三八。

[3]【顏注】師古曰：幾音鉅依反（鉅，蔡琪本作"巨"）。數音所角反。

[4]【今注】叔孫通：傳見本書卷四三。

[5]【今注】留侯：張良。傳見本書卷四〇。

　　呂后爲人剛毅，佐高帝定天下，兄二人皆爲列將，從征伐。長兄澤爲周呂侯，[1]次兄釋之爲建成侯，[2]逮高祖而侯者三人。高祖四年，臨泗侯呂公薨。

　　[1]【今注】澤：呂澤，呂后長兄。追隨劉邦西入關中滅秦，又爲漢將，盡以下邑兵助漢，擊滅項羽有功。高祖六年（前201）因功封周呂侯（侯國治所在今江蘇徐州市銅山區）。

　　[2]【今注】釋之：呂釋之，呂后次兄。追隨劉邦亡秦滅楚，高祖六年封建成侯（侯國治所在今河南永城市東南）。

　　高祖崩，惠帝立，呂后爲皇太后，迺令永巷囚戚夫人，[1]髡鉗衣赭衣，[2]令舂。[3]戚夫人舂且歌曰："子爲王，母爲虜，終日舂薄暮，常與死爲伍！[4]相離三千里，當誰使告女？"[5]太后聞之大怒，曰："乃欲倚子邪？"[6]乃召趙王誅之。使者三反，[7]趙相周昌不遣。[8]太后召趙相，相徵至長安。使人復召趙王，王來。惠帝慈仁，知太后怒，自迎趙王霸上，[9]入宮，挾與起居飲食。數月，帝晨出射，趙王不能蚤起，太后伺其獨居，使人持鴆飲之。遲帝還，趙王死。[10]太后遂斷戚夫人手足，去眼熏耳，飲瘖藥，[11]使居鞠域中，[12]名曰"人彘"。[13]居數月，迺召惠帝視"人彘"。帝視而問，知其戚夫人，迺大哭，因病，歲餘不能起。使人請太后曰："此非人所爲。臣爲太后子，終不能復治天下！"[14]以此日飲爲淫樂，不聽政，七年而崩。

[1]【今注】永巷：本指皇宮內聯結皇帝居處宮殿與后妃居處宮殿之間的長巷，遂成爲後宮的代稱，又專指皇后之外其他嬪妃居住之處，以區別於皇后居住的椒房殿。武帝時改永巷爲掖庭，正式設置掖庭獄。

[2]【今注】髡鉗：古代刑罰。謂剃去頭髮，用鐵圈束頸。赭衣：囚衣。因以赤土染成赭色（紅褐色），故稱。

[3]【今注】舂：漢代勞役刑的一種。女性刑徒需爲官府舂米。

[4]【顏注】師古曰：與死罪者爲伍也。

[5]【顏注】師古曰：女讀曰汝（蔡琪本無"曰"字）。此下皆同。

[6]【顏注】師古曰：乃亦汝。【今注】案，蔡琪本、大德本、殿本"子"前有"女"字。《漢書考正》宋祁以爲"女"字當刪。今案，師古解"乃"爲"汝"，"乃欲倚女子邪"文意似不若"乃欲倚子邪"爲暢達。宋祁所言甚是，當以底本爲准。

[7]【顏注】師古曰：反，還也。三還猶今言三回也。【今注】反：同"返"。

[8]【今注】周昌：傳見本書卷四二。

[9]【今注】霸上：地名。在今陝西西安市東。又作"灞上"。

[10]【顏注】師古曰：遟音直二反，解在《高紀》。

[11]【顏注】師古曰：去其眼精（精，蔡琪本作"睛"），以藥熏耳令聾也。瘖，不能言也，以瘖藥飲之也。飲音於禁反。

瘖音於今反。

　　[12]【顏注】師古曰：鞠域，如蹋鞠之域，謂窟室也。鞠音巨六反。【今注】鞠域：用於蹴鞠游戲的場地。今案，“使居鞠域中”，《史記》卷九《呂太后本紀》作“使居廁中”。漢代廁所實即以人便飼豬的豬圈。下文云以戚夫人爲“人彘”，則“廁中”比“鞠域中”更爲妥切。

　　[13]【今注】彘：豬。

　　[14]【顏注】師古曰：令太后視事，已自如太子然。

　　太后發喪，哭而泣不下。[1]留侯子張辟彊爲侍中，[2]年十五，謂丞相陳平曰：[3]“太后獨有帝，今哭而不悲，君知其解未？”[4]陳平曰：“何解？”辟彊曰：“帝無壯子，太后畏君等。今請拜呂台、呂產爲將，[5]將兵居南北軍，[6]及諸呂皆官，居中用事。如此則太后心安，君等幸脫禍矣！”[7]丞相如辟彊計請之，太后說，其哭迺哀。[8]呂氏權由此起。迺立孝惠後宮子爲帝，太后臨朝稱制。[9]復殺高祖子趙幽王友、共王恢[10]及燕王建子。[11]遂立周呂侯子台爲呂王，[12]台弟產爲梁王，建城侯釋之子祿爲趙王，[13]台子通爲燕王，[14]又封諸呂凡六人皆爲列侯，[15]追尊父呂公爲呂宣王，[16]兄周呂侯爲悼武王。

　　[1]【顏注】師古曰：泣謂淚（蔡琪本、大德本、殿本句末有“也”字）。

　　[2]【今注】張辟彊：張良之子。張，蔡琪本作“彘”。　侍中：官名。西漢時爲加官，没有固定員數。凡列侯及文武官員加侍中即可入禁中，侍從皇帝。初掌宮廷雜務，後參與政事。

[3]【今注】陳平：傳見本書卷四〇。

[4]【顏注】師古曰：解猶解說其意。

[5]【今注】呂台：周呂侯呂澤之子，呂太后之侄。初嗣父爵為周呂侯，高祖九年（前198）更封為酈侯（侯國治所在今河南內鄉縣趙店鄉），高后元年（前187）晉封為呂王（王國治所在今山東濟南市章丘區西北）。高后二年（前186）去世。 呂產：周呂侯呂澤少子，呂台之弟，呂太后之侄。高后元年封郊侯（侯國治所在今安徽固鎮縣）。高后六年（前182）立為呂王，次年改封為梁王（王國治所在今河南永城市。呂后復改梁國之名為呂國，故呂產仍稱呂王），高后八年（前180），拜相國，欲與諸呂把持政局。高后去世，以謀亂罪名被誅殺。

[6]【今注】南北軍：西漢初設置在長安城內的禁衛軍。南軍屬衛尉統領，負責保衛皇宮；北軍屬中尉（武帝時更名為執金吾）統領，負責保衛京城。特殊時期朝廷設將軍負責京城及皇宮警備，掌有指揮南北軍之權。（參見臧知非《試論漢代中尉、執金吾和北軍的演變》，《戰國秦漢行政、兵制與邊防》，蘇州大學出版社2017年版，第154—162頁）

[7]【顏注】師古曰：脫，免也。

[8]【顏注】師古曰：說音悅（蔡琪本、大德本、殿本作"說讀曰悅"）。

[9]【今注】臨朝：太后親自出席未央宮朝會等事。據東漢蔡邕《獨斷》記載："秦漢以來，少帝即位，（太）后代而攝政……后攝政則后臨前殿朝群臣，后東面，少帝西面。"朝會時太后居於尊位，小皇帝居於次席，共同在前殿之上接受諸侯與百官的拜謁。稱制：以制書的形式發布命令。顏師古曰："天子之言，一曰制書，二曰詔書。制書者，謂為制度之命也。非皇后所得稱。今呂太后臨朝行天子事，斷決萬機，故稱制詔。"制書是皇帝詔令的一種，內容通常包括赦令、贖令、任免令及其他重要事項的指示命令，下達

對象爲郡太守以上包括將軍、公卿在内的高級官員，通常以“制詔某官”爲起首用語，具有最高法律效力（參見汪桂海《漢代官文書制度》，廣西教育出版社 1999 年版，第 31 頁）。

[10]【顏注】師古曰：共讀曰恭。【今注】趙幽王友：即劉友。傳見本書卷三八。　共王恢：即劉恢。傳見本書卷三八。

[11]【今注】燕王建子：建即燕靈王劉建。傳見本書卷三八。案，呂太后所殺，乃燕王劉建美人所生子，此前劉建已經去世。燕王建子，蔡琪本、大德本、殿本作“燕靈王建”，皆誤，當以底本爲是。周壽昌《漢書注校補》即以爲“建”當作“建子”。

[12]【顏注】師古曰：台音土來反。

[13]【今注】案，建城侯，蔡琪本作“建成侯”。　禄：即呂禄。建成侯呂釋之之子，呂太后之姪。初嗣父爵爲建成侯，高后元年更封爲胡陵侯（侯國治所在今山東魚臺縣東南），高后七年（前181）晉封爲趙王（王國治所在今河北邯鄲市）。高后八年拜爲上將軍，統領北軍，欲與諸呂把持政局。高后去世，以謀亂罪名被誅殺。

[14]【今注】通：即呂通。呂王呂台之子。高后六年封勝腄侯（侯國治所在今山東烟臺市福山區），高后八年立爲燕王（王國治所在今北京市西南）。高后去世，以謀亂罪名被誅殺。

[15]【今注】案，呂氏封侯者尚有：呂太后姊呂長姁之子呂平，高后元年封爲扶柳侯（侯國治所在今河北衡水市冀州區西）；建成侯呂釋之之子呂種，高后元年封爲沛侯（侯國治所在今江蘇沛縣），高后七年更封爲不其侯（侯國治所在今山東青島市城陽區）；呂太后之妹呂嬃，高后四年（前184）封臨光侯（今地不詳）；呂王呂台之子、燕王呂通之弟呂庀，高后八年封東平侯（侯國治所在今山東東平縣東平鎮）；呂太后昆弟子呂忿，高后四年封呂城侯（侯國治所在今江蘇徐州市銅山區）；呂太后昆弟子呂瑩（一作“呂榮”），高后八年封祝兹侯（侯國治所在今山東諸城市東北）；

呂太后族人呂更始，高后四年封滕侯（侯國治所在今山東滕州市姜屯鎮。一説封贅其侯，侯國治所在今江蘇盱眙縣西南）。

［16］【今注】呂宣王：張家山漢簡《二年律令·具律》規定，"呂宣王内孫、外孫、内耳孫玄孫、諸侯王子、内孫耳孫、徹侯子、内孫有罪，如上造、上造妻以上"，意謂呂宣王的孫子、孫女、外孫、外孫女、曾孫、曾孫女、玄孫、玄孫女等，即便没有爵位，也像擁有爵位的人一樣，享有犯罪減刑的特權。表明呂后將呂氏家族的優待政策以國家法律的形式確定下來。

太后持天下八年，病大禍而崩，[1]語在《五行志》。病困，以趙王禄爲上將軍，[2]居北軍；梁王産爲相國，[3]居南軍，戒産、禄曰："高祖與大臣約，非劉氏王者，天下共擊之。今王呂氏，大臣不平。我即崩，恐其爲變，必據兵衛宮，慎毋送喪，爲人所制。"太后崩，太尉周勃、丞相陳平、朱虚侯劉章等共誅産、禄，[4]悉捕諸呂男女，無少長皆斬之。而迎立代王，[5]是爲孝文皇帝。

［1］【今注】大禍：即犬禍，被狗咬傷致病。武威漢簡《醫方簡》有"治狗齧人創痛方"，大意謂將燒過的狼毒草搗碎，敷在患處，瘡口乾燥之後，再用油脂調和之後敷上（參見張雷編著《秦漢簡牘醫方集注》，中華書局 2018 年版，第 298—300 頁）。呂太后由"犬禍"而死，舊史多以爲是趙王如意作祟所致，或視爲荒誕不經之語。從本書卷三《高后紀》及《史記》卷九《呂太后本紀》相關記載來看，其披傷起於狾狗抓咬，最後的死因也是因狂犬病發作所致（詳見閻愛民、馬孟龍《呂后"病犬禍而崩"新説——從醫療史的視角對呂后之死史料的解釋》，《南開學報》2007 年第 2

期）。大，蔡琪本、大德本、殿本作“犬”。

[2]【今注】上將軍：戰國時置，爲督軍作戰的主帥。漢代罕置。

[3]【今注】相國：官名。秦置丞相，爲管理國務的長官。西漢沿置。高祖後期改丞相爲相國，惠帝元年（前194）下詔，諸侯國之相稱丞相而不得稱相國，惟漢廷延用相國官名。漢初蕭何、曹參先後爲相國，至惠帝五年曹參去世，不再用相國之名，而以王陵爲右丞相，陳平爲左丞相，二丞相之制由此延續至文帝二年（前178），始恢復爲一丞相。呂后八年（前180）呂産拜相國之時，陳平爲右丞相，建置上似有叠床架屋之感。然其時皇帝尚幼，皇后爲呂禄之女，按照慣例需要輔弼大臣，呂産、呂禄爵爲諸侯王，身爲外戚，以相國、上將軍身份輔政，於國家於呂氏皆合情合理。這與漢武帝臨終前委任外戚霍光爲大司馬大將軍並託以輔佐之事無甚區別。故呂禄所任之相國，職以輔政爲主，有類於後來之中朝領袖，與丞相並不完全重叠。

[4]太尉：官名。秦始置，西漢沿置，主掌武事，金印紫綬，秩萬石。與丞相、御史大夫並被視爲三公。西漢太尉往往有兵事則置，無兵事則省，至武帝時省太尉而置大司馬，武職事務轉歸加大司馬號的重號將軍。　周勃：傳見本書卷四〇。　劉章：齊悼惠王劉肥次子。以宗室子宿衛京城，娶趙王呂禄之女爲妻。呂后二年（前186）封爲朱虛侯（侯國治所在今山東臨朐縣東南）。其不滿呂氏擅權，在呂后死後與陳平、周勃等軍功重臣聯手發動政變，鏟除諸呂。文帝二年因功封爲城陽王（王國治所在今山東莒縣）。事迹詳見本書《高后紀》、卷三八《高五王傳》。

[5]【今注】代王：即漢文帝劉恒。紀見本書卷四。劉恒代國轄四郡五十三縣，約當今山西中部、東北部，河北西北部及內蒙古東南部。王國治晉陽（今山西太原市西南）。

孝惠張皇后。宣平侯敖尚帝姊魯元公主,[1] 有女。惠帝即位,吕太后欲爲重親,[2] 以公主女配帝爲皇后。欲其生子,萬方終無子,[3] 迺使陽爲有身,取後宮美人子名之,[4] 殺其母,立所名子爲太子。

[1]【今注】宣平侯敖：張敖,趙王張耳之子。早年隨父參加反秦戰爭,被陳勝封爲成都君。高祖五年（前 202）襲封爲趙王,娶劉邦長女魯元公主爲妻。後因趙國大臣謀殺高祖之事受到牽連,被貶爲宣平侯（宣平侯國今地無考）。事迹詳見本書卷三二《張耳陳餘傳》。

[2]【今注】重親：親上加親。先秦時期婚姻習俗不以甥舅關係爲諱,漢代近古,猶有遺風。

[3]【今注】萬方：各種醫方。

[4]【顏注】師古曰：名爲皇后子。

惠帝崩,太子立爲帝,四年,迺自知非皇后子,[1] 出言曰：“太后安能殺吾母而名我![2] 我壯即爲所爲。”[3] 太后聞而患之,恐其作亂,迺幽之永巷,言帝病甚,左右莫得見。太后下詔廢之,語在《高后紀》。遂幽死,更立恒山王弘爲皇帝,[4] 而以吕禄女爲皇后,欲連根固本牢甚,[5] 然而無益也。吕太后崩,大臣正之,卒滅吕氏。少帝、恒山、淮南、濟川王皆以非孝惠子誅,[6] 獨置孝惠皇后廢處北宫,[7] 孝文後元年薨,[8] 葬安陵,[9] 不起墳。[10]

[1]【今注】案,皇后子,殿本作“皇后所”,則後之“出”字上屬而連作“所出”。

[2]【今注】案，蔡琪本無"安"字。

[3]【顏注】師古曰：爲其所爲，謂所生之母也。並音于僞反。【今注】爲所爲：以其人之道還治其人之身。陳景雲《兩漢訂誤》："壯後當惟其所爲，意欲報復也，尋下文語自明。"

[4]【今注】恒山王弘：劉弘，惠帝之子。本名劉山，高后元年（前187）封爲襄城侯（侯國治所在今河南襄城縣），三年晉封爲恒山王，改名爲劉義。高后六年即天子位，復改名爲劉弘。恒山國，本爲趙國之恒山郡，呂后析立爲恒山國，王國治所在今河北正定縣南。文帝劉恒即位，恒山國除，復爲趙國屬郡，因避天子諱而更名爲常山郡。

[5]【顏注】師古曰：牢，堅也。

[6]【今注】少帝恒山淮南濟川王：一帝三王，凡四人。然由於少帝劉弘曾爲恒山王，後人時有將本句中少帝、恒山視爲一人者，如清人何焯《義門讀書記》卷二〇《前漢書》所釋："前所立者，自呂后時已幽死；此云'少帝恒山'，即恒山王一人。"中華本點作"少帝恒山、淮南、濟川王"，亦將少帝與恒山王視爲一人。本書卷三《高后紀》記其事爲："大臣相與陰謀，以爲少帝及三弟爲王者皆非孝惠子，復共誅之。"《史記》卷九《呂太后本紀》的記載更爲明確："諸大臣相與陰謀曰：'少帝及梁、淮陽、常山王，皆非真孝惠子也。'……夜，有司分部誅滅梁、淮陽、常山王及少帝於邸。"常山王即恒山王，係漢人避文帝劉恒名諱而改"恒山"爲"常山"。據以上兩條史料可以判斷，被政變者列入鏟除計劃並最終遭誅殺的惠帝皇子包括一帝三王，是四人而非三人，何焯所解有誤，中華本標點易生歧義，不若點作"少帝、恒山、淮南、濟川王"更爲妥切。恒山，此指恒山王劉朝。惠帝之子。初封軹侯（侯國治所在今河南濟源市軹城鎮西軹城村），高后五年恒山王劉弘被立爲天子，復以其弟劉朝爲恒山王。後在長安政變中被誅殺。淮南，當爲"淮陽"之誤。其時淮南王爲高祖劉邦少子劉長，惠帝諸

子不當爲淮南王。《史記·呂太后本紀》記載，高后五年八月淮陽王劉彊去世，"以弟壺關侯武爲淮陽王"。錢大昕《廿二史考異·漢書三》以爲"淮南"當作"淮陽"，甚是。淮陽王劉武亦於高后八年在長安政變中被誅殺。濮陽國治陳縣（今河南周口市淮陽區）。濟川王，此指劉太，惠帝之子。初封平昌侯（侯國治所在今山東臨邑縣東北），高后七年，呂王呂産徙爲梁王，劉太被立爲呂王。其後呂産之梁更名爲呂，劉太之呂相應更名爲濟川（王國治東平陵縣，在今山東濟南市章丘區西北）。《史記·呂太后本紀》記載，長安政變之初，呂王（實即梁王）呂産、趙王呂禄被捕斬，軍功大臣控制下的朝廷暫時"徙濟川王王梁，立趙幽王子遂爲趙王"，是劉太又曾封梁王，不過月餘之後就被誅殺。值得注意的是，《漢書》記及一帝三王被誅之事，皆以濟川王爲劉太身份。《史記》則稱梁王而不言濟川王。究其原因，或當是史家史觀不同所致。劉太的濟川王身份係呂后所封，梁王身份係少帝所封，班固拘執於統緒世系，不承認少帝劉弘的合法性，因而對劉太的當時身份——梁王遮掩不提，却以既往身份——濟川王來回護敷衍，與太史公的直書形成鮮明對照。

　　[7]【顏注】師古曰：置，留也。北宮，在未央宮之北。【今注】獨置孝惠皇后：意謂少帝劉弘呂皇后亦在被誅之列。　北宮：宮殿名。位於未央宮與長樂宮之北，故名。爲后妃居住的宮殿之一，廢黜或失意的后妃往往遷此幽居。內多苑囿，亦爲皇帝游樂之所。有復道連通長樂宮。高祖時修建，武帝時增繕。遺址在今陝西西安市未央區，周長 4660 米，與《三輔黃圖》記載"北宮周回十里"（折今 4320 米）基本一致（詳見劉慶柱、李毓芳《漢長安城》，文物出版社 2003 年版，第 112—114 頁）。

　　[8]【今注】孝文後元年：公元前 163 年。　薨：諸侯或公卿有爵位者死稱"薨"。皇帝、皇后、太上皇及太后死稱"崩"。史家稱惠帝張皇后之死爲"薨"，有貶抑之意。本書卷三《文紀》顏師古注引張晏曰："后黨於呂氏，廢處北宮，故不曰崩。"

[9]【今注】安陵：漢惠帝劉盈陵墓。遺址在今陝西咸陽市渭城區正陽街道白廟村南。

[10]【今注】不起墳：墳，即墓葬地表的土堆，又稱封土、封丘。西漢帝陵封土通常爲覆斗形的夯土建築。漢代喪葬制度規定，封土規模（主要是高度）依照身份高低來決定，即《周禮》所謂“以爵等爲丘封之制”，從皇帝、諸侯王、列侯、關内侯到庶民，封土高度皆有規定，不得僭越。漢廷葬張皇后而不爲起墳，當係其爲吕氏親屬，故有意貶抑。張皇后陵在惠帝安陵西北 270 米處，有覆斗形封土，當爲後人所建。封土底部東西長約 60 米，南北寬約 50 米，高 12 米，規模不及一般帝后陵墓封土。

高祖薄姬，文帝母也。父吳人，[1]秦時與故魏王宗女魏媪通，[2]生薄姬。而薄姬父死山陰，因葬焉。[3]及諸侯畔秦，魏豹立爲王，[4]而魏媪内其女於魏宮。許負相薄姬，[5]當生天子。是時項羽方與漢王相距滎陽，[6]天下未有所定。豹初與漢擊楚，及聞許負言，心喜，因背漢而中立，與楚連和。[7]漢使曹參等虜魏王豹，[8]以其國爲郡，而薄姬輸織室。[9]豹已死，漢王入織室，見薄姬，有詔内後宮，[10]歲餘不得幸。

[1]【今注】吳：縣名。治所在今江蘇蘇州市。

[2]【今注】媪：秦漢時期對女性的稱謂。周壽昌《漢書注校補》曰：“女而稱媪，或媪亦當時女之通稱也。《衛青傳》‘父鄭季，與主家僮衛媪通’，是媪尚爲僮也。《史良娣傳》良娣母爲王媪，末年皆稱曰王嫗，知媪與嫗別也。”

[3]【顏注】師古曰：山陰，會稽之縣（蔡琪本脫“縣”字，殿本無“之”字）。【今注】山陰：縣名。治所在今浙江紹興市。

[4]【今注】魏豹：傳見本書卷三三。

[5]【今注】許負：秦末漢初著名相師。曾爲薄太后、鄧通、周亞夫等人看相，事多靈驗。東漢應劭説許負是河内溫縣（今河南溫縣東）的一名老婦。《楚漢春秋》則説高祖時封鳴雌亭侯。其事迹在民間傳誦甚廣，如《金樓子·興王》記載梁武帝"生而靈異"，有一個名叫釋僧輝的僧人登門，自稱有"許負之法"，稱其"非人臣之相"。後世時有託名許負撰著的相書，如《宋史·藝文志》即記有《許負形神心鑑圖》一卷、《許負相訣》三卷。敦煌寫本殘卷亦有數件（詳參鄭炳林、王晶波《敦煌寫本相書校録研究》，民族出版社 2004 年版）。

[6]【今注】滎陽：縣名。治所在今河南滎陽市東北。

[7]【顏注】師古曰：自謂當得天下。

[8]【今注】曹參：傳見本書卷三九。

[9]【今注】織室：負責絲帛織造和染練的官營機構。

[10]【今注】案，見薄姬有詔內後宮，《史記》卷四九《外戚世家》作"見薄姬有色，詔內後宮"。王先謙《漢書補注》以《史記》爲是。

　　始姬少時，與管夫人、趙子兒相愛，[1]約曰："先貴毋相忘！"已而管夫人、趙子兒先幸漢王。漢王四年，[2]坐河南成皋靈臺，[3]此兩美人侍，相與笑薄姬初時約。漢王問其故，兩人俱以實告。漢王心悽然憐薄姬，是日召欲幸之。對曰："昨暮夢龍據妾胷。"上曰："是貴徵也，吾爲汝成之。"遂幸，有身。歲中生文帝，年八歲立爲代王。自有子後，希見。高祖崩，諸幸姬戚夫人之屬，吕后怒，皆幽之不得出宫。而薄姬以希見故，得出從子之代，爲代太后。太后弟薄昭從如代。[4]

[1]【今注】管夫人趙子兒：二人皆曾爲魏王豹後宮女子。

[2]【今注】漢王四年：公元前 203 年。

[3]【今注】河南：郡名。治雒陽（今河南洛陽市東北）。成皋：縣名。治所在今河南滎陽市西。 靈臺：用以觀測天象的高臺建築。案，坐河南成皋靈臺，《史記》卷四九《外戚世家》作"坐河南宮成皋臺"。

[4]【顏注】師古曰：如，往也。【今注】薄昭：薄太后之弟，文帝劉恒之舅。高祖時爲郎，後隨劉恒前往代國。呂后死，以太中大夫身份擁立文帝有功，拜車騎將軍，封軹侯。文帝十年（前170），因殺死漢朝死者，負罪自殺。

代王立十七年，高后崩。大臣議立後，疾外家呂氏彊暴，皆稱薄氏仁善，故迎立代王爲皇帝，尊太后爲皇太后，封弟昭爲軹侯。[1]太后母亦前死，葬櫟陽北。[2]迺追尊太后父爲靈文侯，會稽郡致園邑三百家，[3]長丞以下使奉守寢廟，[4]上食祠如法。櫟陽亦置靈文夫人園，令如靈文侯園儀。太后蚤失父，其奉太后外家魏氏有力，[5]迺召復魏氏，[6]賞賜各以親疏受之。薄氏侯者一人。

[1]【顏注】師古曰：軹音只。

[2]【今注】櫟（yuè）陽：縣名。治所在今陝西西安市閻良區。

[3]【今注】會稽郡：治吳縣（今江蘇蘇州市）。 案，致，蔡琪本作"置"。 園邑：皇親國戚及有特殊功勳的大臣死後，由

墓地附近村落民户世世代代守護墓園，形成園邑。園邑格局依照帝王陵邑建置，但規模要小得多。守陵户數二百至四百户，視爲縣級行政區劃，置長、丞及以下官員管理，寢廟、祠堂的灑掃、守護等勞役事務則由陵户承擔。

[4]【今注】長丞：此指園邑長、園邑丞。負責園邑祭祀與日常管理。園邑長爲園邑長官，相當於小縣縣長，秩三百石。園邑丞爲園邑長之副手，相當於小縣縣丞，秩二百石。

[5]【顏注】師古曰：言太后爲外家所養也。

[6]【顏注】師古曰：優復之也。復音方目反。

太后後文帝二歲，孝景前二年崩，[1]葬南陵。[2]用吕后不合葬長陵，[3]故特自起陵近文帝。[4]

[1]【顏注】師古曰：言文帝崩後二歲，太后乃崩。【今注】孝景：即景帝劉啓。紀見本書卷五。

[2]【顏注】師古曰：薄太后陵在霸陵之南，故稱南陵，即今所謂薄陵。【今注】南陵：漢文帝母薄太后陵園。遺址在今陝西西安市東南白鹿原上。

[3]【顏注】師古曰：以吕后是正嫡，故薄不得合葬也。【今注】長陵：漢高祖劉邦陵園。遺址在今陝西咸陽市渭城區窰店鎮三義村北。今案，用吕后不合葬長陵，《史記》卷四九《外戚世家》作“以吕后會葬長陵”，楊樹達《漢書窺官》以爲“不”字爲衍文，且顏師古所見版本“不”字即衍。

[4]【今注】案，蔡琪本無“故”字。

孝文竇皇后，景帝母也，吕太后時以良家子選入宮。[1]太后出宮人以賜諸王各五人，竇姬與在行中。[2]家在清河，[3]願如趙，近家，[4]請其主遣宦者吏“必置我籍趙之伍中"。[5]宦者忘之，誤置籍代伍中。籍奏，詔可。當行，竇姬涕泣，怨其宦者，不欲往，相彊迺肯行。至代，代王獨幸竇姬，生女嫖。[6]孝惠七年，生景帝。

[1]【今注】良家子：身世清白人家的孩子，即平民子女。漢代規定，不在"七科謫"內或非醫、巫、商賈、百工之子女，即為良家子。

[2]【顏注】師古曰：與讀曰豫。

[3]【今注】清河：郡名。治清陽縣（今河北清河縣東南）。

[4]【顏注】師古曰：如，往也。【今注】案，漢初清河郡屬趙國，故云"近家"。

[5]【顏注】師古曰：主遣宦者吏，謂宦者為吏而主發遣宮人者也。籍謂名簿也。伍猶列也。

[6]【顏注】師古曰：嫖音四昭反（四，蔡琪本、大德本、殿本作"匹"，是）。

代王王后生四男，先代王未入立為帝而王后卒。及代王為帝後，王后所生四男更病死。[1]文帝立數月，公卿請立太子，而竇姬男最長，立為太子。竇姬為皇后，女為館陶長公主。[2]明年，封少子武為代王，後徙梁，[3]是為梁孝王。[4]

[1]【顏注】師古曰：更，互也，音公衡反。【今注】更：相繼。

[2]【顏注】師古曰：年最長，故謂長公主。【今注】館陶長公主：此指劉嫖。文帝與竇皇后之女，景帝之姊。嫁堂邑侯陳午，

生女即爲武帝陳皇后。館陶，縣名。治所在今河北館陶縣。時爲公主劉嫖湯沐邑。今案，漢代制度規定，皇帝之女稱公主，儀比諸侯。皇帝姊妹稱長公主，儀比諸侯王。皇帝姑母稱大長公主，儀比諸侯王。師古注以爲劉嫖因年齡最長，故初封即爲長公主，似與漢制抵牾。楊樹達《漢書窺管》以爲："文帝女，景帝時稱長公主（見之《孝景王皇后傳》）。武帝時稱大長公主（見《衛青傳》）。此文但當云公主，而云長公主者，以後稱前，乃史家駁文。顔不知其誤，曲爲其説，誤也。"所言甚是。又，本書卷六五《東方朔傳》説武帝姑母"館陶公主號竇太主"，太主即"大主"，當爲"大主公主"的省稱。

[3]【顔注】師古曰：初封代王，後更爲梁王。

[4]【今注】梁孝王：即劉武。傳見本書卷四七。

竇皇后親蚤卒，葬觀津。[1]於是薄太后迺詔有司追封竇后父爲安成侯，母曰安成夫人，令清河置園邑二百家，長丞奉守，比靈文園法。

[1]【顔注】師古曰：觀津，清河之縣也。觀音工喚反。【今注】觀津：縣名。治所在今河北武邑縣東南。今案，師古於此注觀津屬清河郡，而本書《地理志》載觀津爲信都郡（國）屬縣，錢大昭《漢書辨疑》據此以爲師古所注非是。傳文前述文帝母薄太后之父是吳人，吳縣在文帝初屬會稽郡，故朝廷令會稽郡置辦靈文侯園邑。同理，竇皇后雙親葬在觀津縣，後來追設的安成侯及夫人園邑當在觀津，下文云"令清河置園邑二百家"，朝廷詔令清河郡來置辦園邑，自然是由於當時觀津縣屬於清河郡之故。觀津漢初屬清河郡，文帝二年（前178）割屬河間國，其上級政區經歷廣川郡、廣川國等變更，至景帝五年（前152）正式定爲信都郡，並定格於本書《地理志》中（參周振鶴《中國行政區劃通史·秦漢卷

（上）》第 392、395—396 頁）。據此，不能以《地理志》所記來輕易斷定師古所注爲誤。實際上，師古作注時並非沒有注意到觀津的屬郡問題。本書卷五二《竇嬰傳》記述竇皇后之侄竇嬰的家世時說“父世觀津人也”，師曰注：“縣名也。《地理志》屬信都。”如果他逕采《地理志》之說以注“竇皇后親蚤卒，葬觀津”，將觀津置於信都之下，“令清河置園邑二百家”這條基於詔書的史文令人費解。綜上，師古所注無誤，錢大昭逕言師古注有誤，失於輕率。

竇后兄長君。弟廣國字少君，年四五歲時，家貧，爲人所略賣，[1] 其家不知處。傳十餘家至宜陽，[2] 爲其主人入山作炭。暮卧岸下百餘人，岸崩，[3] 盡厭殺卧者，[4] 少君獨脫不死。[5] 自卜，數日當爲侯。[6] 從其家之長安，[7] 聞皇后新立，家在觀津，姓竇氏。廣國去時雖少，識其縣名及姓，又嘗與其姊采桑墮，[8] 用爲符信，[9] 上書自陳。皇后言帝，召見問之，具言其故，果是。復問其所識，[10] 曰：“姊去我西時，與我決傳舍中，[11] 匄沐，沐我已，飯我乃去。”[12] 於是竇皇后持之而泣，侍御左右皆悲。迺厚賜之，家於長安。絳侯、灌將軍等曰：[13] “吾屬不死，命乃且縣此兩人。[14] 此兩人所出微，不可不爲擇師傅，又復放呂氏大事也。”[15] 於是乃選長者之有節行者與居。[16] 竇長君、少君由此爲退讓君子，不敢以富貴驕人。

[1]【今注】略賣：指强行剥奪他人自由並賣出求財的行爲。强取爲略。略，同“掠”。張家山漢簡《二年律令·盜律》規定，“略賣人若已略未賣……皆磔”，意謂掠賣他人，無論是已經賣出還是掠而未賣，都以磔刑處死。《捕律》規定，“略賣人……購金十

兩”，意謂抓獲犯掠賣罪者一人，賞金十兩。

[2]【今注】宜陽：縣名。治所在今河南宜陽縣西。

[3]【今注】案，岸下、岸崩，東漢王充《論衡·吉驗》分別記作“炭下”“炭崩”。《刺孟》記其事爲“寶廣國與百人俱卧積炭之下，炭崩，百人皆死”，亦作“炭”。“炭”“岸”形近易訛，不知何者爲是。

[4]【顏注】師古曰：厭音一甲反。

[5]【顏注】師古曰：脫，免也。

[6]【今注】案，自卜數日當爲侯，周壽昌《漢書注校補》以爲，寶廣國至長安得見寶后當在文帝初，而封章武侯實在景帝朝，數日封侯之説斷不可能。“數”是指占卜一類的書籍，故“日”應爲“曰”之誤。又案，周壽昌《漢書注校補》曰：“劉敞曰：‘日當作曰。’壽昌案，劉説是。”然今蔡琪本、大德本所記劉敞校記皆作“日當作月”。

[7]【顏注】師古曰：從其主家也。之，往也。

[8]【顏注】師古曰：墥謂墥樹（墥，蔡琪本、殿本作“墮”）。【今注】墥：同“墮”。

[9]【今注】符信：信物。

[10]【顏注】師古曰：識，記也，音式志反。

[11]【今注】傳舍：漢代郵驛亭等公務交通機構附設置的食宿之所。設有傳舍嗇夫、佐等官吏負責管理。

[12]【顏注】師古曰：乞沐具而爲之沐（乞沐，蔡琪本、大德本作“丐沐”），沐訖又飯食之也（沐，蔡琪本、大德本作“沐”）。飯音扶晚反。【今注】丐（gài）：同“丏”。乞求。

[13]【今注】絳侯：指周勃。高祖六年（前201）封爲絳侯（侯國治所在今山西侯馬市東鳳城古城）。傳見本書卷四〇。 灌將軍：此指灌嬰。傳見本書卷四一。

[14]【顏注】師古曰：恐其後擅權，則將相大臣當被害。

[15]【顏注】師古曰：放音甫往反。

[16]【今注】長者：泛指性格謹慎寬厚的年長之人。"長者"在西漢前期政治中有特殊意義，代表了一種清靜放任的黃老政治精神（參見閻步克《士大夫政治演生史稿》，北京大學出版社 1996 年版，第 269—280 頁）。清人何焯《義門讀書記》卷一七《前漢書》稱："謹厚長者，其爲治乃能務與秦吏相反。年又長大，非唯歷事多，其人親受秦法酷烈之害，必事事思順民情，與之休息也。"

　　竇皇后疾，失明。文帝幸邯鄲慎夫人、尹姬，[1]皆無子。文帝崩，景帝立，皇后爲皇太后，乃封廣國爲章武侯。[2]長君先死，封其子彭祖爲南皮侯。[3]吳楚反時，[4]太后從昆弟子竇嬰俠，喜士，[5]爲大將軍，[6]破吳楚，封魏其侯。[7]竇氏侯者凡三人。

　　[1]【今注】邯鄲：縣名。時爲趙國國都。治所在今河北邯鄲市。

　　[2]【今注】章武侯：侯國治所在今河北黃驊市西北。

　　[3]【今注】南皮侯：侯國治所在今河北南皮縣東北。

　　[4]【今注】吳楚反：即"吳楚之亂"，或稱"七國之亂"。景帝三年（前 154），吳王劉濞、楚王劉戊等因不滿漢廷"削藩"，聯合趙、膠東、膠西、濟南、淄川等諸侯國發動叛亂，聯軍西進。景帝派太尉周亞夫、大將軍竇嬰等率軍平定叛亂，諸侯王或被殺，或自殺。漢廷乘勢推動削藩進程，將王國行政權、官吏任免權收歸中央，解除了王國對中央的威脅。

　　[5]【顏注】師古曰：喜音許吏反（殿本作"俠音許夾反"。案，底本、蔡琪本、大德本所注爲"喜"字，殿本所注爲"俠"字）。【今注】昆弟：兄弟。　竇嬰：傳見本書卷五二。

　　[6]【今注】大將軍：戰國秦至西漢前期本爲將軍的最高稱

號，非常設，遇有戰事時負責統兵作戰，事畢即罷。武帝之後漸成常設性高級軍政官職，其前多冠以大司馬，領尚書事，秩萬石，位高權重，事實上成爲最高行政長官。多由貴戚擔任。

[7]【今注】魏其侯：侯國治所今地無考。

　　竇太后好黃帝、老子言，[1]景帝及諸竇不得不讀老子，尊其術。太后後景帝六歲，凡立五十一年，元光六年崩，[2]合葬霸陵。遺詔盡以東宮金錢財物賜長公主嫖。[3]至武帝時，魏其侯竇嬰爲丞相，後誅。

[1]【今注】黃帝老子言：即黃老之學。黃帝之言，包括本書《藝文志》所錄《黃帝四經》四篇、《黃帝君臣》十篇、《雜黃帝》五十八篇、《黃帝》十六篇等書，託名於黃帝，實爲戰國時人所撰。老子之言，即《老子》五千言。1973年長沙馬王堆漢墓出土帛書《老子》甲卷、乙卷本，另有《經法》《十六經》《稱》《道原》四篇古佚書放在乙卷本前，或即《黃帝四經》。黃老之學以崇尚自然、重道尚法爲宗旨，表現出道家向法家的轉化與融合。在治國理政方面主張清靜無爲，刑德並用，與漢初社會經濟凋敝、需要休養生息的現實相適應，故在自惠帝至武帝執政之前的五十年間，始終是國家主流意識形態的指導思想。

[2]【顏注】師古曰：武紀建元六年，太皇太后崩。此傳云後景帝六歲是也。而以建元爲元光，則是參錯。又當言凡立四十五年，而云五十一。再三乖謬，皆是此傳誤。

[3]【顏注】師古曰：東宮，太后所居。【今注】東宮：即長樂宮。位於長安城東南部。漢初在秦興樂宮基礎上修建。在未央宮東側，故稱東宮。西漢自惠帝時起爲太后所居之處，故又以“東宮”代指太后。宮城遺址範圍在今陝西西安市未央區，周長10760米，面積約6平方公里，是當時長安城中占地最大的宮城（詳見劉

慶柱、李毓芳《漢長安城》，文物出版社 2003 年版，第 107—112
頁）。　案，長公主嫖，蔡琪本脫“主”字。

　　孝景薄皇后，孝文薄太后家女也。景帝爲太子時，
薄太后取以爲太子妃。景帝立，立薄妃爲皇后，無子，
無寵。立六年，薄太后崩，皇后廢。廢後四年薨，葬
長安城東平望亭南。[1]

　　[1]【今注】平望亭：長安附近亭名。今地不詳。

　　孝景王皇后，武帝母也。父王仲，槐里人也。[1]母
臧兒，故燕王臧荼孫也，[2]爲仲妻，生男信與兩女。而
仲死，臧兒更嫁爲長陵田氏婦，[3]生男蚡、勝。臧兒長
女嫁爲金王孫婦，生一女矣，而臧兒卜筮曰兩女當貴，
欲倚兩女，[4]奪金氏。金氏怒，不肯與決，乃内太子
宮。[5]太子幸愛之，生三女一男。男方在身時，王夫人
夢日入其懷，以告太子，太子曰：“此貴徵也。”未生
而文帝崩，景帝即位，王夫人生男。是時，薄皇后無
子。後數歲，景帝立齊栗姬男爲太子，[6]而王夫人男爲
膠東王。[7]

　　[1]【今注】槐里：縣名。治所在今陝西興平市東南。
　　[2]【今注】臧荼：早年參加反秦戰争，爲燕王韓廣部將，因
功被項羽封爲燕王（燕國都薊，在今北京市西南）。西漢初建，仍
爲燕王，後起兵反，兵敗被俘。
　　[3]【今注】長陵：縣名。治所在今陝西咸陽市渭城區韓家灣
鄉怡魏村。本爲漢高祖劉邦陵園（遺址在今陝西咸陽市窑店鎮三義

村北），高祖十二年（前195）因陵置縣。

[4]【顏注】師古曰：冀其貴而依倚之得尊寵也。倚音於綺反。

[5]【今注】太子：此指文帝太子劉啓，即後之漢景帝。

[6]【今注】齊：王國名。治臨淄縣（今山東淄博市臨淄區齊都鎮）。　栗姬男：即景帝長子劉榮。傳見本書卷五三。

[7]【今注】膠東王：即後來的漢武帝劉徹。紀見本書卷六。膠東國治即墨縣（今山東平度市東南）。

　　長公主嫖有女，欲與太子爲妃，栗姬妒，而景帝諸美人皆因長公主見得貴幸，栗姬日怨怒，謝長主，不許。長主欲與王夫人，王夫人許之。會薄皇后廢，長公主日譖栗姬短。景帝嘗屬諸姬子，[1]曰："吾百歲後，善視之。"栗姬怒不肯應，言不遜，景帝心銜之而未發也。

[1]【顏注】師古曰：諸姬子，諸姬所生之子也。屬音之欲反。此下皆同。【今注】屬（zhǔ）：託付。

　　長公主日譽王夫人男之美，帝亦自賢之。又耳曩者所夢日符，[1]計未有所定。王夫人又陰使人趣大臣立栗姬爲皇后。[2]大行奏事，[3]文曰："'子以母貴，母以子貴，'[4]今太子母號宜爲皇后。"帝怒曰："是乃所當言邪！"[5]遂案誅大行，而廢太子爲臨江王。[6]栗姬愈恚，不得見，以憂死。卒立王夫人爲皇后，[7]男爲太子。封皇后兄信爲蓋侯。[8]

[1]【顏注】師古曰：耳常聽聞而記之也。符猶瑞應。

[2]【顏注】師古曰：趣音曰促。

[3]【今注】大行：官名。秦置典客，漢沿置，掌禮賓諸侯，包括諸侯王入朝時的迎送、朝會、封授禮儀，以及郡國上計吏的接待事務等。位列九卿，秩中二千石。景帝中元六年（前144）更名"大行令"，簡稱"大行"。武帝太初元年（前104）改大行令爲"大鴻臚"，原大行令屬官行人改稱大行令，秩六百石。成帝河平元年（前28）省典屬國，其管理四方少數民族朝貢交流的職能轉歸大鴻臚。

[4]【今注】子以母貴母以子貴：語出《春秋公羊傳》隱公元年。周壽昌《漢書注校補》以爲，當時朝廷用《春秋公羊傳》決事，故大行令在奏疏中引用。

[5]【顏注】師古曰：乃，汝也。言此事非汝所當得言。

[6]【今注】臨江：王國名。治江陵縣（今湖北江陵縣）。

[7]【顏注】師古曰：卒，終也（殿本無此注）。

[8]【今注】信：王信，字長君。景帝中元五年（前145）封爲蓋侯（侯國治所在今山東沂源縣東南）。

初，皇后始入太子家，後女弟兒姁亦復入，[1]生四男。兒姁蚤卒，四子皆爲王。[2]皇后長女爲平陽公主，[3]次南宮公主，[4]次隆慮公主。[5]

[1]【顏注】師古曰：姁音許于反。諸婦人之名字，音皆同。【今注】兒姁（xǔ）：漢代女性常用名。陳直《漢書新證》指出，漢印有"田兒姁印"，可證兒姁爲西漢婦人習見之名。今案，兒姁與其姐共事一夫，屬古代媵娣婚習俗的延續，漢代尚存其風。

[2]【顏注】師古曰：謂廣川惠王越，膠東康王寄，清河哀王乘，常山憲王舜。

[3]【今注】平陽公主：景帝王皇后之女，武帝同母長姊。初封陽信公主，嫁曹參曾孫平陽侯曹壽爲妻，故又稱“平陽公主”“平陽主”。後曹壽有惡疾就國，復嫁大將軍衛青。1968年河北滿城漢墓出土的“長信宮燈”上有六處“陽信家”銘文，1981年武帝茂陵東側陪葬墓一號無名冢的一號從葬坑出土了一批有“陽信家”銘文的銅器，有研究者認爲“陽信家”即指武帝之姊陽信長公主（參見員安志《談“陽信家”銅器》，《文物》1982年第9期；李學勤《漢代青銅器的幾個問題》，《文物研究》1986年第2期）。也有觀點認爲這些銅器銘文上的“陽信家”指的是陽信夷侯劉揭，與陽信公主無關（詳見秦進才、張玉《由“長信宮”燈銘文説“陽信家”銅器的最初所有者問題》，《文物春秋》2005年第4期）。

[4]【今注】南宮公主：景帝王皇后之女，武帝同母姊。初嫁南宮侯張坐，張坐有罪，復嫁張侯耏申。

[5]【顏注】師古曰：慮音廬。【今注】隆慮公主：景帝王皇后小女，武帝同母妹。

皇后立九年，景帝崩。武帝即位，爲皇太后，尊太后母臧兒爲平原君，[1]封田蚡爲武安侯，[2]勝爲周陽侯。[3]王氏、田氏侯者凡三人。蓋侯信好酒，田蚡、勝貪，巧於文辭。蚡至丞相，追尊王仲爲共侯，[4]槐里起園邑二百家，長丞奉守。及平原君薨，從田氏葬長陵，亦置園邑如共侯法。

[1]【今注】平原君：君，本爲戰國時期的貴族封號，漢代常作爲女性貴族外戚的封號。東漢蔡邕《獨斷》卷上曰：“（漢）異姓婦人以恩澤封者曰君，（儀）比長公主。”封君享有食邑，户數不等。平原君當以平原縣（今山東平原縣南）爲湯沐邑。

[2]【今注】田蚡：傳見本書卷五二。　武安侯：侯國治所在

今河北武安市西南。

　　[3]【今注】勝：田勝，景帝王皇后同母異父之弟。　周陽侯：侯國治所在今山西聞喜縣東北。

　　[4]【顏注】師古曰：共讀曰恭。

　　初，皇太后微時所爲金王孫生女俗，在民閒，蓋諱之也。[1]武帝始立，韓嫣白之。[2]帝曰：“何爲不蚤言！”乃車駕自往迎之。其家在長陵小市，直至其門，使左右入求之。家人驚恐，女逃匿。扶將出拜，帝下車立曰：[3]“大姊，何藏之深也？”載至長樂宮，與俱謁太后，太后垂涕，女亦悲泣。帝奉酒前爲壽，錢千萬，[4]奴婢三百人，公田百頃，甲第，[5]以賜姊。太后謝曰：“爲帝費。”因賜湯沐邑，[6]號修成君。男女各一人，女嫁諸侯，[7]男號修成子仲，[8]以太后故，横於京師。[9]太后凡立二十五年，後景帝十五歲，元朔三年崩，[10]合葬陽陵。[11]

　　[1]【顏注】師古曰：言隨流俗而在閭巷，未顯貴。【今注】俗：當爲人名，即金俗。《史記》卷四九《外戚世家》褚先生曰“王太后在民間時所生一女者”，《集解》引徐廣云：“名俗。”錢大昕《廿二史考異·漢書三》、周壽昌《漢書注校補》、王先謙《漢書補注》皆以爲“俗”即王太后與金王孫所生女之名。

　　[2]【顏注】師古曰：嫣音偃。【今注】韓嫣：傳見本書卷九三。

　　[3]【今注】立：《史記·外戚世家》褚先生曰：“武帝下車泣曰：‘嚄！大姊，何藏之深也？’”王先謙《漢書補注》以爲“立”當爲“泣”字脱漏左半邊而致誤。

[4]【今注】案，《史記·外戚世家》"錢"字前有"奉"字。

[5]【今注】甲第：又稱"大第""甲舍"，主要分布在未央宮北側及東側，規模宏大，修飾豪華，便於公務朝謁，亦示尊顯。居住者皆爲貴族高官，往往由皇帝恩賜。

[6]【今注】湯沐邑：本指周天子在王畿内賜給來朝諸侯住宿和齋戒沐浴用的封邑。漢時沿用此名，指皇帝、皇后、公主以及諸侯王列侯收取賦税以供私人奉養的封邑，多數是爲公主及皇帝的其他女性近親設置，皇室男性亦有享受湯沐邑者（參見薛瑞澤《漢代湯沐邑研究》，《江蘇師範大學學報》2013 年第 5 期）。

[7]【今注】女嫁諸侯：女名金娥，爲淮南王劉安之子太子劉遷妃。

[8]【今注】修成子仲：金仲，以母封君號爲名號。本書卷九〇《酷吏傳》記載，義縱爲長安令，直法行治，不避貴戚，曾捕案"太后外孫修成子中"，"子中"即"子仲"。

[9]【顏注】師古曰：横音胡孟反。

[10]【今注】元朔：漢武帝年號（前 128—前 123）。

[11]【今注】陽陵：漢景帝陵園，遺址在今陝西咸陽市渭城區正陽街道張家灣村。王皇后墓園在景帝墓園東北，相距約450 米。

孝武陳皇后，長公主嫖女也。曾祖父陳嬰與項羽俱起，[1]後歸漢，爲堂邑侯。[2]傳子至孫午，[3]午尚長公主，生女。

[1]【今注】陳嬰：秦末爲東陽縣令史，深得人望，被縣民推爲首領，加入反秦義軍項梁、項羽所部，拜爲楚國上柱國，封五縣，輔佐楚懷王。項羽死，歸隨劉邦。

[2]【今注】堂邑侯：侯國治所在今江蘇南京市六合區雄州

街道。

　　[3]【今注】午：陳午。

　　初，武帝得立爲太子，長主有力，取主女爲妃。及帝即位，立爲皇后，擅寵驕貴，十餘年而無子，聞衛子夫得幸，幾死者數焉。[1]上愈怒。后又挾婦人媚道，[2]頗覺。元光五年，[3]上遂窮治之，女子楚服等坐爲皇后巫蠱祠祭祝詛，[4]大逆無道，相連及誅者三百餘人。楚服梟首於市。使有司賜皇后策曰：“皇后失序，惑於巫祝，[5]不可以承天命。其上璽綬，罷退居長門宮。”[6]

　　[1]【顏注】師古曰：幾音鉅依反。數音所角反。

　　[2]【今注】婦人媚道：巫術名。通過偶人、祝詛等手段使其他女性失寵遭殃，使自己得到男性的關注與專寵。馬王堆帛書《雜療方》中的一些內容與婦人媚道有關，是和合夫妻關係的實際技術。

　　[3]【今注】元光：漢武帝年號（前134—前129）。

　　[4]【今注】巫蠱：古代方術名稱。蠱，本指讓人食用毒蟲而致病，後發展成一種以加害人爲目標的方術——蠱道。巫師所爲，故稱巫蠱。漢代巫蠱的主要手段是依照仇人形象製成木質偶人，以鐵針插刺，埋在地下，再施以惡語詛咒，以達到使對方罹禍遭殃的目的。　祝詛：祈禱於鬼神，使加禍於別人。

　　[5]【顏注】師古曰：言失德義之序，而妄祝詛也。

　　[6]【今注】長門宮：漢代離宮名。在長安城東南。

　　明年，堂邑侯午薨，主男須嗣侯。[1]主寡居，私近董偃。^[2]十餘年，主薨。須坐淫亂，兄弟爭財，當死，自殺，國除。後數年，廢后乃薨，葬霸陵郎官亭東。

[1]【今注】案，本書《高惠高后文功臣表》"須"前有"季"字。

[2]【今注】董偃：館陶長公主男寵。少時與母以販賣珠飾爲業，因面容姣好、温柔可人而被館陶長公主收養，出則駕馭，入則侍内，甚得寵幸。董偃借公主之勢結交顯貴，長安人稱"董君"。武帝稱之爲"主人翁"，專爲置酒北宫，以示親近。死後與館陶長公主合葬於霸陵陪葬墓。西漢後期公主貴人行爲失檢，逾禮越制，始於董偃之寵。事迹詳見本書卷六五《東方朔傳》。

孝武衞皇后字子夫，生微也。^[1]其家號曰衞氏，出平陽侯邑。^[2]子夫爲平陽主謳者。^[3]武帝即位，數年無子。平陽主求良家女十餘人，飾置家。帝被霸上，^[4]還過平陽主。主見所侍美人，^[5]帝不説。既飲，謳者進，帝獨説子夫。^[6]帝起更衣，子夫侍尚衣^[7]軒中，得幸。^[8]還坐驩甚，賜平陽主金千斤。主因奏子夫，^[9]送入宫。子夫上車，主拊其背曰："行矣！^[10]强飯勉之。^[11]即貴，願無相忘！"入宫歲餘，不復幸。武帝擇宫人不中用者斥出之，子夫得見，涕泣請出。上憐之，復幸，遂有身，尊寵。召其兄衞長君、弟青侍中。^[12]而子夫生三女，元朔元年生男據，遂立爲皇后。

[1]【今注】生微：出身微賤。

[2]【今注】平陽侯邑：平侯侯曹壽封國，治所在今山西臨汾市西南。高祖六年（前201）封曹參爲平陽侯，景帝四年（前153）

曾孫曹壽嗣爵。

[3]【顏注】師古曰：齊歌曰謳，音一侯反。【今注】謳者：歌女。民間亦稱"歌兒"。

[4]【顏注】孟康曰：袚，除也。於霸水上自袚除，今三月上巳袚禊也。師古曰：袚音廢。禊音系。【今注】袚（fú）：古代的一種祭祀活動。通過在河邊洗浴來驅除疾病。

[5]【顏注】師古曰：偫，儲偫也。偫音丈紀反。【今注】偫（zhì）：儲備。

[6]【顏注】師古曰：說皆讀曰悅。

[7]【顏注】如淳曰：以帷帳障尊者也。晉灼曰：代侍五尚之衣。師古曰：二說皆非也。尚，主也。時於軒中侍帝，權主衣裳（案，殿本此注爲"師古曰：尚，主也。時於軒中侍帝，權主衣裳"，無如、晉二家注）。

[8]【顏注】師古曰：軒謂軒車，即今車之施幰者。【今注】軒：本義指軒車，車箱上有頂蓋，側面有帷屏，利於隱私。亦指房間。此處"起更衣，子夫侍尚衣軒中"，諸人解說不一。師古解作衛子夫在軒車中服侍天子更衣。清人何焯《義門讀書記》卷二〇《前漢書》以爲："長廊有窗而周回者曰軒。此'軒中'蓋屋也。豈有帝方宴飲時上車更衣者乎！"周壽昌《漢書注校補》以爲"軒中"即"主第旁室中"。楊樹達《漢書窺管》則認爲是指廁所，漢人常以"更衣"代指如廁。

[9]【今注】奏：進獻。

[10]【顏注】師古曰：拊謂摩循之也。行矣，猶今言好去。

[11]【顏注】師古曰：强音其兩反（强，蔡琪本作"彊"）。飯音扶晚反。【今注】强飯勉之：漢代客套用語，意謂注意飲食。懸泉漢簡《建致中公、夫人書》（編號Ⅱ0114③：630）即有"强飯"一詞。强，蔡琪本作"彊"。

[12]【今注】衛長君：衛子夫兄，同母同父。與衛青同母異

父。　青：衛青。傳見本書卷五五。

　　先是衛長君死，乃以青爲將軍，擊匈奴有功，封長平侯。[1]青三子在襁褓中，皆爲列侯。[2]及皇后姊子霍去病亦以軍功爲冠軍侯，[3]至大司馬票騎將軍。[4]青爲大司馬大將軍。衛氏支屬侯者五人。青還，尚平陽主。[5]

　　[1]【今注】長平侯：侯國治所在今河南西華縣東北。

　　[2]【今注】皆爲列侯：據《史記》卷四九《外戚世家》，衛青共有四子，長子衛伉立爲長平侯世子，陪侍武帝左右，甚爲貴幸。其餘三子一封陰安侯（侯國治所在今河南清豐縣），一封發干侯（侯國治所在今山東莘縣），一封宜春侯（侯國治所在今河南汝南縣），食邑各一千三百户。

　　[3]【今注】皇后姊：此指衛少兒。衛媼生三女，長女衛君孺，次女衛少兒，再次即衛子夫。　霍去病：傳見本書卷五五。冠軍侯：侯國治所在今河南鄧州市西北。

　　[4]【今注】大司馬：官名。《周禮·夏官》有大司馬，掌邦政。漢承秦制，置太尉，掌武事，爲國家最高武官，與丞相、御史大夫並處三公之位，不常置。武帝罷太尉置大司馬，無印綬，無官屬，以大將軍衛青、驃騎將軍霍去病功多，特以大司馬冠將軍之號，以示尊崇。武帝之後，朝廷常以此職授予掌權的外戚，多與大將軍、驃騎將軍、車騎將軍、衛將軍等聯稱，權威漸重。所冠將軍往往領尚書事，既是中朝決策領袖，也是掌握國家軍政大權的首席大臣，班在丞相之次，權在丞相之上。成帝、哀帝時期兩次改革官制，大司馬得賜印綬，開府置屬，俸禄增至與丞相同級，擺脱加官屬性，成爲具有獨立地位的“三公”要職。　票騎將軍：或作“膘騎將軍”，又作“驃騎將軍”。西漢高級武官名。始於武帝封霍

去病爲票騎將軍，取騎兵勁疾之意。武帝之後時置時罷。領京師衛
戍屯兵，備皇帝顧問應對，參與中朝謀議決策。加大司馬號、録尚
書事則爲中朝官首領，預政定策，進而成爲最有權勢的軍政大臣。
位在大將軍之下，車騎將軍、衛將軍及前、後、左、右將軍之上。
金印紫綬。票，蔡琪本作"驃"。

〔5〕【今注】尚：娶皇帝之女謂之尚。尚，意謂尊崇。

皇后立七年，而男立爲太子。[1]後色衰，趙之王夫
人、中山李夫人有寵，[2]皆蚤卒。後有尹倢伃、鉤弋夫
人更幸。[3]衛后立三十八年，遭巫蠱事起，江充爲
姦，[4]太子懼不能自明，遂與皇后共誅充發兵，兵敗，
太子亡走。詔遣宗正劉長樂、執金吾劉敢奉策收皇后
璽綬，[5]自殺。黃門蘇文、姚定漢輿置公車令空舍，[6]
盛以小棺，瘞之城南桐柏。[7]衛氏悉滅。宣帝立，乃改
葬衛后，追謚曰思后，置園邑三百家，長丞周衛奉
守焉。[8]

〔1〕【今注】男立爲太子：衛子夫之子劉據立爲太子，時在漢
武帝元狩元年（前 122）。

〔2〕【今注】趙之王夫人：趙，王國名。治邯鄲縣（今河北邯
鄲市）。王夫人生子劉閎，漢武帝元狩六年（前 117）立爲齊王。
中山：王國名。治盧奴縣（今河北定州市）。

〔3〕【顏注】師古曰：更，互也，音工衡反。【今注】更：
相繼。

〔4〕【今注】江充：傳見本書卷四五。

〔5〕【今注】宗正：秦置，西漢沿置，職掌管理皇族及外戚事
務。例由宗室成員擔任。位列九卿，秩中二千石。　執金吾：秦及

西漢前期稱中尉，武帝太初元年（前 104）更名爲執金吾，職掌宮殿之外、京城之内的警備事務，天子出行時充任儀衛導行。位列諸卿，秩中二千石。　劉敢：本書《王子侯表》有城陽王子原洛（當爲石洛）侯劉敢，征和三年（前 90）因殺人被棄市處死。陳直《漢書新證》以爲兩劉敢時代正合，或即一人。

[6]【今注】黄門：此處當爲"中黄門"省稱。皇帝日常辦公和生活的區域稱省中或禁中，省禁之門漆成黄色，故稱黄門。西漢置中黄門，掌黄門之内雜務，持兵器宿衛省内。由宦者充任。屬少府。《續漢書·百官志》："宦者，無員。後增比三百石。掌給事禁中。"　蘇文：宦官。受漢武帝之命，協助江充在宮省之中掘地搜求，調查巫蠱之事，引發戾太子起兵對抗。後武帝爲戾太子平反，將蘇文燒死在長安城横門渭橋上。　姚定漢：據本書六一《李廣利傳》，其早年曾出使大宛，極言漢强宛弱，實力懸殊。武帝采納其建議，太初元年遣軍遠征大宛。　公車令：官名。"公車司馬令"的省稱。負責皇宮司馬門守衛，夜間在宮内殿外巡邏警衛。凡臣民上書、朝廷徵召之事，皆由公車令檢查傳達。屬衛尉，秩六百石。

[7]【顔注】師古曰：瘞，薶也。桐柏，亭名也。瘞音於例反。【今注】瘞（yì）：埋葬。

[8]【顔注】師古曰：葬在杜門外大道東，以倡優雜伎千人樂其圜（伎，蔡琪本作"技"），故號千人聚。其地在今長安城内金城坊西北隅是。【今注】案，思后園位置約在今陝西西安市西城牆玉祥門西十里鋪附近。

孝武李夫人，本以倡進。[1]初，夫人兄延年性知音，善歌舞，武帝愛之。每爲新聲變曲，聞者莫不感動。延年侍上，起舞歌曰："北方有佳人，絶世而獨立，一顧傾人城，再顧傾人國。寧不知傾城與傾國，佳人難再得！"[2]上嘆息曰："善！世豈有此人乎？"平陽主因言延年有女弟，上乃召見之，實妙麗善舞。由是得幸，生一男，是爲昌邑哀王。[3]李夫人少而蚤卒，上憐閔焉，圖畫其形於甘泉宮。[4]及衛思后廢後四年，武帝崩，大將軍霍光緣上雅意，[5]以李夫人配食，[6]追上尊號曰孝武皇后。

[1]【顏注】師古曰：倡，樂人，音昌（殿本無此注）。【今注】倡：以歌舞爲業者。

[2]【顏注】師古曰：非不丟惜城與國也，但以佳人難得，愛悦之深，不覺傾覆（殿本無此注）。

[3]【今注】昌邑哀王：即劉髆。傳見本書卷六三。昌邑王國治所在今山東巨野縣南。

[4]【今注】甘泉宮：在今陝西淳化縣鐵王鄉一帶，是秦漢帝王避暑處政的離宮。秦代本名林光宮，西漢時因地處甘泉山而改名甘泉宮。武帝時大規模擴建，形成以前殿爲主體建築，包括竹宮、長定宮、高光宮、七里宮、增成宮、通靈臺等在内的宮殿建築群。

[5]【今注】霍光：傳見本書卷六八。

[6]【顏注】師古曰：緣，因也。雅意，素舊之意（殿本無此注）。【今注】配食：配位於宗廟，與廟主共享後人祭祀。依照禮制，"國君之母非適，不得配食"（本書卷七三《韋玄成傳》）。李夫人身非皇后而得配食武帝，屬於特例。本卷記霍光在"武帝崩"後不久即昭帝時期以李夫人配食武帝，研究者意見不一。勞榦以爲，昭帝生母鈎弋夫人名位是婕妤，李夫人名位不過夫人，斷無不尊鈎弋夫人而尊李夫人之理。昭帝即位後尊鈎弋夫人爲皇太后，不配食武帝，反而以李夫人配食，是對昭帝的不敬。故李夫人配食之事應該發生在昌邑王即位時（《古代中國的歷史與文化（上）》，中華書局2006年版，第144頁）。張小鋒則認爲，武帝衆多后妃之中，陳皇后因巫蠱事件被廢，衛皇后因"巫蠱之禍"而自殺，趙夫

人有過錯而被譴死，尹婕妤、邢夫人二人無子且早死，有子且曾受寵的王夫人早死，生了燕王劉旦和廣陵王劉胥的李姬因二子封王而不得配食，故祇有生前最受武帝寵愛的李夫人有配食資格。以李夫人配食武帝是爲了穩定政局而做出的審愼抉擇。《外戚傳》所言是可信的（詳見張小鋒《李夫人"配食"武帝與昭帝初立時政局》，《中國史研究》2011 年第 1 期）。案，李夫人墓在武帝陵西北，相距約五百米。

　　初，李夫人病篤，上自臨候之。夫人蒙被謝曰："妾久寢病，形貌毁壞，不可以見帝。願以王及兄弟爲託。"上曰："夫人病甚，殆將不起，一見我屬託王及兄弟，豈不快哉？"夫人曰："婦人貌不修飾，不見君父。妾不敢以燕婧見帝。"[1] 上曰："夫人弟一見我，[2] 將加賜千金，而予兄弟尊官。"夫人曰："尊官在帝，不在一見。"上復言欲必見之，夫人遂轉鄉歔欷而不復言。[3] 於是上不説而起。[4] 夫人姊妹讓之曰：[5] "貴人獨不可一見上屬託兄弟邪？何爲恨上如此？"夫人曰："所以不欲見帝者，乃欲以深託兄弟也。我以容貌之好，得從微賤愛幸於上。夫以色事人者，色衰而愛弛，[6] 愛弛則恩絶。上所以攣攣顧念我者，乃以平生容貌也。[7] 今見我毁壞，顏色非故，必畏惡吐棄我，意尚肯復追思閔録其兄弟哉！"及夫人卒，上以后禮葬焉。其後，上以夫人兄李廣利爲貳師將軍，[8] 封海西侯；[9] 延年爲協律都尉。[10]

[1]【顏注】師古曰：婧與婧同。謂不嚴飾。

[2]【顏注】師古曰：弟（弟，蔡琪本作"第"，殿本作"第"），但也。

[3]【顏注】師古曰：鄉讀曰嚮，轉面而嚮裏也。歔音虛。欷音許既反。

[4]【顏注】師古曰：說讀曰悅（殿本無此注）。

[5]【顏注】師古曰：讓，責也（殿本無此注）。

[6]【顏注】師古曰：弛，解也，音式爾反（殿本無此注）。

[7]【顏注】師古曰：攣音力全反，又讀曰戀（殿本無此注）。【今注】攣：同"戀"，牽念。

[8]【今注】李廣利：傳見本書卷六一。 貳師將軍：西漢將軍名號。貳師爲大宛國城名，在今吉爾吉斯斯坦奧什城，以產良馬著稱。武帝太初元年（前104），李廣利奉命遠征大宛，掠取貳師城良馬，故以"貳師"爲將軍號。

[9]【今注】海西侯：漢武帝太初四年（前101）封李廣利爲海西侯，征和三年（前90）國除。侯國治所在今江蘇灌南縣東南。

[10]【今注】協律都尉：官名。漢武帝立樂府，自爲歌詩，以宦官李延年爲協律都尉，佩二千石印綬，職在次序其聲，譜作新曲。李延年被族滅，此職即廢除。協，蔡琪本作"恊"，大德本作"拹"。

　　上思念李夫人不已。[1]方士齊人少翁言能致其神，[2]迺夜張燈燭，設帷帳，陳酒肉，而令上居他帳，遙望見好女如李夫人之貌，[3]還幄坐而步。[4]又不得就視，上愈益相思悲感，爲作詩曰："是邪，非邪？[5]立而望之，偏何姍姍其來遲！"[6]令樂府諸音家絃歌之。[7]上又自爲作賦，以傷悼夫人，其辭曰：

　　[1]【今注】案，此段記述中的李夫人，當爲"王夫人"之誤。周壽昌《漢書注校補》曰："《封禪書》：'上有所幸王夫人，夫人卒，少翁以方蓋夜致王夫人。'是即前所云'趙之王夫人'，非李夫人也。王、李皆早卒，而王叙在李前，視李夫人先卒可知。李夫人有子爲昌邑哀王，其封以天漢四年（前97）。少翁之誅在元狩四年（前119），距王封時已二十三年。王封十一年而薨，謚之曰哀，年必不永。即以二十歲分封，當少翁死時，王尚未生，即李夫人何以死也？《通鑑》據《史記》作'王夫人'，注曰'齊王閎之母'，亦明班史有誤也。《鉤弋傳》云'寵姬王夫人男齊懷王'，是胡注所本。或有以'少翁'作'李少君'者，尤誤。少君誅死更在少翁十數年前。王益之《西漢年紀》謂《漢書》《史記》並誤，其考異云：'少翁之死在元狩四年，而褚先生《補》云，元狩六年，帝欲王諸子，時齊王閎母王夫人病，帝自臨問之，曰："子當王，安所置之？"王夫人曰："願君雒陽。"帝曰："先帝以來，無王雒陽者，關東之國莫勝於齊。"乃立閎爲齊王。是元狩六年王夫人尚無恙，而少翁之死已二年矣，豈得云致鬼如王夫人之貌乎？故於《年紀》除其姓，云上有所幸夫人云云。'案，王氏考核詳辨，然武帝分封三子皆在元狩六年，齊王閎封時不必其母猶存，封齊之語，或先有成約，後踐其言，未可定也。褚補《史記》每有年與事不相應者。史公當武帝朝，此當不舛。似宜從《史記》作'王夫人'爲是，亦不必云無姓也。"

　　[2]【今注】方士：泛指掌握巫醫、占卜、星相等技藝並以之爲業的人。起源於戰國中期燕、齊近海地區以修煉成仙、尋求不死之藥的方術之士。　少翁：漢武帝時期方士。姓李，齊地人。自稱能通神，得到武帝信賴，拜爲文成將軍，多獲賞賜。後被識破而誅死。

　　[3]【今注】案，殿本無"見"字。

　　[4]【顔注】師古曰：夫人之神於幄中坐，又出而徐步。

　　[5]【顔注】師古曰：言所見之狀定是夫人以否（殿本無此

注）。

[6]【顏注】師古曰：姍姍，行貌，音先安反（先安反，蔡琪本作"仙"）。

[7]【今注】樂府：官署名。秦代即有，漢沿置。負責收集各地歌謠並予以改編，寫作歌詩，編創曲調，監造樂器，並爲國家及宮廷禮儀活動提供服務。屬少府。長官爲樂府令，秩六百石。武帝時規模急劇膨脹，設一令三丞及音監、倡監、游徼等官。成帝時規模達到上千人。哀帝時罷樂府，分流部分人員屬太樂令。

美連娟以修嫭兮，[1]命樔絶而不長，[2]飾新宮以延貯兮，泯不歸乎故鄉。[3]慘鬱鬱其蕪穢兮，[4]隱處幽而懷傷，釋輿馬於山椒兮，奄修夜之不陽。[5]秋氣憯以淒淚兮，桂枝落而銷亡，[6]神煢煢以遥思兮，精浮游而出畺。[7]託沈陰以壙久兮，惜蕃華之未央，[8]念窮極之不還兮，惟幼眇之相羊。[9]函菱茢以俟風兮，芳雜襲以彌章，[10]的容與以猗靡兮，縹飄姚虖愈莊。[11]燕淫衍而撫楹兮，連流視而娥揚，[12]既激感而心逐兮，包紅顏而弗明。[13]驩接狎以離別兮，宵寤夢之芒芒，[14]忽遷化而不反兮，[15]魄放逸以飛揚。何靈魂之紛紛兮，哀裴回以躊躇，[16]勢路日以遠兮，遂荒忽而辭去。[17]超兮西征，[18]屑兮不見。[19]澄淫敞，[20]克寂兮無音，[21]恩若流波，怛兮在心。[22]

[1]【顏注】師古曰：嫭，美也。連娟，孅弱也。嫭音互。娟音一全反。【今注】修嫭（hù）：美好之狀。

[2]【顏注】師古曰：樔，截也，音子小反。【今注】樔（jiǎo）：

同"剿"。滅。

[3]【顏注】師古曰：新宮，待神之處。貯與佇同。佇，待也。泯然，滅絕意。【今注】新宮：槨棺。　延貯：長久保存。故鄉：曾經生活過的地方。此指人間。

[4]【今注】鬱鬱：草木茂盛之狀。

[5]【顏注】孟康曰：山椒，山陵也，置輿馬於山陵也。師古曰：自慘鬱鬱以下，皆言夫人身處墳墓而隱翳也。脩，長也。陽，明也。【今注】奄：同"淹"。久留。　脩夜：長夜。

[6]【顏注】師古曰：淒淚，寒涼之意也。桂枝芳香，亦喻夫人也。憯音千感反。淚音戾。【今注】憯（cǎn）：同"慘"。

[7]【今注】罿：同"疆"。

[8]【顏注】師古曰：沈陰，言在地下也。壙與曠同。未央猶未半也。言年歲未半，而早落蕃華，故痛惜之。蕃音扶元反。【今注】蕃：同"繁"。

[9]【顏注】師古曰：惟，思也。幼眇猶窈窕也。相羊，翱翔也。幼音一小反。相音襄。【今注】相羊：徜徉，徘徊不願離去。

[10]【顏注】李奇曰：荽音數。孟康曰：荽音綏，華中齊也。夫人之色如春華含荽敷散，以待風也。師古曰：雜襲，重積也。【今注】荽（suī）：花蕊。　荴（fū）：散布。

[11]【顏注】孟康曰：言夫人之顏色的然盛美，雖在風中縹姚，愈益端嚴也。師古曰：縹音匹妙反。【今注】的：明確。　猗靡：婀娜之狀。

[12]【顏注】師古曰：追述平生歡宴之時也。娥揚，揚其娥眉。【今注】淫衍：連綿不絕。

[13]【顏注】晉灼曰：包，藏也。謂夫人藏其顏色，不肯見帝屬其家室也。師古曰：此說非也。心逐者，帝自言中心追逐夫人不能已也。包紅顏者，言在墳墓之中不可見也。

[14]【顏注】師古曰：言絕接狎之懽（懽，中華本作

"驪"），而遂離別也。宵，夜也。芒芒，無知之貌也。芒音莫郎反。

[15]【今注】遷化：變換。 反：同"返"。

[16]【顏注】師古曰：躊躇，住足也。躊音疇。躇合韻音丈預反。【今注】裴（péi）回：徘徊。

[17]【顏注】師古曰：荒音呼廣反。

[18]【今注】超：遠。

[19]【顏注】師古曰：屑然，疾意也。以日爲喻，故言西征。

[20]【今注】潒淫：逐漸。 敞：同"惝怳"。聽不清楚。

[21]【顏注】師古曰：芃，古"忛"字。

[22]【顏注】師古曰：流波，言恩寵不絕也。怛，悼也，音丁曷反。【今注】案，恩，蔡琪本、大德本、殿本皆作"思"。師古以"恩寵不絕"作解，可知其所見本已作"恩"。 流波：流動的水，意謂綿綿不絕。

　　　　亂曰：[1]佳俠函光，隕朱榮兮，[2]嫉妒闟茸，將安程兮！[3]方時隆盛，年夭傷兮，[4]弟子增欷，洿沫悵兮。[5]悲愁於邑，喧不可止兮，[6]嚮不虛應，亦云己兮。[7]譙妍大息，嘆稚子兮，[8]懰慄不言，倚所恃兮。[9]仁者不誓，豈約親兮？[10]既往不來，申以信兮。[11]去彼昭昭，[12]就冥冥兮，[13]既下新宮，不復故庭兮。[14]嗚呼哀哉，想魂靈兮！

[1]【顏注】師古曰：亂，理也，總理賦中之意。【今注】亂：古代辭賦末尾總括全篇要旨的部分。

[2]【顏注】孟康曰：佳俠猶佳麗。【今注】朱榮：紅色的花。

[3]【顔注】師古曰：言嫉妬闒茸之徒不足與夫人爲程品也。闒茸，衆賤之稱也。闒音吐獵反（獵，蔡琪本、大德本、殿本作"臘"）。茸音人勇反。【今注】闒（tà）茸（róng）：地位卑賤的人。　程：品級，等次。

[4]【顔注】師古曰：傷合韻音式向反。【今注】傷：同"殤"。

[5]【顔注】應劭曰：弟，夫人弟兄也。子，昌邑王也。孟康曰：洿沫，涕洟也。晉灼曰：沫音水沫面之沫。言涕淚洿集覆面下也。師古曰：沫，晉説是也。悵，惆悵也。洿音烏。洿，下也。沫音呼内反，字從午未之未也。

[6]【顔注】師古曰：朝鮮之間謂小兒泣不止名爲喧，音許遠反。

[7]【顔注】師古曰：響讀曰響。響之隨聲，必當有應，而今涕泣從自已耳（從，殿本作"徒"，中華本據改），夫人不知之，是虛其應。

[8]【顔注】孟康曰：夫人蒙被，歔欷不見，帝哀其子小而孤也。晉灼曰：三輔謂憂愁面省瘦曰嶕冥。嶕冥猶嶕妍也。師古曰：嶕音在消反。【今注】嶕（qiáo）妍：因憂傷而面容消瘦。稚子：幼子。此指昌邑王劉髆。

[9]【顔注】孟康曰：恃平日之恩，知上必感念之也。師古曰：懰慄，哀愴之意也。懰音劉。慄音栗。

[10]【顔注】如淳曰：仁者之行惠尚一不以爲恩施，豈有親親而反當以言約乎？

[11]【顔注】師古曰：死者一往不返，情念酷痛，重以此心爲信，不有忽忘也。信合韻音新。

[12]【今注】昭昭：明亮。意謂人間。

[13]【今注】冥冥：昏暗。意謂墓穴。

[14]【顔注】師古曰：故庭謂平生所居室之庭也。復音扶目反。

其後李延年弟季坐姦亂後宮，[1]廣利降匈奴，家族滅矣。

[1]【今注】季：即李季。今案，《史記》卷一二五《佞幸列傳》說李延年本爲坐過腐刑之人，與武帝同"臥起，甚貴幸……寖與中人亂，出入驕恣。及其女弟李夫人卒後，愛弛，則禽誅延年昆弟也"。其家族被誅，緣由與此有異。

孝武鉤弋趙倢伃，昭帝母也，家在河間。[1]武帝巡狩過河間，望氣者言此有奇女，[2]天子亟使使召之。既至，女兩手皆拳，上自披之，手即時伸。由是得幸，號曰拳夫人。先是其父坐法宮刑，[3]爲中黃門，死長安，葬雍門。[4]

[1]【今注】河間：漢武帝時爲諸侯王國，治樂成縣（今河北獻縣東南）。

[2]【今注】望氣：通過觀察雲氣變化，附會人事，預測吉凶禍福。

[3]【今注】宮刑：古代肉刑的一種。女子幽閉，男子去勢。又稱腐刑，以刀割除男性的生殖器官。漢文帝廢除肉刑，腐刑亦被廢止。景帝時死罪情節較輕者申請腐刑則可免死，其後腐刑事實上成爲死刑的替代刑罰。

[4]【顏注】師古曰：雍門在長安西北孝里西南，去長安三十里。《廣記》云趙父家在門西也。【今注】雍門：長安城城門名。長安城共十二座城門，東、南、西、北每面城牆各有三門，西牆由北向南第一座門即爲雍門，遺址在今陝西西安市未央區六村堡街道辦事處六村堡村。

　　拳夫人進爲倢伃，居鉤弋宮，[1]大有寵，太始三年生昭帝，[2]號鉤弋子。任身十四月迺生，[3]上曰：“聞昔堯十四月而生，今鉤弋亦然。”[4]迺命其所生門曰堯母門。後衛太子敗，而燕王旦、廣陵王胥多過失，[5]寵姬王夫人男齊懷王、李夫人男昌邑哀王皆蚤薨，[6]鉤弋子年五六歲，壯大多知，[7]上常言“類我”，又感其生與衆異，甚奇愛之，心欲立焉，以其年稺母少，[8]恐女主顓恣亂國家，猶與久之。[9]

　　[1]【顔注】師古曰：《黄圖》鉤弋宮在城外，《漢武故事》曰在直門南也。【今注】鉤弋宮：漢武帝趙婕妤居住之宮。其位置諸説不一。本傳顔師古注引《三輔黄圖》，鉤弋宮在長安城外，又在直城門南。案，直城門是長安城十二門之一，居西城墻三門之中，據此判斷，宮在長安城西墻外居中偏南處，距直城門不遠。何清谷《三輔黄圖校注》據《三秦記》“未央宮有堯閣”、《三輔黄圖》卷二“未央宮有鉤弋殿”等信息，推測鉤弋宮可能在未央宮西墻附近，屬長安城內直城門南。

　　[2]【今注】太始：漢武帝年號（前96—前93）。太，蔡琪本、大德本、殿本作“元”，誤。

　　[3]【今注】任身：同“妊娠”。

　　[4]【今注】案，王念孫《讀書雜志·漢書第十五》以爲“弋”後脱一“子”字。

　　[5]【今注】燕王旦：劉旦，漢武帝第三子。武帝元狩六年（前117）封爲燕王（王國治薊縣，在今北京市西南）。傳見本書卷六三。　廣陵王胥：劉胥，漢武帝第四子。武帝元狩六年封爲廣陵王（王國治廣陵縣，在今江蘇揚州市西北）。傳見本書卷六三。燕王旦、廣陵王胥皆爲李姬所生。

　　[6]【今注】齊懷王：劉閎，漢武帝次子。武帝元狩六年封爲齊王（王國治臨菑縣，在今山東淄博市臨淄區齊都鎮）。傳見本書卷六三。

　　[7]【顏注】師古曰：壯大者，言其形體偉大。【今注】知：同“智”。

　　[8]【今注】稺（zhì）：同“稚”。

　　[9]【顏注】師古曰：與讀曰豫。

　　鉤弋倢伃從幸甘泉，有過見譴，以憂死，[1]因葬雲陽。[2]後上疾病，乃立鉤弋子爲皇太子，拜奉車都尉霍光爲大司馬大將軍，[3]輔少主。明日，帝崩。昭帝即位，追尊鉤弋倢伃爲皇太后，發卒二萬人起雲陵，[4]邑三千户。追尊外祖趙父爲順成侯，[5]詔右扶風置園邑二百家，[6]長丞奉守如法。順成侯有姊君姁，賜錢二百萬，奴婢第宅以充實焉。諸昆弟各以親疏受賞賜。趙氏無在位者，唯趙父追封。

　　[1]【顏注】師古曰：譴，責也，音口羡反。

　　[2]【顏注】師古曰：在甘泉宮南，今土俗人嘑爲女陵。【今注】雲陽：縣名。治所在今陝西淳化縣西北。

　　[3]【今注】奉車都尉：官名。漢武帝時始置，掌天子車輿。秩比二千石。多由皇帝親信充任。

　　[4]【今注】雲陵：漢昭帝母鉤弋夫人陵園。在今陝西淳化縣東南。

　　[5]【今注】趙父：史失其名，權稱之爲父（詳楊樹達《漢書窺管》）。

　　[6]【今注】右扶風：郡級政區名。“三輔”之一。治長安縣

（今陝西西安市西北）。陳直《漢書新證》云，羅福頤《漢印文字徵》録有"順陵園丞"印，當爲趙父順成侯園邑長丞所用之印。

孝昭上官皇后，祖父桀，[1] 隴西上邽人也。[2] 少時爲羽林期門郎，[3] 從武帝上甘泉，天大風，車不得行，解蓋授桀。桀奉蓋，雖風常屬車，[4] 雨下蓋輒御。上奇其材力，遷未央廐令。[5] 上嘗體不安，及愈，見馬，[6] 馬多瘦，上大怒："令以我不復見馬邪！" 欲下吏。桀頓首曰："臣聞聖體不安，日夜憂懼，意誠不在馬。"[7] 言未卒，泣數行下。上以爲忠，由是親近，爲侍中，[8] 稍遷至太僕。[9] 武帝疾病，以霍光爲大將軍，太僕桀爲左將軍，[10] 皆受遺詔輔少主。以前捕斬反者莽通功，[11] 封桀爲安陽侯。[12]

[1]【今注】桀：上官桀，字少叔。事迹另見本書卷七《昭紀》、卷六八《霍光傳》等處。

[2]【今注】隴西：郡名。治狄道縣（今甘肅臨洮縣）。　上邽：縣名。治所在今甘肅天水市麥積區。

[3]【今注】羽林期門郎：羽林，西漢宮廷禁軍的一種。武帝太初元年（前104）建置。初名建章營騎，主要負責建章宮警衛事務，故名。後改稱"羽林"，取其"爲國羽翼，如林之盛"之意。多選自三輔及西北六郡良家子中有材力善騎射者。陣亡將士的子弟亦得收養於羽林並接受軍事教育，稱爲"羽林孤兒"。負責扈從侍衛及皇宮殿内省外區域的警衛。能力出衆者可遷爲郎，謂爲"羽林郎"。據《漢官儀》，羽林郎可出補三百石丞尉。屬光禄勳。宣帝時以中郎將、騎都尉監羽林，謂爲羽林中郎將。期門，亦爲西漢宮廷禁軍的一種，武帝喜微行，與常侍武騎及待詔之人中精於騎射者

期約於殿門而後出行，故稱"期門"。武帝建元三年（前138），整合"中從騎""常侍騎""常侍武騎"等既有侍衛而正式建置期門，多選自三輔、西北六郡良家子有材力善騎射者，或從羽林中薦拔，負責扈從侍衛及皇宮殿内省外區域的警衛。其地位高於羽林，位比於郎，故稱"期門郎"，又稱"期門武士"。屬光禄勳。平帝時更名爲"虎賁"。案，本書卷七〇《甘延壽傳》記載，北地郡郁郅縣人甘延壽"少以良家子善騎射爲羽林，投石拔距，絶於等倫，嘗超踰羽林亭樓，由是遷爲郎。試弁，爲期門"，經歷了羽林—羽林郎—期門（期門郎）的升遷行迹，與上官桀相類，可參。

　　[4]【顔注】師古曰：屬，連也，音之欲反。

　　[5]【今注】未央廐令：未央廐主官。負責管理馬匹乘輿諸事。屬少府。秩六百石。未央廐屬"天子六廐"，設在長安城中，是規模最大、地位最爲重要的中央養馬機構之一。設有一令五丞一尉。出土漢印有"未央廐監"（詳羅福頤《秦漢魏晉南北朝官印徵存》，文物出版社1987年版，第27頁），可知未央廐亦設"監"一職。

　　[6]【顔注】師古曰：見謂呈見之，音胡電反（音，蔡琪本作"見"。案，殿本無此注）。

　　[7]【顔注】師古曰：誠，實也（殿本無此注）。【今注】案，蔡琪本無"意"字。

　　[8]【今注】侍中：秦置，原爲丞相史，往來殿中奏事，故名。西漢時爲加官，加此即可入侍宮禁，親近皇帝。初掌雜務，後漸與聞朝政、贊導衆事、顧問應對，與公卿大臣論辯，平議尚書奏事，爲中朝要職。

　　[9]【今注】太僕：周置，秦、漢沿置。掌皇帝專用車馬，兼管官府畜牧。位列九卿，秩中二千石。

　　[10]【今注】左將軍：西漢重號將軍之一，與前將軍、後將軍、右將軍皆位上卿，金印紫綬。地位僅次於大將軍及驃騎將軍、

車騎將軍、衛將軍。戰時典兵征伐，平時無具體職掌，往往兼任他官，或加諸吏、散騎、給事中等號，成爲中朝官，宿衛皇帝左右，參與朝議決策。

[11]【今注】莽通：即馬通。漢武帝時爲侍郎，武帝征和二年（前91）在“巫蠱之禍”中平亂有功，封重合侯（侯國治所在今山東樂陵市西北）。次年率軍遠征匈奴，至天山而返。後元元年（前88）朝廷追究“巫蠱之禍”加害於戾太子者，遂與其兄侍中僕射馬何羅等合謀入室刺殺武帝，謀泄事敗，以謀反之罪被腰斬處死。馬通是東漢開國名臣馬援曾祖父，馬援之女後爲明帝皇后，忌諱馬氏先人在史書中有謀反記録，遂令改馬通爲“莽通”。

[12]【今注】安陽侯：侯國治所在今河南安陽市東南。

初，桀子安取霍光女，結婚相親，[1]光每休沐出，[2]桀常代光入決事。昭帝始立，年八歲，帝長姊鄂邑蓋長公主居禁中共養帝。[3]蓋主私近子客河間丁外人。[4]上與大將軍聞之，不絶主驩，有詔外人侍長主。長主内周陽氏女，[5]令配耦帝。[6]時上官安有女，即霍光外孫，安因光欲内之，光爲尚幼不聽。[7]安素與丁外人善，説外人曰：“聞長主内女，安子容貌端正，誠因長主時得入爲后，[8]以臣父子在朝而有椒房之重，[9]成之在於足下。漢家故事常以列侯尚主，足下何憂不封侯乎？”外人喜，言於長主。長主以爲然，詔召安女入爲倢伃，安爲騎都尉。[10]月餘，遂立爲皇后，年甫六歲。[11]

[1]【今注】親：親近。
[2]【今注】休沐：休假。漢代休假制度規定，官員連續工作

五天，可休息一天。

[3]【顔注】師古曰：共音居用反。養音弋亮反。【今注】鄂邑蓋長公主：漢武帝之女，與昭帝同爲趙倢伃所生。初封鄂邑公主，食邑於鄂縣（今湖北鄂州市）。昭帝時尊爲鄂邑長公主，儀比諸侯王。嫁蓋侯（侯國治所在今山東沂源縣東南），故又稱"鄂邑蓋長公主"，省稱爲"蓋主"。居延漢簡《甘露二年御史書》中有"故長公主第卿"，"第卿"爲漢代女子常見用名，或以爲蓋主名第卿（詳見鄔文玲《〈甘露二年御史書〉校讀》，《中國古代法律文獻研究》第5輯）。　共：同"供"。

[4]【顔注】師古曰：子客，子之賓客也。外人，其名也。【今注】子客：陳直《漢書新證》以爲，鄂邑蓋長公主爲昭帝同母之姊，昭帝立時年八歲，立十四年，卒時爲二十一歲，蓋主最多二十餘歲，且未聞有子，更不得有子之賓客，故顔師古注解有誤。漢代習用語中有"客子"一詞，"子客"疑爲"客子"之誤或變稱。今案，陳直推斷昭帝"卒時爲二十一歲，蓋主最多二十餘"，值得商榷。燕王劉旦上奏昭帝，有"今臣與陛下獨有長公主爲姊，陛下幸使丁外人侍之"之語，稱長公主爲姊，意味著蓋主年齡長於劉旦。劉旦於武帝元狩六年（前117）册立爲燕王，又於昭帝元鳳元年（前80）謀反自殺，在王位三十八年。本書卷六三《武五子傳》說劉旦"壯大就國"，可知封燕王時年齡尚小，設若封王時爲二歲，那麼自殺時至少應該是四十歲。劉旦死時，昭帝年僅十五歲（生於公元前94年），則劉旦比昭帝至少長二十五歲。劉旦稱蓋主爲姊，以此類推，蓋主比昭帝至少長二十五歲。昭帝二十一歲去世時，蓋主年齡在四十六歲開外；昭帝八歲即位時，蓋主年齡也已三十三歲開外。無論如何，都與陳直先生所言"蓋主最多二十餘"有不小的距離。另外，從"昭帝始立，年八歲，帝長姊鄂邑蓋長公主居禁中共養帝"這樣的記載來看，似乎當時蓋主已經具有養護兒童的能力和經驗，應該是一位有育兒經歷的母親。總之，師古注"子客"一

詞爲"其子的賓客"，是否合理仍可再議，但陳直"顏注顯然望文生訓之疏失"的判斷，似難成立。　丁外人：字少君，西漢武帝、昭帝時期河間國（治所在今河北獻縣東南）人。爲鄂邑長公主情夫，驕縱不法。參與鄂邑長公主、燕王劉旦、左將軍上官桀、御史大夫桑弘羊等策劃的政變陰謀，事敗被殺。事迹又見本書卷七《昭紀》、卷六七《胡建傳》、卷六八《霍光傳》等處。外人，顧炎武《日知録集釋》卷二五以爲非人名，特指女性之外夫。此觀點實誤。文獻中數見漢人以"外人"爲名者，如本書《王子侯表》中山原侯劉外人、乘丘侯劉外人。羅福頤《漢印文字徵》收録漢印有"董外人""尹外人""賈外人"。居延漢簡編號116.16簡有"書佐郭外人"，肩水金關漢簡編號73EJT7：195簡有"完軍隧戍卒陳外人"、73EJT24：741號簡有"居延給事佐徐外人"。也有女性名"外人"者，如居延漢簡《甘露二年御史書》中記有蓋長公主的成年婢女名外人，又名麗戎（詳見鄔文玲《甘露二年御史書》，《中國古代法律文獻研究》第5輯）。陳直《漢書新證》以爲外人當解作"關外"，即函谷關以外的人。或以爲外人有他人、別人、眾人之意，取作人名則隱含有謙虛的意味（詳見尉侯凱《"外人"解詁》，《古籍整理研究學刊》2017年第3期）。

［5］【今注】周陽氏：姓氏名。周陽本爲地名（今山西聞喜縣東北），漢文帝時淮南王之舅趙兼封周陽侯，其後裔遂以"周陽"爲姓氏。武帝時酷吏周陽由即是趙兼之子。

［6］【今注】耦：同"偶"。

［7］【今注】案，蔡琪本、大德本、殿本"爲"前有"以"字。

［8］【顏注】師古曰：以時得入。

［9］【顏注】師古曰：椒房，殿名，在未央宮，皇后所居。【今注】椒房：本爲皇后居住宮殿的名稱，常用來代指皇后。椒色濃而有辛香，以椒和泥塗壁，使屋内呈暖色，散清香，故名椒房。

又取《詩·國風·唐風》"椒聊之實，蕃衍盈升"之意，喻子嗣繁盛。椒房殿在未央宮前殿部，位於後宮中部，故又稱中宮，時人亦以中宮來喻指皇后。據考古發掘，未央宮椒房殿南距未央前殿330米，由正殿、配殿和附屬房屋建築組成（詳見劉慶柱、李毓芳《漢長安城》，文物出版社 2003 年版，第 67—79 頁）。

[10]【今注】騎都尉：秦及西漢前期統領騎兵作戰，亦爲皇帝騎從侍衛，至宣帝時以騎都尉監羽林騎、領西域都護，秩比二千石。多由外戚、宗室及其他近臣擔任，常加侍中，親近皇帝。

[11]【顏注】師古曰：甫，始也。

安以后父封桑樂侯，[1]食邑千五百戶，遷車騎將軍，[2]日以驕淫。受賜殿中，出對賓客言："與我壻飲，[3]大樂！"見其服飾，使人歸，欲自燒物。安醉則裸行內，與後母及父諸良人、侍御皆亂。[4]子病死，仰而罵天。數守大將軍光，爲丁外人求侯，[5]及桀欲妄官祿外人，[6]光執正，皆不聽。又桀妻父所幸充國爲大醫監，[7]闌入殿中，[8]下獄當死。冬月且盡，蓋主爲充國入馬二十匹贖罪，迺得減死論。於是桀、安父子深怨光而重德蓋主。知燕王旦帝兄，不得立，亦怨望，桀、安即記光過失予燕王，令上書告之，又爲丁外人求侯。燕王大喜，上書稱："子路喪姊，朞而不除，孔子非之。子路曰：'由不幸寡兄弟，不忍除之。'[9]故曰'觀過知仁'。[10]今臣與陛下獨有長公主爲姊，陛下幸使丁外人侍之，外人宜蒙爵號。"書奏，上以問光，光執不許。及告光罪過，上又疑之，愈親光而疏桀、安。桀、安浸恚，[11]遂結黨與謀殺光，誘徵燕王至而誅之，因廢帝而立桀。或曰：“當如皇后何？”安曰：“逐麋之狗，當顧菟邪！”[12]且用皇后爲尊，一旦人主意有所移，雖欲爲家人，亦不可得，[13]此百世之一時也。”事發覺，燕王、蓋主皆自殺。語在《霍光傳》。

[1]【今注】桑樂侯：侯國名。侯國治所在千乘郡，今地無考。

[2]【今注】車騎將軍：漢代高級武官名號。最初是作戰時統帥車兵、騎兵部隊的將領，不經常設置，遇有戰事時負責統兵作戰，事畢即罷。武帝之後漸變爲統領京師宿衛、具有武職性質的中朝重臣，預聞政事，加大司馬號、錄尚書事則成爲最高軍政長官。金印紫綬。位次僅次於大將軍、驃騎將軍，在衛將軍及前、後、左、右將軍之上。

[3]【今注】壻：同“婿”。此指昭帝。殿本作“婿”。

[4]【顏注】師古曰：良人謂妾也。侍御則兼婢矣。【今注】良人：漢代諸侯王、諸侯姬妾亦有良人名號。

[5]【顏注】師古曰：守，求請之。

[6]【顏注】師古曰：不由材德，故云妄。

[7]【今注】充國：人名。姓氏不詳。　大醫監：官名。漢承秦制，少府設太醫署，掌宮廷醫藥之事。有令、丞。

[8]【今注】闌入殿中：闌入，意謂沒有通行憑據而擅自進入。漢律規定，闌入宮門，處以城旦徒刑；闌入殿門，處以棄市。

[9]【顏注】師古曰：事見《禮記》。由，子路之名。【今注】子路：孔子弟子。姓仲名由，以政事見稱，爲人伉直，好勇力。子路喪姊之事見《禮記·檀公上》。

[10]【顏注】師古曰：《論語》云孔子曰：“人之過也，各於其黨，觀過斯知仁矣。”引此言者，謂子路厚於骨肉，雖違禮制，是其仁愛。【今注】案，語出《禮記·里仁》。

[11]【顏注】師古曰：濅，漸也。【今注】案，濅，殿本作“寖”。

[12]【顏注】師古曰：言所求者大，不顧小也。

[13]【顏注】師古曰：家人，言凡庶匹夫。

桀、安宗族既滅，皇后以年少不與謀，[1]亦光外孫，故得不廢。皇后母前死，葬茂陵郭東，[2]追尊曰敬夫人，置園邑二百家，長丞奉守如法。皇后自使私奴婢守桀、安冢。[3]

[1]【顏注】師古曰：與讀曰預。

[2]【今注】茂陵：漢武帝劉徹陵園。在今陝西興平市南位鄉策村。漢時爲槐里縣茂鄉，故名茂陵。

[3]【顏注】師古曰：《廟記》云上官桀、安冢並在霍光冢東，東去夏侯勝冢二十步。

光欲皇后擅寵有子，帝時體不安，左右及醫皆阿意，言宜禁內，雖宮人使令皆爲窮綺，多其帶，[1]後宮莫有進者。

[1]【顏注】服虔曰：窮綺，有前後當，不得交通也。師古曰：使令，所使之人也。綺，古“袴”字也。窮綺即今之緄襠袴也。令音力征反。緄音下昆反。【今注】窮綺：連襠褲。　多其帶：以帶反覆纏繞襠部，降低天子隨意與近侍宮女發生性關係的概率。

皇后立十歲而昭帝崩，后年十四五云。昌邑王賀徵即位，^[1]尊皇后爲皇太后。光與太后共廢王賀，立孝宣帝。宣帝即位，爲太皇太后。凡立四十七年，年五十二，建昭二年崩，^[2]合葬平陵。^[3]

[1]【今注】昌邑王賀：即劉賀。傳見本書卷六三。

[2]【今注】建昭：漢元帝年號（前38—前34）。

[3]【今注】平陵：漢昭帝劉弗陵陵園。遺址在今陝西咸陽市秦都區雙照街道辦事處。

衛太子史良娣，宣帝祖母也。太子有妃，有良娣，有孺子，妻妾凡三等，子皆稱皇孫。史良娣家本魯國，^[1]有母貞君，兄恭。以元鼎四年入爲良娣，^[2]生男進，號史皇孫。^[3]

[1]【今注】魯國：王國名。治魯縣（今山東曲阜市）。

[2]【今注】元鼎：漢武帝年號（前116—前111）。

[3]【顏注】師古曰：進者，皇孫之名。

武帝末，巫蠱事起，衛太子及良娣、史皇孫皆遭害。史皇孫有一男，號皇曾孫，時生數月，猶坐太子繫獄，積五歲乃遭赦。^[1]治獄使者邴吉憐皇曾孫無所歸，^[2]載以付史恭。恭母貞君年老，見孫孤，甚哀之，自養視焉。

[1]【今注】案，五歲，蔡琪本作“萬歲”。

[2]【今注】治獄使者：受皇帝委任進駐監獄審理案件的官員，屬臨時特使。所審案件往往涉及皇后、後宮、宗室諸侯王及丞

相等大臣（詳見宋傑《漢代監獄制度研究》，中華書局 2013 年版，第 69 頁；廖伯源《使者與官制演變》，文津出版社 2006 年版，第 19 頁）。 邴吉：又作“丙吉”。傳見本書卷七四。

　　後曾孫收養於掖庭，[1]遂登至尊位，是爲宣帝。而貞君及恭已死，恭三子皆以舊恩封。長子高爲樂陵侯，[2]曾爲將陵侯，[3]玄爲平臺侯，[4]及高子丹以功德封武陽侯，[5]侯者凡四人。高至大司馬車騎將軍，丹左將軍，自有傳。

　　[1]【今注】掖庭：皇后之外其他嬪妃居住之處。初稱永巷，武帝太初元年（前 104）更名掖廷，取其地近後宮掖門之意。置掖庭令一人、丞八人，掌後宮宮女及供御雜務及宮中詔獄等，皆由宦者擔任。屬少府。

　　[2]【今注】高：即史高。漢宣帝祖母史良娣兄史恭之子。本爲魯國（治所在今山東曲阜市）人，徙居杜陵（治所在今陝西西安市東南）。宣帝時以外戚舊恩爲侍中，後舉發大司馬霍禹謀反有功，地節四年（前 66）封爲樂陵侯（侯國屬臨淮郡，治所今地無考）。元帝時以大司馬車騎將軍領尚書事輔政，永光五年（前 39）卒。

　　[3]【今注】曾：即史曾，字子回。漢宣帝祖母史良娣兄史恭之子。本爲魯國（治所在今山東曲阜市）人，徙居杜陵（治所在今陝西西安市東南）。宣帝時以外戚舊恩爲侍中中郎將、關內侯，元康三年（前 63）封爲將陵侯（侯國治所在今山東德州市陵城區）。神爵四年（前 58）卒。

　　[4]【今注】玄：即史玄，字子叔。宣帝祖母史良娣兄史恭之子。宣帝時先以外戚爲侍中中郎將、關內侯，元康三年封爲平臺侯（侯國屬常山郡，治所今地無考）。元帝永光四年（前 40）卒。

[5]【今注】丹：即史丹。漢成帝鴻嘉元年（前20）封爲武陽侯（侯國治所在今山東蘭陵縣西南）。傳見本書卷八二。

史皇孫王夫人，宣帝母也，名翁須，大始中得幸於史皇孫。[1]皇孫妻妾無號位，皆稱家人子。征和二年，[2]生宣帝。帝生數月，衛太子、皇孫敗，家人子皆坐誅，莫有收葬者，唯宣帝得全。即尊位後，追尊母王夫人謚曰悼后，祖母史良娣曰戾后，皆改葬，起園邑，長丞奉守。語在《戾太子傳》。

[1]【今注】大始：即太始。漢武帝年號（前96—前93）。大，蔡琪本、大德本、殿本皆作"太"。

[2]【今注】征和：漢武帝年號（前92—前89）。

地節三年，[1]求得外祖母王媼、媼男無故、無故弟武，皆隨使者詣闕。[2]時乘黃牛車，故百姓謂之黃牛嫗。[3]

[1]【今注】地節：漢宣帝年號（前69—前66）。

[2]【今注】詣闕：到達宮闕之下。意謂入宮面聖。西漢未央宮北面司馬門外有玄武闕（北闕），臣民謁見或上書，均需候於北闕之下，由公車司馬受理核查。

[3]【今注】黃牛嫗：意謂乘坐黃牛車發迹的老婦。秦漢時期，馬車地位高於牛車。牛車主要用來載運物資，也是下層百姓的乘用車。大約從東漢後期開始，牛車地位上升，社會上層再不以乘坐爲恥（參見彭衛、楊振紅《中國風俗通史·秦漢卷》，上海文藝出版社2002年版，第268—269頁）。嫗，對老年女性的稱謂。

初，上即位，數遣使者求外家，久遠，多似類而非是。既得王嫗，令太中大夫任宣與丞相御史屬雜考問鄉里識知者，[1]皆曰王嫗。嫗言名妄人，家本涿郡蠡吾平鄉。[2]年十四嫁爲同鄉王更得妻。更得死，嫁爲廣望王迺始婦，[3]産子男無故、武，女翁須。翁須年八九歲時，寄居廣望節侯子劉仲卿宅，[4]仲卿謂迺始曰："予我翁須，自養長之。"嫗爲翁須作縑單衣，[5]送仲卿家。仲卿教翁須歌舞，往來歸取冬夏衣。居四五歲，翁須來言："邯鄲賈長兒求歌舞者，[6]仲卿欲以我與之。"嫗即與翁須逃走，之平鄉。[7]仲卿載迺始共求嫗，[8]嫗惶急，將翁須歸，曰："兒居君家，非受一錢也，[9]奈何欲子它人？"[10]仲卿詐曰："不也。"後數日，翁須歸，乘長兒畢馬過門，[11]呼曰："我果見行，[12]當之柳宿。"[13]嫗與迺始之柳宿，見翁須，相對涕泣，謂曰："欲爲汝自言。"[14]翁須曰："母置之，[15]何家不可以居？[16]自言無益也。"嫗與迺始還求錢用，隨逐至中山盧奴，[17]見翁須與歌舞等比五人同處，[18]嫗與翁須共宿。明日，迺始留視翁須，嫗還求錢，欲隨至邯鄲。嫗歸，糴買未具，迺始來歸，曰："翁須已去，我無錢用隨也。"因絶至今，不聞其問。賈長兒妻貞及從者師遂辭：[19]"往二十歲，太子舍人侯明從長安來求歌舞者，[20]請翁須等五人。長兒使遂送至長安，皆入太子家。"及廣望三老更始、劉仲卿妻其等四十五人辭，皆驗。[21]宣奏王嫗悼后母明白，上皆召見，賜無故、武爵關內侯，旬月間，賞賜以鉅萬計。頃之，制詔御史賜外祖母號爲博平君，以博平、蟲吾兩縣户萬一千爲湯沐邑。[22] 封舅無故爲平昌侯，[23] 武爲樂昌侯，[24] 食邑各六千户。[25]

[1]【今注】太中大夫：官名。漢承秦置。與中大夫、諫大夫等皆掌顧問應對、參謀議政、奉詔出使。因親近皇帝，時或受命處理私密機要之事。屬郎中令（光禄勳）。西漢前期爲諸大夫之首，秩比一千石。武帝太初元年（前104）將“中大夫”更名爲“光禄大夫”，秩比二千石，太中大夫地位有所下降。太，殿本作“大”。

任宣：霍光外孫（一説爲女婿）。漢昭帝時爲大司馬霍禹長史。宣帝時爲太中大夫。霍光卒後，以霍氏親屬遭朝廷排抑，外調爲代郡太守。宣帝地節四年（前66）因霍氏謀反之事受株連被殺。

丞相御史屬：丞相及御史大夫屬下官員。

[2]【顏注】師古曰：蟲音禮（殿本無此注）。【今注】涿郡：治涿縣（今河北涿州市）。 蟲吾：縣名。治所在今河北博野縣西南。 平鄉：鄉名。在今河北平鄉縣西南一帶。

[3]【顏注】師古曰：廣望亦涿郡之縣。【今注】廣望：侯國名。治所在今河北保定市清苑區西南。漢武帝元狩二年（前121）封中山靖王劉勝之子劉忠爲廣望侯。

[4]【今注】廣望節侯：即劉忠。

[5]【顏注】師古曰：縑即今之絹也。音兼。【今注】縑：絲織物的一種。經絲細密，結實耐用。《釋名·釋綵帛》：“縑，兼也。其絲細緻，數兼於絹，染兼五色，細緻不漏水也。”漢代的絹多爲粗絹，經緯較疏，顏色泛黄，不可與縑同日而語。 單衣：即禪衣，一種没有襯裏、衣袖肥大的袍式服裝。《釋名·釋衣服》：“禪衣，言無裏也。”

[6]【今注】邯鄲：趙國國都（今河北邯鄲市）。戰國至西漢時期，邯鄲爲舞樂文化都會之地，“邯鄲倡”名聞天下，經過嚴格

訓練的歌舞藝伎遍及皇帝、諸侯王後宮及權貴之家。

〔7〕【顏注】師古曰：之，往也。

〔8〕【今注】案，延，蔡琪本、大德本、殿本皆作"逝"，是。

〔9〕【顏注】師古曰：言不嘗得其聘幣（不，蔡琪本、殿本作"未"）。

〔10〕【今注】案，子，蔡琪本、大德本、殿本皆作"予"，是。

〔11〕【今注】案，蔡琪本、大德本、殿本"乘"字前無"歸"字。

〔12〕【顏注】師古曰：呼音火故反（殿本無此注）。

〔13〕【顏注】蘇林曰：聚邑名也，在中山盧奴東北三十里（奴，蔡琪本作"地"）。【今注】柳宿：地名。在今河北望都縣東南。屬涿郡。漢武帝元朔二年（前127）封中山靖王劉勝之子劉蓋爲柳宿侯。元鼎五年（前112）國除。

〔14〕【顏注】師古曰：言自訟理，不肯行。【今注】欲爲汝自言：自言，吏民向官府揭發、言事、告白、申請某事（詳見卜憲群、劉楊《秦漢日常秩序中的社會與行政關係初探——關於"自言"一詞的解讀》，《文史哲》2013年第4期）。

〔15〕【顏注】師古曰：置之猶言任聽之，不須自言。

〔16〕【顏注】師古曰：言所去處，皆可安也（也，蔡琪本、大德本、殿本作"居"）。

〔17〕【今注】中山：王國名。治盧奴縣（今河北定州市）。

〔18〕【顏注】師古曰：比音必寐反。【今注】等比：同列之人。

〔19〕【顏注】師古曰：辭，對辭。【今注】貞：人名。不知姓氏。 師遂：姓師，名遂。

〔20〕【今注】太子舍人：官名。職掌相當於天子郎中，負責宿衛侍從太子。隸屬於太子太傅、少傅。秩二百石。

〔21〕【顏注】師古曰：其者，仲卿妻之名。【今注】三老：鄉

官名。戰國時期即置，西漢沿置。選年齡五十歲以上德高望重、有領導能力的男子充任，每鄉置三老一名，爲鄉三老；鄉三老中選一人，爲縣三老；縣三老中選一人，爲郡三老。三老掌導民教化，協助維護地方秩序。無秩無禄，免除徭役。　更始：人名。不知姓氏。漢代習見以"更始"爲名者。

[22]【今注】博平：縣名。治所在今山東茌平縣西北。

[23]【今注】平昌侯：侯國治所在今山東臨邑縣東北。

[24]【今注】樂昌侯：侯國治所在今河南南樂縣西北。

[25]【今注】六千户：本書《外戚恩澤侯表》記平昌、樂昌二侯食邑皆六百户。

初，迺始以本始四年病死，[1]後三歲，家迺富貴，追賜謚曰思成侯。詔涿郡治冢室，置園邑四百家，長丞奉守如法。歲餘，博平君薨，謚曰思成夫人。詔徙思成侯合葬奉明顧成廟南，置園邑長丞，[2]罷涿郡思成園。王氏侯者二人，無故子接爲大司馬車騎將軍，[3]而武子商至丞相，[4]自有傳。

[1]【今注】本始：漢宣帝年號（前73—前70）。

[2]【顔注】師古曰：本號廣明，故《戾太子傳》云皇孫及王夫人皆葬廣明，其後以置園邑奉守，改曰奉明。【今注】奉明：縣名。治所在今陝西西安市西北。其地本名"廣明"，係史皇孫、史良娣初葬之處。宣帝即位後追尊父爲悼皇，母爲悼后，按照諸侯王葬禮規格置"悼園"，奉邑民户三百家。元康元年（前65）爲父立皇考廟，復增加奉園民户至一千六百家，稱奉明園，因邑置縣，一如前世陵邑成縣之制。　顧成廟：漢文帝四年（前176）修建，在長安城外南面（今陝西西安市西城墻玉祥門以西約一公里處）。本書卷四《文紀》顔師古注引應劭曰："文帝自爲廟，制度卑狹，

若顧望而成，猶文王靈臺不日成之，故曰顧成。"

[3]【今注】接：即王接。漢宣帝舅父王無故之子。五鳳元年（前57）嗣父爵爲平昌侯。元帝時任侍中、衛尉，官至大司馬車騎將軍。元帝永光三年（前41）卒。

[4]【今注】商：即王商。傳見本書卷八二。

孝宣許皇后，元帝母也。父廣漢，[1]昌邑人，少時爲昌邑王郎。[2]從武帝上甘泉，誤取它郎鞶以被其馬，[3]發覺，吏劾從行而盜，當死，有詔募下蠶室。[4]後爲宦者丞。[5]上官桀謀反時，廣漢部索，[6]其殿中廬有索長數尺可以縛人者數千枚，滿一篋緘封，[7]廣漢索不得，它吏往得之。[8]廣漢坐論爲鬼薪，[9]輸掖庭，後爲暴室嗇夫。[10]時宣帝養於掖庭，號皇曾孫，與廣漢同寺居。[11]時掖庭令張賀，[12]本衛太子家吏，及太子敗，賀坐下刑，[13]以舊恩養視皇曾孫甚厚。及曾孫壯大，賀欲以女孫妻之。[14]是時，昭帝始冠，長八尺二寸。[15]賀弟安世爲右將軍，[16]與霍將軍同心輔政，聞賀稱譽皇曾孫，欲妻以女，安世怒曰："曾孫迺衛太子後也，幸得以庶人衣食縣官，[17]足矣，勿復言予女事。"於是賀止。時許廣漢有女平君，年十四五，當爲內者令歐侯氏子婦。[18]臨當入，歐侯氏子死。其母將行卜相，[19]言當大貴，[20]母獨喜。賀聞許嗇夫有女，迺置酒請之，[21]酒酣，爲言："曾孫體近，下人，乃關內侯，[22]可妻也。"廣漢許諾。明日，嫗聞之，怒。[23]廣漢重令爲介，[24]遂與曾孫，一歲生元帝。數月，曾孫立爲帝，平君爲倢伃。是時，霍將軍有小女，與皇太后有親。公卿議更立皇后，皆心儀霍將軍女，[25]亦未有言。上乃詔求微時故劍，大臣知指，白立許倢伃爲皇后。既立，霍光以后父廣漢刑人不宜君國，歲餘乃封爲昌成君。

[1]【今注】廣漢：即許廣漢，字伯。

[2]【今注】昌邑王郎：昌邑王，此指武帝之子劉髆。漢代諸侯王國官制漢廷，亦有郎、郎中、中郎、侍郎等郎吏，宿衛王宮，侍從諸侯王左右。皆屬郎中令。

[3]【今注】鞌（ān）：同"鞍"。殿本作"鞍"。

[4]【顏注】孟康曰：死罪囚欲就宮者聽之。【今注】蠶室：對男性罪犯執行宮刑（又稱腐刑）的囚室。本義是指帝王宮苑中養蠶及祭祀蠶神的場所。本書卷五九《張安世傳》顏師古注："凡養蠶者，欲其溫而早成，故爲密室蓄火以置之。而新腐刑亦有中風之患，須入密室乃得以全，因呼爲蠶室耳。"初受腐刑之人身體虛弱，畏風畏寒畏光，需要在溫暖昏暗的房間內休養百日，與養蠶場所的環境要求相似，故借用"蠶室"一詞命名腐刑囚室。據《漢舊儀》注"少府若盧獄有蠶室"，蠶室設在未央宮若盧獄中，隸屬於少府。（參見宋傑《漢代監獄制度研究》，第77—80頁）

[5]【今注】宦者丞：少府屬官。西漢設一令七丞，管理宮中宦者。

[6]【顏注】師古曰：部分搜索罪人也。索音山客反。【今注】部索：分頭搜索。

[7]【顏注】師古曰：殿中廬，桀所止宿廬舍在宮中者也。緘，束篋也，音工咸反。【今注】殿中廬：大臣在殿中值班時的宿舍。殿中宿舍區可能是石渠門外，高級官員的廬舍可能還是獨立的院落（參見陳蘇鎮《漢未央宮"殿中"考》，《文史》2016年第2輯）。　篋（qiè）：貯物器銘，有蓋，通常爲竹製。

[8]【顏注】師古曰：須得此繩索者，用爲桀之反具（殿本無此注）。

[9]【今注】鬼薪：勞役徒刑名。男性罪犯從事砍柴，以供宗廟。

[10]【今注】暴（pù）室嗇夫：管理暴室的小吏，由宦者充任。暴室，位於長安城後宮北端，臨近未央宮北闕。本是掖庭内洗染晾曬布帛織物的場所，以曝曬爲名。又因陽光充足，也是宮中患病女子療養恢復之處。西漢後期設置暴室獄，主要拘押宮女之類地位較低的女性罪犯（參見宋傑《漢代監獄制度研究》，中華書局2013年版，第42—49頁）。

[11]【顏注】師古曰：寺者，掖庭之官舍（殿本無此注）。

[12]【今注】掖廷令：少府屬官。掌後宮宮女、供御雜務及宮中詔獄，由宦官充任。　張賀：杜陵（今陜西西安市東南）人。漢武帝名臣張湯長子，昭宣名臣張安世之兄。

[13]【今注】下刑：宮刑。本書卷五九《張安世傳》記其事爲"安世爲賀上書，得下蠶室"。"下刑"與"下蠶室"正相對應。楊樹達《漢書窺管》以爲，下刑蓋謂下體之刑，又稱陰刑。

[14]【今注】女孫：即孫女。

[15]【今注】八尺二寸：漢一尺約當今23釐米，八尺二寸約合187釐米。今案，本傳前述昭帝五六歲時"壯大多知"，此處言其成人之後身高超凡，正相呼應。

[16]【今注】安世：即張安世。傳見本書卷五九。　右將軍：高級武官名號。漢代有前、後、左、右將軍，爲大規模作戰時大將軍麾下裨將臨時名號，各統一軍，以方位命名，事訖即罷。武帝之後常置但不並置，或有前、後，或有左、右。職在典兵宿衛，亦任征伐之事。通過兼職或加官預聞政事，參與中朝決策。四將軍並位上卿，金印紫綬。位次在大將軍、驃騎將軍、車騎將軍、衛將軍之後。右將軍地位不及左將軍尊顯。

[17]【今注】縣官：代指皇帝。

[18]【顏注】師古曰：歐侯，姓也。歐音烏溝反。【今注】内者令：即内謁者令。少府屬官。掌宮内卧具帷帳。由宦者充任。

[19]【顏注】師古曰：將領自隨而行卜（殿本無此注）。

[20]【今注】案，殿本無“言”字。

[21]【顏注】師古曰：請，召也。召嗇夫飲酒也。

[22]【顏注】師古曰：言曾孫之身於帝爲近親，縱其人材下劣（材，蔡琪本作“得”），尚作關内侯（作，蔡琪本作“得”）。書本或無“人”字。

[23]【顏注】師古曰：廣漢之妻不欲與曾孫。

[24]【顏注】師古曰：更令人作媒而結婚姻。重音直用反。【今注】重令爲介：意謂看重掖庭令做媒。王先謙《漢書補注》曰：“令者，掖庭令也。賀爲令，己爲嗇夫，故重其媒介，不以嫗言中阻。顏注誤。”

[25]【顏注】服虔曰：儀音螘（殿本無此注）。晉灼曰：儀，向也。師古曰：晉説是也（殿本無“晉説是也”），謂附向之。

　　霍光夫人顯欲貴其小女，道無從。[1]明年，許皇后當娠病。女醫淳于衍者，霍氏所愛，嘗入宮侍皇后疾。衍夫賞爲掖庭户衛，[2]謂衍：“可過辭霍夫人行，[3]爲我求安池監。”[4]衍如言報顯。顯因生心，辟左右，[5]字謂衍：“少夫幸報我以事，[6]我亦欲報少夫，可乎？”[7]衍曰：“夫人所言，何等不可者！”[8]顯曰：“將軍素愛小女成君，欲奇貴之，願以累少夫。”[9]衍曰：“何謂邪？”顯曰：“婦人免乳大故，十死一生。[10]今皇后當免身，可因投毒藥去也，[11]成君即得爲皇后矣。如蒙力事成，富貴與少夫共之。”衍曰：“藥雜治，當先嘗，安可?"^[12]顯曰："在少夫爲之耳。將軍領天下，誰敢言者？緩急相護，但恐少夫無意耳。"衍良久曰："願盡力。"即擣附子齎入長定宮。^[13]皇后免身後，衍取附子并合大醫大丸以飲皇后。^[14]有頃曰："我頭岑岑也，藥中得無有毒?"^[15]對曰："無有。"遂加煩懣，崩。^[16]衍出，過見顯，相勞問，^[17]亦未敢重謝衍。^[18]後人有上書告諸醫侍疾無狀者，皆收繫詔獄，^[19]劾不道。顯恐急，^[20]即以狀具語光，因曰："既失計爲之，無令吏急衍!"光驚鄂，默然不應。其後奏上，署衍勿論。^[21]

[1]【顔注】師古曰：從，因也，由也。無由得内其女。

[2]【今注】掖庭户衛：掖庭門户警衛。爲郎中户將部下，屬郎中令（光禄勳）。

[3]【顔注】師古曰：過辭夫人，乃行入宫也。

[4]【今注】安池監：官名。安池，沈欽韓《漢書疏證》引《一統志》"大安池在解州芮城縣南十五里，居民引以溉田，下流入於河"，以爲安池即安邑鹽池（今山西運城市西南）。陳直《漢書新證》以爲本書《百官公卿表》記少府屬官有上林中十池監，安池監當爲其中之一。今案，陳説近是。

[5]【顔注】師古曰：辟音闢，謂屏去之。

[6]【顔注】如淳曰：稱衍字曰少夫，親之也。晉灼曰：報我以事，謂求池監也。

[7]【顔注】晉灼曰：報少夫謀弒許后事。

[8]【顔注】師古曰：無事而不可（殿本無此注）。

[9]【顔注】師古曰：累，託也，音力瑞反。

[10]【顔注】師古曰：免乳爲産子也（爲，蔡琪本、殿本作"謂"）。大故，大事也。乳音人喻反。【今注】免：同"娩"。本

段後同。

[11]【顏注】師古曰：去謂除去皇后也，音丘呂反。

[12]【顏注】師古曰：與衆醫共雜治之，又有先嘗者（又，大德本、殿本作"人"），何可行毒？

[13]【今注】附子：中草藥名。根形似烏頭，附烏頭而生者爲附子。有毒性。研磨可入藥，味辛，性温，具有回陽救逆、補火助陽、散寒止痛等功效，被稱爲"回陽救逆第一品藥"。漢簡醫方中通常寫作"付子"，屬常見藥物。居延漢簡編號262.28A簡有"付子一斗，直百十五"，記錄了當時的交易價格。　長定宫：甘泉宫宫殿之一，爲皇后寢宫。

[14]【今注】【顏注】晉灼曰：大丸，今澤蘭丸之屬。【今注】大醫：即太醫。此當指少府太醫，主治宫廷婦女疾病。　大丸：漢代藥丸有大丸、小丸之分。武威漢簡醫方簡中有《治百病膏藥方》，是治療多種疾病並發的膏藥處方，其方爲：取蜀椒一升，附子二十顆，皆搗碎後，放入三斤猪油中熬煮，經過五次沸騰，過濾去藥渣。患者選取羊糞蛋大小的藥丸，用温酒調服，每天服三四次。餘下的藥渣完全搗碎，做成像紅豆大小的藥丸，患心寒氣脅下部疼痛者每次吞服五丸，每天三次（詳見張雷編著《秦漢簡牘醫方集注》，中華書局2018年版，第161頁）。大丸或即羊糞蛋大小，小丸或即紅豆大小。

[15]【顏注】師古曰：岑岑，痺悶之意。【今注】岑岑：憋悶。

[16]【顏注】師古曰：澠音滿，又音悶。

[17]【顏注】師古曰：勞音來到反。

[18]【顏注】師古曰：恐人知覺之。

[19]【今注】詔獄：指收繫皇帝指名拘捕罪犯的監獄。此處當指掖庭詔獄。

[20]【今注】恐急：既恐且急。蔡琪本、大德本、殿本皆作"恐事急"，"事"字衍，當以底本爲是（詳王念孫《讀書雜志·漢

書第十五》)。

[21]【顏注】李奇曰：光題其奏也。師古曰：言之於帝，故解釋耳，光不自署也。

　　許后立三年而崩，謚曰恭哀皇后，葬杜南，是爲杜陵南園。[1]後五年，立皇太子，迺封太子外祖父昌成君廣漢爲平恩侯，[2]位特進。[3]後四年，復封廣漢兩弟，舜爲博望侯，[4]延壽爲樂成侯。[5]許氏侯者凡三人。廣漢薨，謚曰戴侯，無子，絕。葬南園旁，置邑三百家，長丞奉守如法。宣帝以延壽爲大司馬車騎將軍，輔政。元帝即位，復封延壽中子嘉爲平恩侯，[6]奉戴侯後，亦爲大司馬車騎將軍。

　　[1]【顏注】師古曰：即今之所謂小陵者，去杜陵十八里。【今注】杜陵：漢宣帝劉詢陵園。遺址在今陝西西安市雁塔區曲江街道辦事處三兆村西北。許皇后陵遺址在今陝西西安市長安區大兆街道辦事處司馬村，位於杜陵南六七公里處，因規模小於杜陵，故稱小陵，又稱少陵。

　　[2]【今注】平恩侯：侯國治所在今河北曲周縣東南。肩水金關漢簡編號732EJT2：77簡有“平恩侯國”。

　　[3]【今注】特進：榮寵性質的加官名稱。又名“特進侯”。最早出現於西漢宣帝時期，凡諸侯功德優盛、朝廷敬異者賜特進。列侯加位特進，可以不就封國，居於京師府第，便於參加朝會等重大活動。西漢規定，列侯奉朝請在長安者，位次近於三公；賜位特進者，位次近於三公，在列侯之上（詳見田延峰《論漢代特進》，《寶雞文理學院學報》2006年第2期）。

　　[4]【今注】舜：許舜。昌邑（今山東巨野縣南）人。漢宣帝

許皇后叔父。宣帝即位，以外戚任長樂衛尉。元康二年（前 64）
封博望侯（侯國治所在今河南鄧州市）。神爵元年（前 61）卒。

[5]【今注】延壽：許延壽。昌邑（今山東巨野縣南）人。漢
宣帝許皇后叔父。宣帝即位，以外戚爲侍中光禄大夫、關内侯。元
康二年封樂成侯（侯國治所在今河南泌陽縣）。神爵元年拜爲强弩
將軍，率軍輔助後將軍趙充國遠征西羌。五鳳二年（前 56）任大
司馬車騎將軍。甘露元年（前 53）卒。

[6]【今注】嘉：王嘉。傳見本書卷八六。

　　孝宣霍皇后，大司馬大將軍博陸侯光女也，[1] 母
顯。既使淳于衍陰殺許后，顯因爲成君衣補，[2] 治入宮
具，勸光内之，果立爲皇后。

　　[1]【今注】博陸侯：漢昭帝始元二年（前 85）封霍光爲博陸
侯。侯國治所在今山東昌邑市境内（詳見馬孟龍《松柏漢墓 35 號
木牘侯國問題初探》，《中國史研究》2011 年第 2 期）。
　　[2]【顔注】師古曰：謂縫作嫁時衣被也。爲音于僞反。【今
注】案，王念孫《讀書雜志·漢書第十五》以爲“成君”上脱一
“女”字，《太平御覽》引此文正作“女成君”。

　　初，許后起微賤，登至尊日淺，從官車服甚節儉，
五日一朝皇太后於長樂宮，親奉案上食，以婦道共養。
及霍后立，亦修許后故事。[1] 而皇太后親霍后之姊
子，[2] 故常竦體，[3] 敬而禮之。皇后輦駕侍從甚盛，[4]
賞賜官屬以千萬計，與許后時縣絶矣。上亦寵之，顯
房燕。[5] 立三歲而光薨。後一歲，上立許后男爲太子，
昌成君者爲平恩侯。顯怒恚不食，歐血，曰：“此乃民

間時子，安得立？即后有子，反爲王邪！"復教皇后令毒太子。皇后數召太子賜食，保阿輒先嘗之，[6]后挾毒不得行。後殺許后事頗泄，顯遂與諸壻昆弟謀反，發覺，皆誅滅。使有司賜皇后策曰："皇后熒惑失道，懷不德，挾毒與母博陸宣成侯夫人顯謀欲危太子，無人母之恩，不宜奉宗廟衣服，不可以承天命。烏呼傷哉！其退避宮，上璽綬有司。"霍后立五年，廢處昭臺宮。[7]後十二歲，徙雲林館，迺自殺，葬昆吾亭東。[8]

[1]【今注】修：遵循。

[2]【今注】皇太后親霍后之姊子：霍皇后爲皇太后姨母。

[3]【今注】竦體：縮手縮腳。

[4]【今注】轝：同"輿"。

[5]【顏注】師古曰：頀與專同。【今注】房燕：閨房燕樂之事。

[6]【今注】保阿：保姆。

[7]【顏注】師古曰：在上林中。【今注】昭臺宮：離宮名。在上林苑中。西漢後期爲失寵后妃軟禁之地。20世紀60年代在西安市西郊高窑村上林苑遺址出土一批漢代銅器，上有"上林昭臺厨銅銷"銘文，應是漢代昭臺宮供厨用具，昭臺宮可能就在附近。其地既與皇帝食宿的未央宮、建章宮有一定距離，又是上林苑的中心，防範比較嚴密，適於作軟禁失寵后妃之用（參見何清谷《三輔黃圖校釋》，中華書局2005年版，第189—190頁）。

[8]【顏注】師古曰：昆吾，地名，在藍田。

初，霍光及兄驃騎將軍去病皆自以功伐封侯居位，[1]宣帝以光故，封去病孫山、山弟雲皆爲列侯，[2]

侯者前後四人。

[1]【今注】功伐：功，功勞。伐，伐閲。《史記·高祖功臣侯者年表》：“古者人臣功有五品：以德立宗廟定社稷曰勳，以言曰勞，用力曰功，明其等曰伐，積日曰閲。”

[2]【今注】山：霍山。霍去病之孫。初爲奉車都尉。漢宣帝地節二年（前68）封樂平侯（侯國治所在今山東聊城市堂邑鎮附近）。領尚書事。地節四年（前66）因霍氏謀反事件被殺。　雲：霍雲。霍去病之孫。初爲中郎將。宣帝地節三年（前67）封冠軍侯（侯國治所在今河南鄧州市）。次年因霍氏謀反事件被殺。或以爲霍山、霍雲皆爲霍光之子，後來“越輩過繼”給霍去病以爲後嗣（詳見張小鋒《西漢中後期政局演變探微》，天津古籍出版社2007年版，第98—107頁）。

孝宣王皇后。其先高祖時有功賜爵關内侯，自沛徙長陵，[1]傳爵至后父奉光。奉光少時好鬪雞，宣帝在民間數與奉光會，相識。奉光有女年十餘歲，每當適人，[2]所當適輒死，故久不行。及宣帝即位，召入後宮，稍進爲倢伃。

[1]【今注】沛：縣名。治所在今江蘇沛縣。
[2]【今注】適：女子出嫁。

是時，館陶主母華倢伃[1]及淮陽憲王母張倢伃、楚孝王母衞倢伃皆愛幸。[2]霍皇后廢後，上憐許太子蚤失母，[3]幾爲霍氏所害，[4]於是乃選後宮素謹慎而無子者，遂立王倢伃爲皇后，令母養太子。自爲后後，希見無寵。封父奉光爲邛成侯。[5]立十六年，宣帝崩，元帝即位，爲皇太后。封太后兄舜爲安平侯。[6]後二年，奉光薨，謚曰共侯，葬長門南，[7]置園邑二百家，[8]長丞奉守如法。元帝崩，成帝即位，爲太皇太后。復爵太皇太后弟駿爲關內侯，食邑千户。王氏列侯二人，關內侯一人。舜子章，[9]章從弟咸，[10]皆至左右將軍。時成帝母亦姓王氏，故世號太皇太后爲邛成太后。

[1]【顏注】師古曰：華音户化反（殿本無此注）。【今注】館陶主：館陶公主。主，大德本、殿本作“王”。中華本據改作“王”。今案，本書卷八〇《宣元六王傳》明載宣帝有五子：許皇后生元帝，張倢伃生淮陽憲王劉欽，衛倢伃生楚孝王劉囂，公孫倢伃生東平思王劉宇，戎倢伃生中山哀王劉竟，未見有館陶王。蔡琪本亦作“主”。當以底本爲是。

[2]【今注】淮陽憲王：劉欽。傳見本書卷八〇。　楚孝王：劉囂。傳見本書卷八〇。

[3]【顏注】師古曰：許后所生，故曰許太子。

[4]【顏注】師古曰：幾音巨依反（殿本無此注）。

[5]【今注】邛成侯：漢宣帝元康二年（前64）封王奉光爲邛成侯（侯國治所在今山東成武縣）。邛成，本書《地理志》作“郚成”，誤。

[6]【今注】舜：王舜。長陵（今陝西西安市北）人。漢元帝王皇后兄。初拜侍中中郎將。元帝初元元年（前48）封爲安平侯。安平，當爲“平安”之誤（詳錢大昕《廿二史考異·漢書三》）。侯國治所在今山東博興縣南。

[7]【今注】長門：此處當指長門宮，在長安城外東南部。

[8]【今注】案，二，蔡琪本、殿本作“三”。

[9]【今注】章：王章。長陵（今陝西西安市北）人。漢宣帝王皇后兄王舜之子。元帝建昭四年（前35）襲父平安侯爵。先後任太僕、右將軍、光禄勳。成帝陽朔三年（前22）卒。

[10]【今注】咸：王咸。長陵（今陝西西安市北）人。漢宣帝王皇后兄王舜之子。成帝時任執金吾、右將軍。哀帝時任左將軍，後免官。

邛成太后凡立四十九年，年七十餘，永始元年崩，[1]合葬杜陵，稱東園。[2]奉光孫勳坐法免。元始中，[3]成帝太后下詔曰：[4]"孝宣王皇后，朕之姑，[5]深念奉質共修之義，恩結于心。[6]惟邛成共侯國廢祀絕，朕甚閔焉。其封共侯曾孫堅固爲邛成侯。"至王莽乃絕。

[1]【今注】永始：漢成帝年號（前16—前13）。

[2]【顔注】師古曰：雖同塋兆而別爲墳，王后陵次宣帝陵東，故曰東園也。【今注】東園：在漢宣帝陵東南五六百米處。陵園平面呈方形，邊長約三百三十米，四面各開一門。封土呈覆斗形，現高約二十四米。

[3]【今注】元始：漢平帝年號（1—5）。

[4]【今注】成帝太后：元帝皇后王政君。傳見本書卷九八。

[5]【今注】朕之姑：朕，皇帝自稱專用之詞。時平帝年幼，太皇太后王政君臨朝稱制，代行皇帝職權，故稱"朕"。姑，漢代兒媳稱丈夫的母親爲姑，父親爲舅。

[6]【顔注】師古曰：質讀曰贄。

漢書　卷九七下

外戚傳第六十七下

　　孝元王皇后，[1]成帝母也。家凡十侯，五大司馬，[2]外戚莫盛焉。自有傳。

　　[1]【今注】孝元王皇后：即王政君。傳見本書卷九八。
　　[2]【顏注】師古曰：十侯者，陽平頃侯禁、禁子敬侯鳳、安成侯崇、平阿侯譚、成都侯商、紅陽侯立、曲陽侯根、高平侯逢時、安陽侯音、新都侯莽也。五大司馬者，鳳、音、商、根、莽也。一曰，鳳嗣禁爲侯，不當重數。而十人者，淳于長即其一也。【今注】家凡十侯：顏師古注提出兩種説法，後人見仁見智，莫衷一是。周壽昌《漢書注校補》支持前一説法，以爲“家者，專指王家而言，不得併戚屬數之。禁、鳳父子繼侯，當爲兩人。若必拘論，將莽之篡逆，亦不得列十侯内矣”。何焯《義門讀書記》卷二〇《前漢書》以爲《元后傳中》有“後又封太后姊子淳于長爲定陵侯。王氏親屬，侯者凡十人”，故支持顏注後一説法。楊樹達《漢書窺管》依據《王莽傳》中“家凡九侯五大司馬”，以爲“九侯”意味着陽平侯王禁、陽平侯王鳳被視爲一侯而非二侯，則本傳之“十侯”應是將王氏親戚安陵侯淳于長統計在内，故支持師古注後一説。

　　孝成許皇后，大司馬車騎將軍平恩侯嘉女也。元
帝悼傷母恭哀后居位日淺而遭霍氏之辜，故選嘉女以
配皇太子。初入太子家，上令中常侍、黄門親近者侍
送，[1]還白太子懽説狀，[2]元帝喜謂左右："酌酒賀
我！"左右皆稱萬歲。久之，有一男，失之。及成帝即
位，立許妃爲皇后，復生一女，失之。

　　[1]【今注】中常侍：官名。初稱"常侍"，取經常侍從皇帝
之意。西漢宣、元之後或稱"中常侍"。有專任者，亦可作爲加官，
郎官等加此職即可在禁中（省中）侍從皇帝，顧問應對，參與政
事。宦官擔任者更可出入皇帝卧内及諸宫。與皇帝關係近密，須執
行皇帝隨機指定的具體任務。選任者須德才兼備，對其容貌體態、
音聲表達方面也有較高的要求（參見李炳泉《西漢中常侍新考》，
《史學月刊》2013 年第 4 期）。

　　[2]【顏注】師古曰："説"讀曰"悦"。

　　初后父嘉自元帝時爲大司馬車騎將軍輔政，已八
九年矣。及成帝立，復以元舅陽平侯王鳳爲大司馬大
將軍，[1]與嘉並。杜欽以爲故事后父重於帝舅，[2]乃説
鳳曰："車騎將軍至貴，將軍宜尊之敬之，[3]無失其意。
蓋輕細微眇之漸，必生乖忤之患，[4]不可不慎。衛將軍
之日盛於蓋侯，[5]近世之事，語尚在於長老之耳，唯將
軍察焉。"久之，上欲專委任鳳，廼策嘉曰："將軍家
重身尊，不宜以吏職自絫。[6]賜黄金二百斤，以特進侯
就朝位。"後歲餘薨，謚曰恭侯。

[1]【今注】王鳳：字孝卿，西漢東平陵（今山東濟南市東）人。元帝皇后王政君兄。初爲衛尉，襲父爵陽平侯（侯國治所在今山東莘縣）。成帝即位，拜大司馬大將軍，領尚書事。專斷朝政十一年。事迹詳見本書卷九八《元后傳》。

[2]【今注】杜欽：御史大夫杜延年之子。傳見本書卷六〇。

[3]【今注】案，大德本、殿本作"尊"後有"重"字。

[4]【顏注】師古曰：眇亦細也。忓，違也（殿本無此注）。

[5]【顏注】師古曰：衞將軍，衞青也，武帝衞皇后之弟。蓋侯，王信也，武帝之舅。

[6]【顏注】師古曰：絫，古"累"字也，音力瑞反。

后聰慧，善史書，[1]自爲妃至即位，常寵於上，後宮希得進見。皇太后及帝諸舅憂上無繼嗣，時又數有災異，劉向、谷永等皆陳其咎在於後宮，[2]上然其言，於是省減椒房掖廷用度。[3]皇后廼上疏曰：

[1]【今注】史書：《凡將篇》《急救篇》《蒼頡篇》等字書教材的總稱。據張家山漢簡《二年律令·史律》，學童須熟練背誦並書寫教材數千字。一説專指隸書。

[2]【今注】劉向：傳見本書卷三六。　谷永：傳見本書卷八五。

[3]【顏注】師古曰：椒房殿，皇后所居。

妾誇布服糲食，[1]加以幼稚愚惑，不明義理，幸得免離茅屋之下，[2]備後宮埽除。蒙過誤之寵，居非命所當託，汚穢不脩，曠職尸官，[3]數逆至法，踰越制度，當伏放流之誅，不足以塞責。廼壬寅日大長秋受詔:[4]"椒房儀法，御服輿駕，所發諸官署，[5]及所造作，遺賜外家群臣妾，[6]皆如竟寧以前故事。"[7]妾伏自念，入椒房以來，遺賜外家未嘗踰故事，每輒決上，[8]可覆問也。[9]今誠時世異制，長短相補，不出漢制而已，纖微之間，未必可同。若竟寧前與黄龍前，豈相放哉?[10]家吏不曉，[11]今壹受詔如此，且使妾搖手不得。[12]今言無得發取諸宫，[13]殆謂未央宫不屬妾，不宜獨取也。[14]言妾家府亦不當得，妾竊惑焉。[15]幸得賜湯沐邑以自奉養，亦小發取其中，何害於誼而不可哉?又詔書言服御所造，皆如竟寧前，吏誠不能揆其意，即且令妾被服所爲不得不如前。[16]設妾欲作某屏風張於某所，[17]曰故事無有，或不能得，則必繩妾以詔書矣。[18]此二事誠不可行，唯陛下省察。

[1]【顔注】孟康曰:誇，大也，大布之衣也(衣，蔡琪本作"大")。糲，粗米也。師古曰:言在家時野賤也。誇，音"夸"。糲，音"剌"(殿本無此六字)。【今注】誇:當爲許皇后之名。李慈銘《越縵堂讀史札記·漢書七》以爲，孟康注"誇"爲大，其意不通。許皇后之姊名"謁"，以"言"爲旁，故推斷"誇"乃許皇后之名。楊樹達《漢書窺管》贊同此解。陳直《漢書新證》以爲:"李銘慈解誇爲許皇后之名甚是，但以許皇后之妹名'謁'，其取名皆以從言爲證則非，在西漢尚無連類取名之例。'誇'當爲'姱'字之假借，漢印有'張姱'印可證。"

[2]【今注】離:同"罹"。遭受。

[3]【顏注】師古曰："洿"與"污"同。曠，空也。尸，主也，妄主其官。

[4]【今注】大長秋：官名。漢初稱將行，景帝中元六年（前144）改爲大長秋。職在關通中宮内外，宣達皇后旨意，領受皇帝詔命。或以士人充任，或以宦官充任。爲皇后宮官中的高級官員，相當於朝廷九卿，秩二千石。

[5]【今注】案，官，蔡琪本作"宮"。

[6]【顏注】師古曰：外家謂后之家族，言在外也。

[7]【今注】竟寧：漢元帝年號（前33）。僅一年。

[8]【顏注】師古曰：每事皆奏決於天子，乃敢行也。上，音時掌反（殿本無此五字）。

[9]【顏注】師古曰：覆，音芳目反（殿本無此注）。

[10]【顏注】晉灼曰：竟寧，元帝時也。黃龍，宣帝時也。言二帝奢儉不同，豈相放哉？師古曰：放，依也，音甫往反。【今注】黃龍：漢宣帝年號（前49）。僅一年。

[11]【顏注】師古曰：家吏，皇后之官屬。【今注】家吏：此指從天子處領受詔命的大長秋。

[12]【今注】搖手不得：無法動彈。意爲左右爲難。

[13]【今注】案，宮，大德本、殿本作"官"。

[14]【顏注】師古曰：未央宮天子之宮，故其財物皇后不得取也。今言者，謂詔書新有所限約之言。【今注】未央宮：西漢天子皇宮。又稱"紫微宮"，與傳説中天帝所居紫微宮對應。位於長安城西南角。遺址在今陝西西安市未央宮街道辦事處，宮城平面近方形，城牆周長8800米，面積約5平方公里。宮城中央爲皇帝處政的前殿，皇后椒房殿及后妃掖庭在前殿以北。

[15]【顏注】師古曰：此言，謂家吏之言。【今注】家府：此指皇后私府，掌管皇后中宮幣帛衣服諸物。設令、丞。初屬詹事，漢成帝鴻嘉三年詹事官省罷，改屬大長秋。案，皇后意謂自己

是私府之主，有權支取府藏之物。

[16]【顏注】師古曰：詔書本云奢儉之制如竟寧耳，而吏乃謂衣服處置一一如之也（一一，蔡琪本作“一”）。被，音皮義反。

[17]【今注】屏風：或稱“扆”。漢代常見室内家具。立於室内，用以擋風或遮蔽。從出土明器來看，漢代屏風爲直立板屏，屏板方整，髹漆彩繪，下裝橫出的屏足，與後世由多扇組成的摺疊屏風不同。東漢李尤《屏風銘》所謂“立必端直，處必廉方”，正是指這種形制而言（參見孫機《漢代物質文化資料圖説》，文物出版社 1990 年版，第 225 頁）。

[18]【顏注】師古曰：言或有所求，吏不肯備，因云詔書不許也。

　　宦吏忮很，必欲自勝。[1]幸妾尚貴時，猶以不急事操人，[2]況今日日益侵，又獲此詔，其操約人，豈有所訴？陛下見妾在椒房，終不肯給妾纖微[3]内邪？[4]若不私府小取，將安所仰乎？舊故，[5]中宫乃私奪左右之賤繒，[6]及發乘輿服繒，[7]言爲待詔補，已而賀易其中。[8]左右多竊怨者，甚恥爲之。又故事以特牛祠大父母，[9]戴侯、敬侯皆得蒙恩以太牢祠，[10]今當率如故事，唯陛下哀之！

[1]【顏注】師古曰：官吏（官，蔡琪本、大德本、殿本作“宦”），奄人爲皇后吏也。忮，堅也。忮，音敁反（蔡琪本、大德本、殿本作“敁”前有“之”字）。【今注】宦吏：皇后宫中當官的宦者。　忮（zhì）很（hěn）：忌刻狠毒。很，同“狠”。

　　[2]【顏注】師古曰：尚貴時，謂昔被寵遇之時也。操，持也，音千高反。次下亦同。【今注】操：操持，把控。

　　[3]【顏注】師古曰：言皇后自有湯沐，故更無它纖毫給賜。

　　[4]【顏注】師古曰：内邪，言内中所須者也。邪，語辭也。仰，音牛向反。【今注】案，周壽昌《漢書注校補》認爲“終不肯給妾纖微内邪”自成一句，意謂“難道纖毫之物都不能賜給我嗎”。顏師古注將“内邪”二字下屬，誤。

　　[5]【今注】舊故：舊事，意同“故事”。

　　[6]【今注】繒：編織物的總稱。

　　[7]【今注】乘輿：皇帝用品的總稱。蔡邕《獨斷》：“天子車馬、衣服、器械、百物曰乘輿。”

　　[8]【顏注】師古曰：託言此繒擬待别詔有所補浣，而私換易取其好者以自用。【今注】貿：同“貿”。蔡琪本、大德本、殿本作“貿”。

　　[9]【今注】特牛：以一頭牛作爲祭品的祭禮。　大父母：祖父母。

　　[10]【今注】戴侯：即平恩戴侯許廣漢，漢元帝之外祖父，成帝許皇后之祖父。　敬侯：即許廣漢之弟樂成侯許延壽。許皇后父許嘉本是許延壽之子，漢元帝時被封爲平恩侯，奉戴侯繼嗣，故許延壽實爲許皇后之親祖父。　太牢：以牛、羊、豕各一頭爲祭品的祭禮。

　　　　今吏甫受詔讀記，[1]直豫言使后知之，非可復若私府有所取也。[2]其萌牙所以約制妾者，恐失人理。[3]今但損車駕，及毋若未央宮有所發，遺賜衣服如故事，則可矣。[4]其餘誠太迫急，奈何？妾薄命，端遇竟寧前。[5]竟寧前於今世而比之，豈可邪？[6]故時酒肉有所賜外家，輒上表迺決。又故杜陵梁美人歲時遺酒一石，肉百斤耳。[7]妾甚少之，遺田八子誠不可若是。[8]事率衆多，不可勝以文陳。[9]俟自見索言之，[10]唯陛下深察焉。

[1]【顏注】師古曰：甫，始也。

[2]【顏注】師古曰：若謂如未奉詔之前也。

[3]【顏注】師古曰：萌牙，言其初始發，意若草木之方生也。

[4]【顏注】師古曰：言今止當減損車馬制度，及不得同未央宮輒有發取，妄遺賜人，於事則可。而后之衣服，自當如舊也。

[5]【顏注】師古曰：端，正也。言不得以它時爲比例（它，中華本作"他"），而正依竟寧前（蔡琪本、大德本、殿本句末有"也"字）。

[6]【顏注】師古曰：言今時國家制度衆事比竟寧前，不肯皆同也。【今注】案，邪，中華本作"耶"。

[7]【顏注】蘇林曰：宣帝美人也。【今注】杜陵梁美人：本爲漢宣帝美人，宣帝駕崩後，充奉杜陵，陪侍亡靈。

[8]【顏注】師古曰：當多於梁美人也。

[9]【顏注】師古曰：率猶計也，類也。言以文書陳之不可勝盡。

[10]【顏注】師古曰：俟，待也（殿本無此三字）。自見，后自見於天子也。索，盡也。見，音胡電反。索，音先各反（殿本無此十字）。

上於是采劉向、谷永之言以報曰：
皇帝問皇后。[1]所言事聞之。夫日者衆陽之宗，天光之貴，王者之象，人君之位也。夫以陰而侵陽，虧其正體，是非下陵上，妻乘夫，賤踰貴之變與？[2]《春秋》二百四十二年，變異爲衆，莫若日蝕大。自漢與，[3]日蝕亦爲呂、霍之屬見。[4]以今揆之，豈有此等之效與？[5]諸侯拘迫漢制，牧相執持之也，[6]又安獲齊、趙七國之難？[7]將相大臣裏誠秉忠，唯義是從，[8]又惡有上官、博陸、宣成之謀？[9]若乃徒步豪桀，非有陳勝、項梁之群也；[10]匈奴、夷狄，非有冒頓、郅支之倫也。[11]方外內鄉，百蠻賓服，[12]殊俗慕義，八州懷德，[13]雖使其裏挾邪意，[14]猶不足憂，又況其無乎？求於夷狄無有，求於臣下無有，微後宮也，當何以塞之？[15]

[1]【今注】皇帝問皇后："皇帝問某官"，是漢代詔書習用格式，與"制詔某官""告某官"相比，更有尊重或榮寵的意味（參見馬怡《漢代詔書之三品》，北京大學中國古代史研究中心主編《田餘慶先生九十華誕頌壽論文集》，中華書局 2014 年版，第 65—83 頁）。

[2]【顏注】師古曰："與"讀曰"歟"（殿本無此注）。

[3]【今注】案，與，蔡琪本、大德本、殿本作"興"，是。

[4]【今注】呂霍之屬：漢初呂氏外戚與昭宣時期霍氏外戚。

[5]【顏注】師古曰："與"讀曰"歟"（殿本無此注）。

[6]【顏注】師古曰：牧，州牧也。相，諸侯王相也。【今注】牧：此指州刺史。

[7]【今注】齊趙七國之難：即"吳楚之亂"，或稱"七國之亂"。漢景帝三年（前 154），吳王劉濞、楚王劉戊等因不滿漢廷"削藩"，聯合趙、膠東、膠西、濟南、淄川等諸侯國發動叛亂，數

月之後被平定。膠東、膠西、濟南、淄川四國皆處齊地，故稱“齊趙七國之難”。此句楊樹達《漢書窺管》標點爲“諸侯拘迫漢制，牧相執持之也？又安獲齊、趙七國之難！”並解釋説：“二句乃假設之辭。‘也’與‘邪’同，謂果如此，則不至有齊趙七國之難也。”今案，此句及後面幾句，列舉引發日蝕的各種可能性，逐一排查之後鎖定了皇后，强調皇后的“以下陵上”行爲應對日蝕負責。本句意謂“諸侯王爲漢制所約束，是刺史、相管控得力的結果，如此怎麼會再現出像齊趙七國之亂那樣的事呢？”相關各句皆是陳述事實，不存在假設之辭，表陳述的“也”字無誤，不必改爲表反問的“邪”。

[8]【顔注】師古曰：襄，古“懷”字。

[9]【顔注】師古曰：惡，於何也（殿本無此四字）。上官，上官桀、安也。博陸，博陸侯霍禹也。宣成，宣成侯夫人顯也。惡，音“烏”。

[10]【今注】陳勝：傳見本書卷三一。　項梁：秦末反秦義軍領袖。下相（今江蘇宿遷市西南）人。戰國末楚國大將項燕之子。早年避仇於吳（今江蘇蘇州市）。秦二世元年（前209），與侄子項羽起兵響應陳勝、吳廣起義，被陳勝任命爲“張楚”政權上柱國。陳勝敗亡，立楚王之孫爲楚懷王，自號武信君，數敗秦軍，所部發展成爲反秦主力，項羽、劉邦皆爲麾下幹將。後因輕敵，在定陶兵敗身死。事迹詳見本書卷三一《項籍傳》。

[11]【今注】冒頓：秦漢之際匈奴單于。事迹詳見本書卷九四上《匈奴傳上》。　郅支：西漢後期匈奴單于。事迹詳見本書卷九四下《匈奴傳下》。

[12]【顔注】師古曰：“鄉”讀曰“嚮”。内嚮，皆嚮中國也。

[13]【今注】八州：泛指天子畿外之地。依《禹貢》九州之制，西漢京畿之地屬雍州，其餘八州即冀、兗、青、徐、揚、荆、

豫、梁。

［14］【今注】襄：同"懷"。蔡琪本、殿本作"懷"。

［15］【顏注】師古曰：微，無也，猶言非也。塞，當也（殿本無此注）。

　　日者，建始元年正月，[1]白氣出於營室。[2]營室者，天子之後宮也。正月於《尚書》爲皇極。[3]皇極者，王氣之極也。白者西方之氣，其於春當廢。[4]今正於王極之月，[5]興廢氣於後宮，視后妾無能懷任保全者，[6]以著繼嗣之微，賤人將起也。[7]至其九月，流星如瓜，[8]出于文昌，[9]貫紫宮，[10]尾委曲如龍，臨於鉤陳，[11]此又章顯前尤，著在内也。[12]其後則有北宮井溢，南流逆理，[13]數郡水出，流殺人民。後則訛言傳相驚震，[14]女童入殿，咸莫覺知。[15]夫河者水陰，[16]四瀆之長，[17]今乃大決，没漂陵邑，[18]斯昭陰盛盈溢，違經絶紀之應也。廼昔之月，鼠巢于樹，[19]野鵲變色。五月庚子，鳥焚其巢太山之域。[20]《易》曰："鳥焚其巢，旅人先咲後號咷。喪牛于易，凶。"[21]言王者處民上，如鳥之處巢也，不顧卹百姓，百姓畔而去之，若鳥之自焚也，雖先快意説咲，[22]其後必號而無及也。百姓喪其君，若牛亡其毛也，故稱凶。泰山，王者易姓告代之處，[23]今正於岱宗之山，甚可懼也。三月癸未，大風自西摇祖宗寝廟，揚裂帷席，折拔樹木，頓僵車輦，[24]毁壞檻屋，災及宗廟，足爲寒心。四月己亥，日蝕東井，^[25]轉旋且索，與既無異。^[26]己猶戊也，亥復水也，^[27]明陰盛，咎在內。於戊己，^[28]虧君體，著絕世於皇極，顯禍敗及京都。於東井，變怪衆備，末重益大，^[29]來數益甚。^[30]成形之禍，月以迫切，不救之患，日寖婁深，^[31]咎敗灼灼若此，豈可以忽哉！^[31]

[1]【顏注】師古曰：日者猶言往日也。【今注】建始：漢成帝年號（前32—前28）。

[2]【今注】白氣：漢代望氣者根據雲氣顏色判斷吉凶，白氣預示喪敗。　營室：星宿名。即室宿，二十八宿北宮玄武七宿之第六宿，對應於現代天文學飛馬座的α、β兩星。在漢人星象觀念中，營室象徵帝王離宮，主胎養。本書《五行志下》記載："成帝建始元年正月，有星孛於營室，青白色，長六七丈，廣尺餘。"正與本文對應。

[3]【今注】皇極：亦作"王極"。《尚書·洪範》九疇之五爲皇極，漢儒通常訓爲"大中"，意在強調建立皇極大中之道，作爲施政化民的權威。極，本指北極星，居天之中，故訓爲"中""中正"，引申爲準則、表儀、典範之意，往往用以表示某種最高權威。

[4]【今注】白者西方之氣其於春當廢：陰陽五行學說認爲，五行之一的金星屬西方，其色白，於時爲秋。白色之氣屬秋天之氣，不當延續至春天。春天出現白氣，屬於異象。

[5]【今注】案，王，殿本作"皇"。

[6]【顏注】師古曰："視"讀曰"示"。

[7]【顏注】師古曰：著，明也（殿本無此注）。

[8]【今注】流星如瓜：本書《天文志》詳記其事爲："孝成建始元年九月戊子，有流星出文昌，色白，光燭地，長可四丈，大一圍，動搖如龍虵形。有頃，長可五六丈，大四圍所，詘折委曲，

貫紫宮西，在斗西北子亥間。後詘如環，北方不合，留一刻所。”
這是一次特殊的流星現象，可能是流星帶電體與地球磁場相互作
用，在洛倫兹力作用下產生旋轉，並由原有的直線運動而最終形成
螺旋綫（參見吳光節、張周生《我國古代記録的特殊流星現象與現
代印證》，《天文學報》2003 年第 2 期）。

[9]【今注】文昌：北斗星旁六星的總稱。《史記·天官書》：
“斗魁戴匡六星曰文昌宫：一曰上將，二曰次將，三曰貴相，四曰
司命，五曰司中，六曰司禄。”漢代星象信仰觀念中，文昌爲司命
之神，掌管人的壽夭。應劭《風俗通義·祀典》：“司命，文昌也。
司中，文昌下六星也。櫺者，積薪燔柴也。今民間獨祀司命耳，刻
木長尺二寸爲人像，行者簷篋中，居者别作小屋。齊地大尊重之，
汝南餘郡亦多有，皆祠以腊，率以春秋之月。”

[10]【今注】紫宮：即紫微宫。生活在北半球黄河流域的先
民將二十八宿以北的星空劃分爲紫微、太微、天市三大區域，稱作
“三垣”。其中以北極星爲中心的諸星所在區域即爲紫微垣，大致對
應今天文學中的大熊、小熊、天龍、鹿豹、仙王、仙后、小獅、獵
犬、牧夫、武仙天區。紫微垣對應人間之中宫，故稱紫微宫。

[11]【今注】鉤陳：星名。屬紫微垣。距北極最近，故借指
後宫。

[12]【顏注】師古曰：尤，過也（殿本無此注）。

[13]【今注】北宫井溢南流逆理：北宫是后妃之宫，在皇帝
所居未央宫以北，故得名。未央宫建於龍首山上，是長安城内地勢
最高的地方。北宫井水溢出，已屬不正常現象；由地勢較低的北宫
向地勢較高的未央宫方向流動，違背自然規律，更顯異常。據本書
《五行志中之上》記載，“成帝建始二年三月戊子，北宫中井泉稍
上，溢出南流”。班固將這一現象與元帝時的謡言“井水溢，滅竈
煙，灌玉堂，流金門”結合起來，推定是外戚王莽篡位的先兆，異
於此處劉向、谷永的解讀。

[14]【今注】訛言：不實之言。漢代的“訛言”多爲民間流

傳的未經證實的説法，往往具有怪誕妖異的色彩（參見吕宗力《漢代的流言與訛言》，《歷史研究》2003 年第 2 期）。

[15]【顏注】師古曰：謂陳持弓也。【今注】女童入殿：本書《五行志下之上》記載，成帝建始三年十月丁未，"京師相驚，言大水至。渭水濆上小女陳持弓年九歲，走入横城門，入未央宫尚方掖門，殿門門衛户者莫見，至句楯禁中而覺得"。

[16]【今注】河：即黄河。

[17]【今注】四瀆：指長江、黄河、淮河、濟水四條河流，因獨流入海，故稱"瀆"。《釋名·釋水》："瀆，獨也。各獨出其所而入海也。"

[18]【顏注】師古曰：大阜曰陵。【今注】陵邑：地勢高敞的城邑。

[19]【今注】鼠巢于樹：本書《五行志中之上》記載："成帝建始四年九月，長安城南有鼠銜黄蒿、柏葉，上民冢柏及榆樹上爲巢，桐柏尤多。巢中無子，皆有乾鼠矢數十。"即指此事。

[20]【今注】五月庚子鳥焚其巢太山之域：五月，錢大昕《廿二史考異·漢書三》以爲當爲"二月"之誤。本書《五行志中之下》記載："成帝河平元年二月庚子，泰山山桑谷有蠚焚其巢。男子孫通等聞山中群鳥蠚鵲聲，往視，見巢蘪，盡墮地中，有三蠚鷇燒死。樹大四圍，巢去地五丈五尺。"即指此事。

[21]【顏注】師古曰：咲，古"笑"字也（殿本無"也"字）。咷，音"桃"。解並在《谷永傳》。

[22]【顏注】師古曰："説"讀曰"悦"。

[23]【今注】泰山王者易姓告代之處：此指在泰山上面及山脚下的梁山行封禪典禮。《史記·封禪書》《正義》引《五經通義》："易姓而王，致太平，必封泰山，禪梁父。"

[24]【今注】頓僵：顛覆。

[25]【今注】東井：星宿名。二十八宿之一。簡稱"井宿"，

屬於南宮朱雀七宿之第一宿。對應今天文學中的大雙子星座。

[26]【顏注】師古曰：轉旋且索，言須臾之間則欲盡也。既亦盡耳，《春秋》書“日有食之，既”。故詔引以爲言也（殿本無“也”字）。索，音先各反（殿本無“音”字）。【今注】既：食既。指日蝕過程中太陽被月球完全遮蔽。

[27]【顏注】張晏曰：己戊皆中宮，爲君。亥爲水，陰氣也。

[28]【今注】戊己：中宮，代指皇帝。

[29]【今注】末重：末重於本。意即本末倒置。

[30]【今注】來數益甚：災異更加頻繁。

[31]【顏注】師古曰：寖，甚也。婁，古“屢”字。

[32]【顏注】師古曰：灼灼，明白貌也。忽，怠忘也（殿本無此注）。

　　《書》云：[1]“高宗肜日，粵有雊雉。[2]祖己曰：[3]‘惟先假王正厥事。’”[4]又曰：“雖休勿休，惟敬五刑，以成三德。”[5]即飭椒房及掖庭耳。[6]今皇后有所疑，便不便，其條刺，使大長秋來白之。[7]吏拘於法，亦安足過？蓋矯枉者過直，古今同之。[8]且財幣之省，特牛之祠，其於皇后，所以扶助德美，爲華寵也。咎根不除，災變相襲，[9]祖宗且不血食，[10]何戴侯也！《傳》不云乎：“以約失之者鮮。”[11]審皇后欲從其奢與？[12]朕亦當法孝武皇帝也，如此則甘泉、建章可復興矣。[13]世俗歲殊，時變日化，遭事制宜，因時而移，舊之非者，何可放焉！[14]君子之道，樂因循而重改作。昔魯人爲長府，閔子騫曰：“仍舊貫如之何？何必改作！"[15]蓋惡之也。《詩》云："雖無老成人，尚有典刑，曾是莫聽，大命以傾。"[16]孝文皇帝，朕之師也。[17]皇太后，[18]皇后成法也。假使太后在彼時不如職，今見親厚，又惡可以踰乎！[19]皇后其刻心秉德，毋違先后之制度，力誼勉行，稱順婦道，[20]減省羣事，謙約爲右。[21]其孝東宮，毋闕朔望，[22]推誠永究，爰何不臧！[23]養名顯行，以息衆讙，[24]垂則列妾，使有法焉。[25]皇后深惟毋忽！

[1]【今注】書：《尚書》。本句及下句所引，出自《尚書·商書》。

[2]【顏注】師古曰：肜，音弋中反。【今注】高宗：即商王武丁。高宗爲其廟號。事迹詳見《史記》卷三《殷本紀》。 肜(róng)：商代祭禮名稱。指祭祀次日復行之祭。《爾雅·釋天》："繹，又祭也。周曰繹，商曰肜。" 粵：句首發語辭。 雊(gòu)：雄雉鳴叫。據《史記·殷本紀》記載，商王武丁祭祀開國君主成湯，第二天又祭之時，一隻野鷄飛來，落在鼎耳上鳴叫。按照當時的觀念，此爲不祥之兆，故武丁甚爲恐懼。

[3]【今注】祖己：商代賢臣名。

[4]【今注】惟先假王正厥事：意謂王且寬心勿憂，盡心盡力於治國修德之事。《史記·殷本紀》載祖己之言曰："王勿憂，先修政事。"

[5]【顏注】師古曰：解並在《谷永傳》。【今注】案，休，蔡琪本、殿本作"休"。 五刑：墨、劓、刖、宮、大辟五種刑罰的統稱。 三德：治馭臣民的三條原則，一爲正直，即能正人之曲直即正直；二爲剛克，即以剛強取勝；三爲柔克，即以和柔成事。

案，語出《尚書·周書·呂刑》。

[6]【顏注】師古曰：謂祖己所言皆以戒後宮也。“飭”與“敕”同。【今注】案，西漢時期皇后居椒房殿，皇后以下衆嬪妃居掖庭。

[7]【顏注】師古曰：條謂分條之也。剌謂書之於剌板也。剌，音千賜反。

[8]【顏注】師古曰：矯，正也。枉，曲也。言意在正曲，遂過於直。

[9]【顏注】師古曰：襲，重累也（殿本無此注）。

[10]【今注】血食：享受有牲牢的祭祀。

[11]【顏注】師古曰：《論語》載孔子之言也。鮮，少也。謂能行儉約而有過失之事，如此者少也。鮮，音先踐反（殿本無此注）。【今注】案，語出《論語·里仁》。傳，本指闡釋經義的文字，此處指《論語》。皮錫瑞《經學歷史》曰：“孔子所定謂之經；弟子所釋謂之傳，或謂之記。……《論語》記孔子言而非孔子所作，出於弟子撰定，故亦但名爲傳。漢人引《論語》多稱傳。”

[12]【顏注】師古曰：“與”讀曰“歟”（殿本無此注）。

[13]【今注】甘泉：即甘泉宮。　建章：即建章宮。在長安城外西側，與未央宮鄰近。漢武帝太初元年（前 104）修建。建築衆多，有駘蕩、馺娑、枍詣、天梁、奇寶、鼓簧等宮，有玉堂、神明堂、疏圃、鳴鑾、奇華、銅柱、函德、鳳闕等殿堂臺闕，有太液、唐中等池苑，號稱“千門萬戶”。總體布局仿未央宮，主體建築是前殿，高度近於未央宮前殿。從武帝太初元年至昭帝元鳳二年（前 79）的二十餘年間，天子經常在此居處辦公。遺址在今陝西西安市未央區三橋鎮，宮城東西長約 2130 米，南北長約 1240 米，占地約 2.64 平方公里。案，武帝時期興建了衆多離宮別館，其中以甘泉宮、建章宮最爲宏大、最爲重要，故西漢後期常被視爲武帝窮奢極侈、不恤民力的例證而遭到儒學之士批判。

[14]【顏注】師古曰：放，音甫往反。　【今注】放：同"倣"。仿傚。

[15]【顏注】師古曰：事見《論語》。長府，藏貨之府也。閔子騫，孔子弟子也。名損。仍，因也。貫，事也。言因舊事則可，何乃復更改作乎（殿本無此注）？【今注】案，語見《論語·先進》。

[16]【顏注】師古曰：《大雅·蕩》之詩也。老成人，舊故之臣也。典刑，常法也。言闇亂之時不用舊法，以至傾危（蔡琪本、大德本、殿本句末有"也"字）。

[17]【今注】孝文皇帝朕之師也：漢文帝以節儉恤民著稱，爲守文之君楷模。

[18]【今注】皇太后：即成帝之母王政君。傳見本書卷九八。

[19]【顏注】師古曰：言假令太后昔時不得其志，不依常理，而皇后今被親厚，何可踰於太后制度乎？婦不可踰姑也。惡，音"烏"。

[20]【顏注】師古曰：稱，副也。

[21]【顏注】師古曰：以謙約爲先。

[22]【顏注】師古曰：東宮，太后所居也。朔望，朝謁之禮也。【今注】朔望：漢制，皇后每月初一（朔）、十五（望）日至長樂宮，向太后行朝謁之禮。

[23]【顏注】師古曰：究，竟也。爰，于也。臧，善也。于何不善，言何事而不善也。

[24]【顏注】師古曰：謹，譁，衆議也，音許元反。

[25]【顏注】師古曰：言垂法於後宮，使皆遵行也。

是時大將軍鳳用事，威權尤盛。其後比三年日蝕，[1]言事者頗歸咎於鳳矣。而谷永等遂著之許氏，許氏自知爲鳳所不佑。[2]久之，皇后寵亦益衰，而後宮多新愛。后姊平安剛侯夫人謁等爲媚道祝詛後宮有身者王美人及鳳等，[3]事發覺，太后大怒，下吏考問，謁等誅死，許后坐廢處昭臺宮，[4]親屬皆歸故郡山陽，[5]后弟子平恩侯且就國。[6]凡立十四年而廢。在昭臺歲餘，還徙長定宮。[7]

[1]【顏注】師古曰：比，頻也（頻，殿本作"類"）。【今注】比：頻頻，連續。案，上文"四月己亥，日蝕東井"發生在漢成帝河平元年（前 28）。其後，河平三年八月、四年三月、陽朔元年（前 24）二月連續出現三次日蝕。

[2]【顏注】師古曰：佑，助也。

[3]【顏注】師古曰：詛，古"詛"字。【今注】平安剛侯：王章，邛成王太后弟平安夷侯王舜之子，漢元帝建昭四年（前 35）嗣父爵，成帝陽朔三年（前 22）卒。 謁：許謁，許皇后之姊。

[4]【顏注】師古曰：在上林苑中。

[5]【今注】山陽：郡名。治昌邑縣（今山東巨野縣東南）。

[6]【今注】且：大德本、殿本作"旦"。許旦。漢成帝許皇后兄許況之子。鴻嘉二年（前 19）嗣父爵，哀帝元壽二年（前 1）卒。

[7]【顏注】師古曰：《三輔黃圖》林光宮有長定宮。

後九年，上憐許氏，下詔曰："蓋聞仁不遺遠，誼不忘親。前平安剛侯夫人謁坐大逆罪，家屬幸蒙赦令，歸故郡。朕惟平恩戴侯，先帝外祖，魂神廢棄，莫奉祭祀，念之未嘗忘于心。其還平恩侯且及親屬在山陽郡者。"是歲，廢后敗。[1]先是廢后姊孊寡居，與定陵侯淳于長私通，[2]因爲之小妻。長紿之曰：[3]"我能白東宮，復立許后爲左皇后。”[4]廢后因孊私賂遺長，數通書記相報謝。[5]長書有誖謾，[6]發覺，天子使廷尉孔光持節賜廢后藥，[7]自殺，葬延陵交道厩西。[8]

[1]【今注】案：據本書卷一〇《成紀》，許氏死於綏和元年（前8）。

[2]【顔注】師古曰：孊者，后姊之名也，音“靡”。【今注】孊（mǐ）：許孊，許皇后之姊，龍頟思侯韓寶夫人。據本書《高惠高后文功臣表》，韓寶卒於漢成帝鴻嘉元年（前20）。　定陵侯：侯國治所在今河南漯河市郾城區西北。　淳于長：傳見本書卷九三。

[3]【顔注】師古曰：紿，誑也。【今注】紿（dài）：同“詒”。欺騙。

[4]【今注】左皇后：皇后小號，地位僅次於皇后。案，漢制，皇后唯一人，未見有左、右之制。此殆淳于長欺誑之言。漢代之後間有左、右皇后並立者。故趙翼《廿二史劄記》卷一五“一帝數后”條言：“一帝一后，禮也。至荒亂之朝，則漫無法紀，有同時立數后者。”

[5]【今注】書記：書信。

[6]【顔注】師古曰：誖，惑亂也。謾，媟汙也。誖，音布内反。“謾”與“慢”同。【今注】誖謾：逆亂不敬。本書卷九三《佞幸傳》記載：“孊每入長定宫，輒與孊書，戲侮許后，嫚易無不言。”

[7]【今注】廷尉：戰國秦始置，西漢沿置。主管刑獄。位列九卿，秩中二千石。　孔光：傳見本書卷八一。

[8]【今注】延陵：西漢成帝劉驁陵墓。遺址在今陝西咸陽市渭城區周陵街道辦事處嚴家溝、馬家窑村一帶。　交道厩：養馬機構名稱。在今陝西咸陽市渭城區西北。

孝成班倢伃，[1]帝初即位選入後宮。始爲少使，蛾而大幸，[2]爲倢伃，居增成舍，[3]再就館，[4]有男，數月失之。成帝遊於後庭，嘗欲與倢伃同輦載，倢伃辭曰：“觀古圖畫，賢聖之君皆有名臣在側，三代末主迺有嬖女，[5]今欲同輦，得無近似之乎？”[6]上善其言而止。太后聞之，喜曰：“古有樊姬，今有班倢伃。”[7]倢伃誦《詩》及《窈窕》《德象》《女師》之篇。[8]每進見上疏，依則古禮。[9]

[1]【今注】班倢伃：扶風茂陵人。《漢書》作者班固父班彪之姑母。

[2]【顏注】如淳曰：蛾，無幾之頃也。師古曰：“蛾”與“俄”同，古字通用。

[3]【顏注】應劭曰：後宮有八區，增成第三也。【今注】增成舍：後宮房舍名稱。在掖庭中。據《三輔黃圖》記載，漢武帝時後宮分爲昭陽、飛翔、增成、合歡、蘭林、披香、鳳皇、鴛鴦八區，增成居第三。

[4]【顏注】蘇林曰：外舍産子也。晉灼曰：謂陽祿與柘觀。【今注】再：兩次。　館：此指皇宮中專門用於保胎、生育的館舍，如上林苑中的陽祿觀、柘觀等。

[5]【顏注】師古曰：嬖，愛也，音必計反（殿本無此注）。【今注】三代末主迺有嬖（bì）女：此即本傳篇首所見夏桀寵妺喜、商紂寵妲己、周幽王寵褒姒。三代，夏、商、周。嬖女，受寵的女子。

[6]【顏注】師古曰：近，音鉅靳反（殿本無此注）。

[7]【顏注】張晏曰：楚王好田，樊姬爲不食禽獸之肉。【今注】樊姬：春秋時期楚莊王夫人。屢勸莊王勿沈迷於狩獵，莊王不

聽，遂不食禽獸之肉以示誠懇，終使莊王改過，勤於國政。又在莊王前提出虞丘子相楚十餘年，未聞進賢退不肖，是蔽王塞賢路。虞丘子受激而薦孫叔敖，被莊王任命爲令尹，理政三年而楚國稱霸。

[8]【顏注】師古曰：《詩》謂《關雎》以下也。《窈窕》《德象》《女師》之篇，皆古箴戒之書也。故傳云誦《詩》及《窈窕》以下諸篇，明《詩》外別有此篇耳。而説者便謂《窈窕》等即是《詩》篇，蓋失之矣。【今注】窈窕德象女師：三種女性箴戒之類的古書，當類同東漢班昭所撰《女誡》。

[9]【顏注】師古曰：則，法也（殿本無此注）。

　　自鴻嘉後，[1]上稍隆於内寵。倢伃進侍者李平，平得幸，立爲倢伃。上曰："始衛皇后亦從微起。"[2]迺賜平姓曰衛，所謂衛倢伃也。其後趙飛燕姊弟亦從自微賤興，踰越禮制，寖盛於前。[3]班倢伃及許皇后皆失寵，稀復進見。

[1]【今注】鴻嘉：漢成帝年號（前20—前17）。
[2]【今注】衛皇后：即漢武帝皇后衛子夫。
[3]【顏注】師古曰："踰"與"踰"同。寖，漸也。

　　鴻嘉三年，趙飛燕譖告許皇后、班倢伃挾媚道，祝詛後宮，詈及主上。[1]許皇后坐廢。考問班倢伃，倢伃對曰："妾聞'死生有命，富貴在天'。[2]脩正尚未蒙福，爲邪欲以何望？使鬼神有知，不受不臣之愬；[3]如其無知，愬之何益？故不爲也。"上善其對，憐閔之，[4]賜黃金百斤。

[1]【今注】詈（lì）：罵。

[2]【顏注】師古曰：《論語》載子夏對司馬牛之言也（殿本無此注）。【今注】案，語出《論語‧述爾》。

[3]【顏注】師古曰：祝詛主上是不臣也。【今注】愬（sù）：同"訴"。

[4]【今注】閔：同"憫"。

趙氏姊弟驕妒，倢伃恐久見危，求共養太后長信宮，[1]上許焉。倢伃退處東宮，[2]作賦自傷悼，其辭曰：

[1]【顏注】師古曰：共，音居用反。養，音弋向反。【今注】共：同"供"。　長信宮：在長安城東南隅長樂宮內。爲太后所居之處。1968 年河北滿城西漢中山靖王劉勝夫人竇綰墓出土了一件有"長信尚浴"銘文的鎏金青銅燈，"長信"即指當時竇太后所居長信宮。

[2]【今注】東宮：即長樂宮。

承祖考之遺德兮，[1]何性命之淑靈，[2]登薄軀於宮闕兮，[3]充下陳於後庭。[4]蒙聖皇之渥惠兮，當日月之盛明，[5]揚光烈之翕赫兮，[6]奉隆寵於增成。既過幸於非位兮，竊庶幾乎嘉時，[7]每寤寐而絫息兮，申佩離以自思，[8]陳女圖以鏡監兮，[9]顧女史而問《詩》。[10]悲晨婦之作戒兮，[11]哀褒、閻之爲郵；[12]美皇、英之女虞兮，榮任、姒之母周。[13]雖愚陋其靡及兮，敢舍心而忘兹？[14]歷年歲而悼懼兮，閔蕃華之不滋。[15]痛陽祿與柘館兮，仍繈褓而離災，[16]豈妾人之殃咎兮？[17]將天命之不可求。

[1]【今注】祖考：祖，祖父。班倢伃祖父班回，舉茂才，官至長子（今陝西長子縣）令。考，父親。班倢伃之父班況，漢元帝時舉孝廉爲郎，其後歷任上河農都尉、左曹越騎校尉。案，此處祖考亦代指列祖列宗。

[2]【顏注】師古曰：何，任也，負也。　【今注】何：同"荷"。承受。　性命之淑靈：謂天性具備的美好品質。

[3]【今注】登：進獻。

[4]【顏注】師古曰：陳，列也。

[5]【顏注】師古曰：渥，厚也。【今注】聖皇：此指漢成帝。

[6]【今注】翕赫：明亮。

[7]【顏注】師古曰：嘉，善也（殿本無此注）。

[8]【顏注】師古曰：絫息，言懼而喘息也。離，袿衣之帶也（袿，蔡琪本、大德本、殿本作"袿"）。女子適人，父親結其離而成之（成，蔡琪本、大德本、殿本作"戒"），故云自思也。絫，古"累"字。【今注】絫息：翻來覆去地嘆息。　離：同"縭"，古代女子出嫁時的佩巾，臨行前由父母爲其繫上，並囑咐一些孝敬公婆之類的誡語。

[9]【今注】女圖：前代婦女典型的畫像圖册，用於宣揚封建倫理道德觀念。　鏡監：借鑒。監，同"鑒"。

[10]【今注】女史：後宮女官名。始見於《周禮》中，協助內宰管理王后禮儀諸事，兼掌文書。由通曉文字的宮女充任。西漢後宮未見有以"女史"爲名的女官，後文説中宮史曹宮"爲學事史，通《詩》，授皇后"，中宮學事史當即賦文所謂"女史"。班倢伃就《詩經》求教的那位女史，正是曹宮。

[11]【顏注】張晏曰：《書》云"牝雞之晨，惟家之索"，喻婦人無男事也。【今注】晨婦：代指干預國政的婦女。《尚書·周

書·牧誓》:"牝雞無晨。牝雞之晨,惟家之索。"牝雞即母雞。古人觀念中,啼叫報曉是公雞的事情,母雞報曉是反常現象,是家道敗盡的前兆,故以牝雞司晨來比喻女性當家或干預國政。

[12]【顏注】師古曰:《小雅》刺幽王之詩曰"赫赫宗周,褒姒威之"(威,蔡琪本、大德本、殿本作"滅"),"閻妻煽方處",故云爲郵。郵,過也。【今注】褒:指褒姒。《詩·小雅·正月》:"赫赫宗周,褒姒滅之。"諷刺褒姒惑亂幽王而導致西周敗亡。閻,同"艷"。《詩·小雅·十月之交》:"閻妻煽方處。"閻妻即美艷妻子。諷刺周厲王內寵熾盛,政化失理,故致日食災異。一説閻妻即褒姒。 郵:同"尤",過錯。

[13]【顏注】師古曰:皇,娥皇,英,女英,堯之二女也。女,妻也。虞,虞舜也。任,大任,文王之母;姒,大姒,武王之母也。女虞,女,音尼據反。

[14]【顏注】師古曰:舍,息也。

[15]【顏注】師古曰:滋,益也。言時逝不留,華色落也。蕃,音扶元反。

[16]【顏注】服虔曰:二館名也,生子此館,皆失之也。師古曰:二觀並在上林中。仍,頻也。離,遭也。

[17]【今注】殃咎:負罪而受到懲罰。

　　白日忽已移光兮,遂晻莫而昧幽,[1]猶被覆載之厚德兮,不廢捐於罪郵。[2]奉共養于東宮兮,託長信之末流,[3]共洒埽於帷幄兮,永終死以爲期。[4]願歸骨於山足兮,依松柏之餘休。[5]

[1]【顏注】師古曰:"晻"與"暗"同,又音烏感反。"莫"讀曰"暮"。一曰,莫,静也,讀如本字。【今注】晻莫:日光闇淡。

[2]【顏注】師古曰：言主上之恩比於天地，雖有罪過，不廢棄也。被，音皮義反（蔡琪本無此五字）。【今注】罪郵：罪過。

[3]【顏注】師古曰：末流謂恩顧之末也。一曰流謂等列也。共，音居用反。養，音弋向反。【今注】託：依託。

[4]【顏注】師古曰：共，音居容反。洒，音"灑"，又所寄反（蔡琪本、大德本、殿本"所"前有"音"字）。埽，音先到反。

[5]【顏注】師古曰：山足謂陵下也。休，蔭也。【今注】山足：本意爲山腳下。漢代帝陵封土高大如山，故稱陵山，山足即帝陵旁邊，意謂死後陪葬。　休：樹蔭。此處喻指皇帝的恩蔭。

重曰：[1]潛玄宮兮幽以清，[2]應門閉兮禁闥扃。[3]華殿塵兮玉階菭，中庭萋兮綠草生。[4]廣室陰兮帷幄暗，[5]房櫳虛兮風泠泠。[6]感帷裳兮發紅羅，紛綷縩兮紈素聲。[7]神眇眇兮密靚處，君不御兮誰爲榮？[8]俯視兮丹墀，思君兮履綦。[9]仰視兮雲屋，雙涕兮橫流。[10]顧左右兮和顏，[11]酌羽觴兮銷憂。[12]惟人生兮一世，忽一過兮若浮。已獨享兮高明，處生民兮極休。[13]勉虞精兮極樂，與福祿兮無期。[14]綠衣兮白華，自古兮有之。[15]

[1]【顏注】師古曰：重者，情志未申，更作賦也。音直用反。【今注】重：辭賦格式用語。正文結束之後，若意尤未盡，再賦以抒發心志。

[2]【今注】玄宮：深宮。

[3]【顏注】師古曰：正門謂之應門。扃，短關也，音工熒反。【今注】禁闥（tà）：禁中之門。　扃（jiōng）：門閂。此處意

爲關閉。

[4]【顏注】師古曰：落，水氣所生也。菶菶（案，周壽昌《漢書注校補》以爲多一“菶”字），青草貌也。落，音“臺”。菶，音“妻”。【今注】落（tái）：同“苔”。苔蘚。　菶：野草繁生。

[5]【今注】廣室：寬敞的室。秦漢時期的居室布局，以前堂後室結構最爲流行。堂前地面稱庭。堂有高於地面的臺基，從庭入堂，須通過東西兩側的階拾級而上。室在堂北正中，通過“戶”和“牖”與堂相通。室兩側又有“房”（詳見陳蘇鎮《秦漢殿式建築的布局》，《中國史研究》2016 年第 3 期）。此賦落筆描述的方向，正是從“堂”（即“殿”）到“室”再到“房”。

[6]【顏注】師古曰：櫳，疏檻也，音來東反。泠，音“零”。【今注】櫳（lóng）：窗檻木。　泠泠：風清冷貌。

[7]【顏注】師古曰：感，動也。言風動發帷裳羅綺也。綷縩，衣聲也。綷，音千賄反。縩，音“蔡”。【今注】帷裳：帷帳。羅：絲織物名稱，係用絞經法織出，有椒眼狀細孔，質薄而輕。綷（cuì）縩（cài）：織物摩擦發出的聲音。或作“翠粲”，又作“悴慅”。　紈素：絲織物名稱。白色平紋者稱“素”，素之高檔者稱“紈”或“冰紈”，經絲細密。

[8]【顏注】師古曰：“靚”字與“静”同。【今注】密靚：同“謐静”。　誰爲榮：意謂無心梳妝飾美。榮，同“容”。《詩·衛風·伯兮》：“自伯之東，首如飛蓬。豈無膏沐，誰適爲容。”

[9]【顏注】孟康曰：丹墀，赤地也。師古曰：綦，履下飾也。言視殿上之地（上，蔡琪本作“下”），則想君履綦之跡也（跡，殿本作“迹”）。綦，音“其”。【今注】丹墀（chí）：漆成紅色的臺階或大殿地面。　履綦：鞋上的繡花緣邊。一説爲鞋落之處留下的印迹。

[10]【顏注】師古曰：雲屋，言其黮黫，狀若雲也。黮，音

徒感反。霤,音徒對反。【今注】雲屋:漢成帝曾設雲帳、雲幄、雲幕於甘泉紫殿,世謂"三雲殿"(《西京雜記》)。沈欽韓《漢書疏證》以爲雲屋即指此,師古注非是。案,幄是一種四面合起來的帷帳,漢代殿中常設。《釋名·釋床帳》:"幄,屋也,以帛衣板施之,形如屋也。"雲屋,當即雲幄。

[11]【今注】和顏:面容平和。

[12]【顏注】劉德曰(劉德,殿本作"師古"):酒行疾如羽也。孟康曰:羽觴,爵也,作生爵形,有頭尾羽翼。如淳曰:以瑇瑁覆翠羽於下徹上見。師古曰:孟說是也。【今注】羽觴:飲酒用具。

[13]【顏注】師古曰:享,當也。休,美也。【今注】案,此句意謂,曾遇龍恩眷顧,對於尋常人來説已是莫大榮幸。

[14]【顏注】師古曰:此"虞"與"娛"同。【今注】案,此句意謂,勉力歡娛以尋求精神上的極致快樂,富貴榮華已經遥不可及。

[15]【顏注】師古曰:緑衣,《詩·邶風》刺妾上僭夫人失位(邶,應作"邶")。白華,《小雅》篇,周人刺幽王黜申后也。【今注】緑衣:《詩·邶風》篇名。據《毛詩序》:"妾上僭,夫人失位,而作是詩也。"舊説以爲春秋時衞莊公夫人莊姜賢惠,遭嬖妾讒陷而失位,《緑衣》爲此而作。今説以爲是悼亡詩。 白華:《詩·小雅》篇名。舊説周幽王寵信褒姒而廢黜申后,周人作此詩而譏刺。

至成帝崩,倢伃充奉園陵,[1]薨,因葬園中。

[1]【今注】充奉園陵:漢制,皇帝駕崩,没有子嗣的後宫嬪妃要入住陵園,陪侍亡靈,一如皇帝生前。園陵,此指漢成帝延陵。

孝成趙皇后，本長安宮人。[1]初生時，父母不舉，[2]三日不死，廼收養之。及壯，屬陽阿主家，[3]學歌舞，號曰飛燕。[4]成帝嘗微行出，過陽阿主，作樂。上見飛燕而說之，[5]召入宮，大幸。有女弟復召入，俱爲倢伃，貴傾後宮。

[1]【顏注】師古曰：本宮人以賜陽阿主家也。宮人者，省中侍使官婢名曰宮人，非天子掖庭中也。事見《漢舊儀》。言長安者，以別甘泉等諸宮省也。【今注】宮人：後宮侍女。一般需由出身於醫、巫、商賈、百工以外家庭的良家女子充任。《漢舊儀》曰："宮人擇官婢年八歲以上，侍皇后以下，年三十五出嫁。"漢哀帝綏和二年（前7）改制，掖庭宮人年三十歲以下者可出宮嫁人。

[2]【今注】舉：養育。生子之後洗浴而哺乳，謂之舉。

[3]【顏注】師古曰：陽阿，平原之縣也。今俗書阿字作河（蔡琪本無"字"字）。又或爲河陽，皆後人所妄改耳。【今注】陽阿主：即陽阿公主。湯沐邑在陽阿縣（今山西陽城縣西北大陽鎮）。案，陽阿，衆說不一。顏師古以爲是平原郡屬縣。王先謙《漢書補注》以爲，"据《地理志》，陽阿，上黨縣；平原郡有阿陽，無陽阿；河陽則屬河內郡。此師古偶然誤記，後人輒改平原之'阿陽'爲'陽阿'，以就顏說，謬矣"。陳直《漢書新證》依據西安漢城遺址出土"真河陽"及"河陽第一"陶器殘片，以爲河陽當爲長安附近鄉亭之名，在西漢時以善製陶器著名，故不能直斷"河陽"爲"陽阿"之誤字。

[4]【顏注】師古曰：以其體輕故也（殿本無"故"字）。

[5]【顏注】師古曰："說"讀曰"悅"（殿本無此注）。

許后之廢也，上欲立趙倢伃。皇太后嫌其所出微甚，^[1]難之。太后姊子淳于長爲侍中，數往來傳語，得太后指，上立封趙倢伃父臨爲成陽侯。^[2]後月餘，乃立倢伃爲皇后。追以長前白罷昌陵功，^[3]封爲定陵侯。

[1]【今注】所出微甚：出身低微。西漢時期門第觀念較爲淡薄，尚未建立起嚴格的采選制度，皇帝后妃出身微賤者甚多。清人趙翼《廿二史劄記》卷三有"漢初妃后多出微賤"條，可參。

[2]【今注】臨：趙臨。　成陽侯：侯國治所在今河南信陽市北。漢成帝永始元年（前16）封皇后父趙臨爲成陽侯。

[3]【今注】昌陵：漢成帝廢陵。成帝即位後就開始在渭城縣延陵亭部（今陝西咸陽市渭城區周陵街道辦事處嚴家溝、馬家窯村一帶）爲自己預修陵墓（延陵），施工數年後又改以霸陵曲亭南之地修建昌陵（今陝西西安市臨潼區東），鴻嘉二年（前19）遷徙郡國豪富五千户置昌陵縣。侍中衛尉淳于長等人反對棄舊建新，未爲天子采納。其後昌陵營建五年，工期一再延長，耗費財富、民力甚巨，朝野上下怨聲載道，成帝迫於壓力，於永始元年（前16）罷昌陵之役，並對當初的支持者予以懲罰，對包括淳于長在內的反對者予以獎勵。

皇后既立，後寵少衰，而弟絶幸，爲昭儀。居昭陽舍，^[1]其中庭彤朱，^[2]而殿上髹漆，^[3]切皆銅沓黄金塗，^[4]白玉階，^[5]壁帶往往爲黄金釭，函藍田璧，明珠、翠羽飾之，^[6]自後宮未嘗有焉。^[7]姊弟顓寵十餘年，卒皆無子。^[8]

[1]【今注】昭陽舍：即昭陽殿，在掖庭中。據《三輔黄圖》記載，漢武帝時後宮分爲昭陽、飛翔、增成、合歡、蘭林、披香、

鳳皇、鴛鴦八區，昭陽居首。西安漢城遺址曾出土"昭陽竟成，宜佳人兮"銘文銅鏡，背面塗金，製作精絕，每字篆隸相間，甚爲獨特。陳直《漢書新證》以爲當是昭陽舍中所用之物。

[2]【今注】中庭彤朱：殿前庭院地面塗成朱紅色。

[3]【顏注】師古曰：以漆漆物謂之髤，音許求反，又許昭反（大德本、殿本"許"前有"音"字）。今關東俗，器物一再著漆者謂之捎漆。捎即髤聲之轉重耳。髤字或作髹（髹，蔡琪本、大德本、殿本作"髹"），音義亦與"髤"同。今關西俗云"墨髹盤""朱髹盤"，其音如此，兩義並通。【今注】髤（xiū）：或作"髹"，又作"髹"，意謂將漆塗在器物上。

[4]【顏注】師古曰：切，門限也，音千結反。沓，冒其頭也。塗，以金塗銅上也。沓，音它合反（它，蔡琪本作"他"）。【今注】切皆銅沓（tà）黃金塗：意謂門檻上部包銅，銅上鎏金。切，門檻。蔡琪本、大德本、殿本"沓"後衍"冒"字，當以底本爲是（詳見王念孫《讀書雜志·漢書第十五》、楊樹達《漢書窺管》）。

[5]【顏注】師古曰：階，所由升殿陛也。

[6]【顏注】服虔曰：釭，壁中之橫帶也。晉灼曰：以金環飾之也。師古曰：壁帶，壁之橫木露出如帶者也。於壁帶之中，往往以金爲釭，若車釭之形也。其釭中著玉璧、明珠、翠羽耳。藍田，山名，出美玉。釭，音"工"。流俗讀之音"江"，非也。【今注】壁帶：牆壁中所貫橫木，形狀如帶束腰，故名。　黃金釭（gāng）：黃金製成的圓環。釭，本指裝在車轂中的鐵圈，用以加固。　藍田璧：以藍田玉製成的玉璧。藍田，即藍田山，又稱"玉山""覆車山"，在今陝西藍田縣東南，屬秦嶺山脈。以產美玉著稱。　明珠：珍珠。《史記》卷一二八《龜策列傳》："明月之珠，出於江海，藏於蚌中。"　翠羽：翠鳥的羽毛。漢代即有將金屬工藝與羽毛工藝結合的裝飾技藝，其方法是先用金或鎏金的金屬做成

不同圖案的底座，再把翠鳥背部亮麗的藍色羽毛鑲嵌在座上。

[7]【今注】案，昭陽殿之繁奢，又見《西京雜記》卷一："趙飛燕女弟居昭陽殿，中庭彤朱，而殿上丹漆，砌皆銅沓，黃金塗，白玉階，壁帶往往爲黃金釭，含藍田璧，明珠、翠羽飾之。上設九金龍，皆銜九子金鈴，五色流蘇。帶以綠文紫綬，金銀花鑷。每好風日，幡旄光影，照耀一殿，鈴鑷之聲，驚動左右。中設木畫屏風，文如蜘蛛絲縷，玉几玉牀，白象牙簟，綠熊度。席毛長二尺餘，人眠而擁毛自蔽，望之不能見，坐則没膝，其中雜熏諸香，一坐此席，餘香百日不歇。有四玉鎮，皆達照，無瑕缺。窗扉多是綠琉璃，亦皆達照，毛髮不得藏焉。橡桷皆刻作龍蛇，縈繞其間，麟甲分明，見者莫不兢慄。"

[8]【顏注】師古曰："顓"與"專"同。卒，終也。

末年，定陶王來朝，[1]王祖母傅太后私賂遺趙皇后、昭儀，定陶王竟爲太子。

[1]【今注】定陶王：即漢哀帝劉欣。紀見本書卷一一。

明年春，成帝崩。帝素彊，無疾病。是時楚思王衍、梁王立來朝，[1]明旦當辭去，上宿供張白虎殿。[2]又欲拜左將軍孔光爲丞相，已刻侯印書贊。[3]昏夜平善，[4]鄉晨，[5]傅絝韈欲起，[6]因失衣，[7]不能言，晝漏上十刻而崩。[8]民間歸罪趙昭儀，皇太后詔大司馬莽、丞相大司空曰：[9]"皇帝暴崩，群衆讙譁怪之。[10]掖庭令輔等在後庭左右，[11]侍燕迫近，雜與御史、丞相、廷尉治問皇帝起居發病狀。"[12]趙昭儀自殺。

[1]【今注】楚思王衍：即劉衍。漢宣帝之孫，楚孝王劉囂之子，楚懷王劉文之弟。初封平陸侯，成帝陽朔二年（前23）紹封爲楚王，哀帝建平四年（前3）卒。事迹詳見本書卷八〇《宣元六王傳》。　梁王立：即劉立。梁孝王劉武第八代孫。漢成帝陽朔元年嗣爲梁王。平成元始三年（3）有罪被廢，遷往漢中，自殺。事迹詳見本書卷四七《文三王傳》。

[2]【顏注】師古曰：白虎殿在未央宮中。供，音居用反。張，音竹亮反。【今注】供張（zhàng）：特指爲皇帝提供後勤保障。　白虎殿：宮殿名。在未央宮西南。

[3]【顏注】師古曰：贊謂廷拜之文（廷，蔡琪本、大德本、殿本皆作“延”，是）。【今注】刻侯印：漢初丞相通常由列侯擔任，武帝時大儒公孫弘起自布衣，任丞相之後始封侯，其後丞相封侯遂成定制。孔光出任丞相即意味着同時要封侯，故朝廷預先刻好列侯之印。　書贊：把封侯拜相的贊辭寫在簡册上。

[4]【今注】昏夜：夜晚。依漢代一日十六時制，昏夜包括“昏時”“夜食”“人定”“夜半”四個時段，每個時段九十分鐘，大致對應於19：30至次日凌晨1：30（參見張德芳、郝樹聲《懸泉漢簡研究》，甘肅文化出版社2009年版，第68—105頁）。　平善：安好。

[5]【顏注】應劭曰：傅，著也。師古曰：“鄉”讀曰“嚮”。“傅”讀曰“附”。袴，古“絝”字也。韤，音武伐反。【今注】鄉晨：漢代一日十六時制中有“晨時”，大致對應於凌晨3：00—4：40。其前爲“雞鳴”（1：30—3：00）。鄉晨，意即接近晨時。

[6]【今注】絝：同“褲”。　韤：同“襪”。

[7]【今注】失衣：不能穿衣服。

[8]【今注】晝漏上十刻：漏，漢代計時工具，由漏壺與浮箭組成。漏壺爲圓筒形，上有提梁、蓋，提梁及蓋上有小孔用以安插浮箭，壺腹部下端有細管用來起漏滴水。壺內之水從壺底細管滴

出，浮箭隨水位下沈，根據箭上的刻度可以看出時間的變化。西漢時一晝夜爲一百刻度（哀帝時曾改爲一百二十刻，不久即廢）。春分、秋分時晝、夜各五十刻；冬至時晝四十刻、夜六十刻；夏至時晝六十刻、夜四十刻。秋分以後減晝增夜，九日一刻；春分以後減夜增晝，同樣九日一刻。

［9］【今注】莽：王莽。傳見本書卷九九。　丞相：此指孔光。據本書卷八一《孔光傳》，“上暴崩，即其夜於大行前拜受丞相博山侯印綬”。　大司空：漢成帝綏和元年（前8）改御史大夫爲大司空，金印紫綬，禄比丞相。號爲三公之一。成帝崩時大司空爲何武。

［10］【今注】讙（huān）譁（huá）：同“歡嘩”。議論紛紛。

［11］【今注】掖庭令：官名。掌後宫宫女、供御雜務及宫中詔獄等事，由宦者擔任。屬少府。　輔：人名。

［12］【今注】御史：此處當指御史中丞。御史中丞，漢武帝時始置，秩千石，外監察州部刺史，内領侍御史，受公卿奏事，舉劾按章，職權甚重（參見翟金明《漢代御史中丞的職能、設立時間、原因新探》，《首都師範大學學報》2017年第1期）。《晉書·百官表》：“成帝綏和元年，更名御史大夫爲大司空，置長史，而中丞官職如故。”御史中丞本爲御史大夫副貳，御史大夫更名爲三公之一的大司空之後，御史中丞的監察職能更加突出，監管宫内事務，常奉皇帝之命雜治詔獄。

哀帝既立，尊趙皇后爲皇太后，封太后弟侍中駙馬都尉欽爲新成侯。[1]趙氏侯者凡二人。後數月，司隸解光奏言：[2]

［1］【今注】駙馬都尉：漢武帝時始置。爲皇帝侍從近臣，出行時掌副車，秩比二千石。案，本書卷一一《哀紀》作封“皇太

后弟侍中光禄大夫趙欽爲新成侯”，與此異。 欽：趙欽。 新成：侯國治所在今河南鄧州市西北。

[2]【今注】司隸：本爲司隸校尉，漢武帝征和四年（前89）始置，成帝元延四年（前9）省。綏和二年（前7）哀帝即位時復置，改稱司隸，掌監察，屬大司空，位比丞相司直，秩一千石。解光：西漢晚期大臣。明儒經，通災異。哀帝即位時任司隸，先後上疏舉劾成帝趙皇后、曲陽侯王根，甚得哀帝器重。後卷入夏賀良、李尋等發起的“改元受命”事件，事敗被治罪，減死罪一等，徙敦煌郡。

　　臣聞許美人及故中宮史曹宮皆御幸孝成皇帝，[1]産子，子隱不見。臣遣從事掾業、史望，[2]驗問知狀者掖庭獄丞籍武，[3]故中黃門王舜、吳恭、靳嚴，官婢曹曉、道房、張棄，故趙昭儀御者于客子、王偏、臧兼等，[4]皆曰宮即曉子女，前屬中宮，爲學事史，通《詩》，授皇后。房與宮對食，[5]元延元年中，[6]宮語房曰：“陛下幸宮。”後數月，曉入殿中，見宮腹大，問宮。宮曰：“御幸有身。”其十月中，宮乳掖庭牛官令舍，[7]有婢六人。中黃門田客持詔記，[8]盛綠綈方底，[9]封御史中丞印，[10]予武，曰：“取牛官令舍婦人新産兒，婢六人，盡置暴室獄，[11]毋問兒男女，誰兒也。”武迎置獄。宮曰：“善臧我兒胞，[12]丞知是何等兒也！”[13]後三日，客持詔記與武，問：“兒死未？手書對牘背。”[14]武即書對：“兒見在，未死。”有頃，客出曰：“上與昭儀大怒，奈何不殺？”武叩頭啼曰：“不殺兒，自知當死；殺之，亦死！”即因客奏封事，[15]曰：“陛下未有繼嗣，子無貴賤，唯留意。”[16]奏入，客復持詔記予武曰：“今夜漏上五刻，持兒與舜，會東交掖門。”[17]武因問客：“陛下得武書，意何如？”曰：“憒也。”[18]武以兒付舜。舜受詔：“内兒殿中，爲擇乳母，告善養兒，且有賞。毋令漏泄！”[19]舜擇棄爲乳母，時兒生八九日。後三日，客復持詔記，封如前，予武，中有封小緑篋。記曰：“告武：以篋中物書予獄中婦人，[20]武自臨飲之。”[21]武發篋，中有裹藥二枚，[22]赫蹏書，[23]曰：“告偉能：努力飲此藥，不可復入。女自知之！”[24]偉能即宫。宫讀書已，曰：“果也欲姊弟擅天下！我兒男也，額上有壯髮，類孝元皇帝。[25]今兒安在？危殺之矣！[26]奈何令長信得聞之？”[27]宫飲藥死。後宫婢六人召入，出語武曰：“昭儀言：‘女無過。[28]寧自殺邪？若外家也？’[29]我曹言願自殺。”[30]即自繆死。[31]武皆表奏狀。棄所養兒十一日，[32]宫長李南以詔書取兒去，[33]不知所置。[34]

[1]【今注】中宫史：後宫女官名。或即“中宫學事史”的省稱，掌皇后宫中書記等事，由有一定文化素養的宫女充任。

[2]【顏注】師古曰：業者掾之名，望者史之名也，皆不言其姓。【今注】案，從事掾、從事史皆爲司隸屬官。據《續漢書·百官志》，司隸校尉有從事十二人：“都官從事，主察舉百官犯法者。功曹從事，主州選署及衆事。別駕從事，校尉行部則奉引，録

衆事。簿曹從事，主財穀簿書。其有軍事，則置兵曹從事，主兵事。其餘部郡國從事，每郡國各一人，主督促文書，察舉非法，皆州自辟除，故通爲百石云。"十二從事各掌其事，統稱爲司隷從事，又有從事掾、從事史之分。秩皆百石，由司隷自行辟除。

[3]【今注】掖庭獄丞：官名。掌管掖庭諸獄，爲掖庭令佐官，屬少府。由宦者充任。　籍武：人名。姓籍，名武。

[4]【今注】御者：侍御之人。

[5]【顔注】應劭曰：宮人自相與爲夫婦名對食，甚相妬忌也。

[6]【今注】元延元年：公元前 12 年。元延，漢成帝年號（前 12—前 9）。

[7]【顔注】師古曰：乳，產也，音而具反。下皆類此。【今注】牛官令：官名。此職不見於《百官表》，陳直《漢書新證》推斷當爲少府掖庭令之屬官，其職位疑在監以下。

[8]【今注】詔記：皇帝手寫的便箋。《資治通鑑》卷三三《漢紀》建平元年正月胡三省注："詔記，手記也，後世謂之手記。光武所謂'詔書、手記不可數得'。手記出於上手；詔書則下爲之，以璽爲信。"正式詔書應由尚書代爲書寫，加上皇帝璽封，並留副本。詔記則既沒有天子的印信爲憑，也不留存備份，實際上是爲了辦事隱秘，不給外界留下皇帝參與案件的任何證據（參見宋傑《漢代監獄制度研究》，中華書局 2013 年版，第 48 頁）。

[9]【顔注】師古曰（蔡琪本"師古曰"前有"蘇林曰方底今之挈囊也"）：綈，厚繒也。綠，其色也。方底，盛書囊，形若今之算勝耳。綈，音大奚反。【今注】綈（tì）：絲織物名稱。粗厚結實，多爲黑色，即史書所謂"弋綈"。

[10]【今注】封御史中丞印：天子手記而用御史中丞印封緘。清人何焯《義門讀書記》卷二〇《前漢書》以爲，"漢宮中事皆御史中丞所掌，故用其印封"。周壽昌《漢書注校補》據此以爲，

"御史中丞印當藏殿中，與御史大夫別一印也。漢凡定著令，即制詔御史，此益可證"。宋傑以爲，漢代屢有詐作詔書、假傳聖旨之事，詔記爲皇帝手寫便牋，上面没有璽印；若無其他憑據，受詔之人難免會對其真僞有所懷疑，加封御史中丞印信即起到有官方機構作爲憑證的作用（參見宋傑《漢代監獄制度研究》，第48頁）。

　　[11]【今注】暴室獄：監獄名稱。設在未央宮中暴室中，屬掖庭令。暴室，位於長安城後宮北端，臨近未央宮北闕。本是掖庭内洗染晾曬布帛織物的場所，以曝曬爲名。又因陽光充足，也是宮中患病女子療養恢復之處。西漢後期設置暴室獄，主要拘押宮女之類地位較低的女性罪犯（參見宋傑《漢代監獄制度研究》，第42—49頁）。

　　[12]【顔注】師古曰：胞謂胎之衣也，音"苞"（苞，蔡琪本作"包"）。【今注】臧：同"藏"。　胞：胞衣。新生兒附帶的胎盤及包裹身體的胎膜。

　　[13]【顔注】師古曰：意言是天子兒耳。

　　[14]【顔注】師古曰：牘，木簡也。時以爲詔記問之，故令於背上書對辭。　【今注】兒死未手書對牘背：此爲漢成帝手記之辭。

　　[15]【今注】封事：爲防止信息泄露而密封的奏章。《漢官儀》："密奏以皂囊封之，不使人知，故曰封事。"

　　[16]【今注】案，唯，蔡琪本、殿本作"惟"。

　　[17]【今注】東交掖門：禁中東門的側門。

　　[18]【顔注】服虔曰：瞠，直視貌也。師古曰：瞠，音丑庚反。字本作"瞠"，其音同耳。【今注】瞠（chēng）：同"瞠"。瞠眼直視。

　　[19]【今注】案，此句當爲驗問過程中中黄門王舜的爰書陳詞。中華本標點爲："舜受詔，内兒殿中，爲擇乳母，告'善養兒，且有賞。毋令漏泄！'"依此，"爲擇乳母"與下文"舜擇棄爲乳

母"主意重複，今改。

　　［20］【今注】案，告某某，爲漢代文書格式，屬啓首用語，如下文"告偉能"，標點時當與後文分開。中華本此句標點爲"告武以篋中物書予獄中婦人"。未安。今改。獄中婦人，此指曹宮。漢成帝爲隱諱其事，故詔記不寫人名。

　　［21］【顏注】師古曰：飲，音於禁反。

　　［22］【今注】裹藥：藥丸或藥包。武威漢簡醫方簡中記一殘方，"氣聾，裹藥以榖，塞之耳，日壹易之"，意即患耳聾，把藥裹在紗布内，塞入耳中，每天換藥一次（參見張雷編著《秦漢簡牘醫方集注》，中華書局 2018 年版，第 222—227 頁）。

　　［23］【顏注】孟康曰：蹏猶地也，染紙素令赤而書之，若今黄紙也（殿本無此注）。鄧展曰：赫音"兄弟閲牆"之"閲"。應劭曰：赫蹏，薄小紙也。晋灼曰：今謂薄小物爲閲蹏。鄧音應說是也（殿本無此六字）。師古曰：孟說非也（殿本無此四字）。今書本赫字或作"擊"。【今注】赫蹏（tí）：一種赤紅色的小紙片，上面可以寫字。周壽昌《漢書注校補》曰："據此，西漢時已有紙可作書矣。赫狀其色赤，蹏狀其式小。孟說未爲非也。"

　　［24］【顏注】師古曰："女"讀曰"汝"。

　　［25］【顏注】師古曰：壯髮，當額前侵下而生，今俗呼爲圭頭者是也。【今注】額上有壯髮：髮際綫靠下，頭髮貼額前垂。據說漢代人以幘包髮、幘上戴冠的服飾習俗，與元帝額前"壯髮"這一生理特征有關。蔡邕《獨斷》："元帝額有壯髮，不欲使人見，始進幘服之，群臣皆隨焉。"

　　［26］【顏注】師古曰：危，險也。猶今人言險不殺耳。【今注】危：殆，可能。

　　［27］【顏注】師古曰：謂太后。【今注】長信：本爲宮名，在長樂宮中，爲皇太后所居，遂爲太后代稱。此處代指成帝母王政君。

[28]【顏注】師古曰：言我知汝無罪過也。“女”讀曰“汝”。

[29]【顏注】晉灼曰：寧便自殺，出至外舍死也。

[30]【顏注】師古曰：曹，輩也。

[31]【顏注】晉灼曰：繆，音“繆縛”之“繆”。鄭氏曰：自縊也。師古曰：繆，絞也，居虯反（蔡琪本、大德本、殿本“居”前有“音”字）。【今注】繆（liáo）：纏繞。

[32]【顏注】師古曰：棄謂張棄也。

[33]【顏注】晉灼曰：《漢儀注》有女長御，比侍中。宮長豈此邪？【今注】宮長：官名。《資治通鑑》卷三三《漢紀》孝哀皇帝“建平元年正月”胡三省注：“余謂宮長者，蓋老於宮中諸女御，因稱之爲宮長；猶三署諸郎，謂久次者爲郎署長也。”陳直《漢書新證》則以爲宮長應該與銘文所見官名“宮令”相類，都屬於宮官，當由宦者充任。

[34]【顏注】師古曰：終竟不知置何所也。

　　許美人前在上林涿沐館，[1]數召入飾室中若舍，[2]一歲再三召，留數月或半歲御幸。元延二年褱子，[3]其十一月乳。[4]詔使嚴持乳醫及五種和藥丸三，[5]送美人所。後客子、偏、兼聞昭儀謂成帝曰：“常給我言從中宮來，[6]即從中宮來，許美人兒何從生中？許氏竟當復立邪？”[7]懟以手自擣，[8]以頭擊壁戶柱，從牀上自投地，啼泣不肯食，曰：“今當安置，我欲歸耳！”帝曰：“今故告之，反怒爲！[9]殊不可曉也。”[10]帝亦不食。昭儀曰：“陛下自知是，不食爲何？[11]陛下常自言‘約不負女’，[12]今美人有子，竟負約，謂何？”帝曰：

"約以趙氏，故不立許氏。使天下無出趙氏上者，毋憂也。"後詔使嚴持綠囊書予許美人，告嚴曰："美人當有以予女，受來，置飾室中簾南。"[13]美人以葦篋一合盛所生兒，[14]緘封，及綠囊報書予嚴。嚴持篋、書，置飾室簾南去。帝與昭儀坐，使客子解篋緘。未已，[15]帝使客子、偏、兼皆出，自閉户，獨與昭儀在。須臾開户，嘑客子、偏、兼，使緘封篋及綠綈方底，推置屏風東。恭受詔，持篋、方底予武，皆封以御史中丞印，曰："告武：篋中有死兒，埋屏處，[16]勿令人知。"武穿獄樓垣下爲坎，[17]埋其中。

[1]【今注】上林：即上林苑，漢代皇家苑囿。在今陝西西安市西南鄠邑區、周至縣界。秦始皇三十五年（前212）營建朝宮於苑中，阿房宮爲其前殿。漢初荒廢。高祖十二年（前195），許民入苑開墾。武帝時，又收爲宮苑，周圍達二百多里，苑内放養禽獸，供皇帝射獵，並建離宮、觀、館數十處。　涿沐館：館舍名。在上林苑中。

[2]【顏注】師古曰：或暫入，或留止也。【今注】飾室：皇帝安寢宮室之一。《資治通鑑》卷三三《漢紀》孝哀皇帝"建平元年正月"胡三省注曰："飾室，室之以金玉爲飾者，昭陽舍是也。"陳蘇鎮以爲，昭陽舍乃趙昭儀所居，成帝不可能在趙昭儀的住處御幸許美人，胡説誤。飾室應該也是皇帝別寢。西漢皇帝有時在中宮、掖庭過夜，但多數情況下是召后妃諸姬至寢殿留宿。成帝許美人從上林涿沐館奉召至飾室，相距較遠，往返不便，故有時留居數月至半年。（參見陳蘇鎮《未央宮四殿考》《歷史研究》2016年第5期）　舍：此處當指飾室之外的館舍，如增成舍、甲舍、丙舍

之類。

［3］【顏注】師古曰：裹，本"懷"字（本，蔡琪本、大德本、殿本作"古"）。

［4］【顏注】師古曰：乳謂産子也，音而樹反（樹，殿本作"乳"）。其下亦同。

［5］【今注】五種和藥丸：用五種藥材合成的丸藥。

［6］【顏注】師古曰：給，誑也。中宮，皇后所居。【今注】給：同"詒"。欺騙。

［7］【顏注】晉灼曰：昭儀前要帝不得立許美人爲皇后，而今有子中，許氏音當復立爲皇后邪（音，蔡琪本、大德本、殿本皆作"竟"，是）！此前約之言也。師古曰：此說非也。言美人在内中，何從得兒而生也，故言何從生中。次此下，乃始言約耳。

［8］【顏注】師古曰：憝，怨怒也。擣，築也。憝，音直類反。【今注】擣：捶擊。

［9］【顏注】師古曰：故以許美人産子告汝，何爲反怒？

［10］【顏注】師古曰：言其不可告語也。

［11］【顏注】師古曰：何爲不食也。【今注】案，爲，殿本作"謂"。

［12］【顏注】師古曰："汝"讀曰"汝"（蔡琪本、大德本、殿本皆作"女讀曰汝"。底本誤）。次下亦同。

［13］【顏注】師古曰：簾，户簾也，音"廉"。

［14］【今注】葦篋：用葦條編織的一種貯物器。甘肅武威磨咀子漢墓曾出土一件（參見甘肅省博物館《甘肅武威磨咀子漢墓發掘》，《考古》1960年第9期）。

［15］【顏注】師古曰：緘，束篋之繩也，音居咸反。

［16］【今注】屏處：隱蔽之處。

［17］【今注】穿：挖。 獄樓：建於監獄中央以便監視獄牆内外情況的樓閣式建築，相當於瞭望塔。

　　故長定許貴人及故成都、平阿侯家婢王業、任孋、公孫習前免爲庶人，[1]詔召入，屬昭儀爲私婢。[2]成帝崩，未幸梓宮，[3]倉卒悲哀之時，昭儀自知罪惡大，知業等故許氏、王氏婢，恐事泄，而以大婢羊子等賜予業等各且十人，[4]以慰其意，屬“無道我家過失”。[5]

　　[1]【顏注】師古曰：孋，音“麗”。【今注】長定：長定宮。許貴人：即許皇后。被廢黜後居長定宮，稱貴人。　成都：成都侯，即王商，字子夏，漢元帝皇后王政君之弟，成帝河平二年（前27）以帝舅封成都侯。事迹詳見本書卷九八《元后傳》。成都，一作“城都”，侯國治所在今山東鄆城縣西南。　平阿侯：即王譚，字子元，漢元帝皇后王政君之弟，成帝河平二年以帝舅封爲平阿侯。事迹詳見本書《元后傳》。平阿侯國治所在今安徽懷遠縣西南。

　　[2]【今注】私婢：有別於主要由女性罪犯構成的官婢，地位較高。

　　[3]【顏注】師古曰：言未大斂也（大，中華本作“入”）。【今注】梓宮：皇帝所用斂尸之棺，以梓木爲原料，故稱梓宮。

　　[4]【今注】大婢：成帝婢女。漢代十五歲以上者稱爲“大”，如大男、大女。　羊子：人名。

　　[5]【顏注】師古曰：屬，音之欲反。【今注】屬：同“囑”。

　　元延二年五月，故掖庭令吾丘遵謂武曰：[1]“掖庭丞吏以下皆與昭儀合通，無可與語者，獨欲與武有所言。我無子，武有子，是家輕族人，得無不敢乎？[2]掖庭中御幸生子者輒死，久飲藥傷墮者無數，[3]欲與武共言之大臣，票騎將軍貪耆錢，不足計事，[4]奈何令長信得聞之？”遵後病困，謂武：“今我已死，前所語事，武不能獨爲也，慎語！”[5]

[1]【顏注】師古曰：姓吾丘，名遵。【今注】吾丘：姓氏。漢武帝時有吾丘壽王，本書卷六四有傳。

[2]【顏注】蘇林曰：是家謂成帝也。不敢斥，故言是家。師古曰：遵自以無子，故無所顧懼，武既有子，恐禍相及，當止不敢言也。【今注】是家：王先謙《漢書補注》以爲指的是趙昭儀。楊樹達《漢書窺管》以爲“是家”爲漢代習用語，意即“此人”。　族：族滅。

[3]【今注】案，久，大德本、殿本作“又”。

[4]【顏注】師古曰：“者”讀曰“嗜”。【今注】票騎將軍：此指王根，字稚卿，漢元帝皇后王政君弟。成帝河平二年（前27）以帝舅封曲陽侯，後爲大司馬驃騎將軍輔政。事迹詳見本書卷九八《元后傳》。票騎將軍爲西漢高級武官，始於武帝封霍去病爲票騎將軍，取騎兵勁疾之意。武帝之後時置時罷。領京師衛戍屯兵，備皇帝顧問應對，參與中朝謀議決策。加大司馬號、録尚書事則爲中朝官首領，預政定策，進而成爲最有權勢的軍政大臣。位在大將軍之下，車騎將軍、衛將軍及前、後、左、右將軍之上。金印紫綬。票騎，又作“膘騎”或“驃騎”。王根貪錢之事，數見史傳。本書《元后傳》説“根行貪邪，臧累鉅萬”。卷九一《貨殖傳》記成都富商羅裒以家資數千萬的一半向曲陽侯王根、定陵侯淳于長行賄。《外戚傳》記傅太后爲求其孫劉欣成爲成帝嗣子，多以珍寶賂遺趙昭儀及帝舅票騎將軍王根。

[5]【顏注】師古曰：言汝脱不能獨爲，勿漏泄其語。

皆在今年四月丙辰赦令前。[1]臣謹案永光三年

男子忠等發長陵傅夫人冢，[2]事更大赦，[3]孝元皇
帝下詔曰：“比朕不當所得赦也。”[4]窮治，盡伏
辜，天下以爲當。魯嚴公夫人殺世子，齊桓召而
誅焉，《春秋》予之。[5]趙昭儀傾亂聖朝，親滅繼
嗣，家屬當伏天誅。前平剛侯夫人謁坐大逆，[6]同
産當坐，以蒙赦令，歸故郡。今昭儀所犯尤誖逆，
罪重於謁，而同産親屬皆在尊貴之位，迫近幃
幄，[7]群下寒心，非所以懲惡崇誼示四方也。請事
窮竟，丞相以下議正法。

[1]【今注】今年四月丙辰赦令：當夏曆，據本書卷一一《哀
紀》記載，綏和二年（前7）三月，成帝崩。四月丙午（夏曆四月
三日），太子劉欣即皇帝位，大赦天下。四月丙辰爲夏曆四月十三
日，據此可知，哀帝即位之日與發布大赦令之日相距十天。

[2]【今注】永光三年：公元前41年。永光，漢元帝年號
（前43—前39）。 長陵：漢高祖劉邦陵園。遺址在今陝西咸陽市
窑店鎮三義村北。

[3]【顔注】師古曰：更，音工衡反。

[4]【今注】案，比，殿本作“此”。中華本據改。

[5]【顔注】師古曰：嚴公夫人謂哀姜也。予謂許予之也
（予之，殿本作“與之”）。解具在《五行志》。【今注】魯嚴公：
即魯莊公。春秋時期魯國君主（前692—前662年在位）。《漢書》
避東漢明帝劉莊名諱，改“莊”爲“嚴”。 夫人：此指魯莊公夫
人哀姜，本爲齊國宗室女，爲政治聯姻而嫁至魯國。 齊桓：齊桓
公。春秋時期齊國君主（前685—前643年在位）。春秋五霸之首。
予：許予。贊許，認可。哀姜嫁魯莊公，沒有子嗣，又與莊公之
弟慶父私通。莊公死後，公子般、公子開先後繼位，均被二人合謀

殺死。哀姜謀立慶父爲君，遭魯人反對，被迫出逃至邾（今山東鄒城市東南），後被齊恒公召回齊國處死，遺體復歸魯國。《春秋》僖公元年記載：“二月二月，丁巳，夫人氏之喪至自齊。”稱“氏”而不稱姜氏，有意貶損。

[6]【今注】案，平剛侯，蔡琪本、大德本、殿本作“平安剛侯”。

[7]【顏注】師古曰：近，音鉅靳反（殿本無此注）。【今注】幃幄：皇帝於殿上處政時居幃幄中，故以幃幄代指皇帝。《周禮·天官》幕人“掌帷幕帷幕幄帟之事”，鄭玄注：“在旁曰帷，在上曰幕。……帷、幕皆以布爲之。四合象宫室曰幄，王所所之帷也。”帷爲大帳，幄爲有蓋小帳，幄在帷中，故常並稱。

　　哀帝於是免新成侯趙欽、欽兄子成陽侯訢，[1]皆爲庶人，將家屬徙遼西郡。[2]時議郎耿育上疏言：[3]

[1]【今注】成陽侯訢：趙訢。成陽節侯趙臨於漢成帝元延元年（前12）卒，次年其孫趙訢襲爵。然據本書《外戚恩澤侯表》“元延二年，侯訢嗣，建平元年，坐弟昭儀絶繼嗣，徙遼西”，則趙訢爲趙昭儀之兄，趙臨之子，與本處記載相異。錢大昕《廿二史考異·漢書三》以爲二者必有一誤。

[2]【今注】遼西郡：治且盧縣（今遼寧義縣北）。

[3]【今注】議郎：諸郎的一種，掌顧問應對、參與議政，屬郎中令（光禄勳），秩比六百石。多選通明儒家經典者充任，不入直宿衛。

　　臣聞繼嗣失統，[1]廢適立庶，[2]聖人法禁，古今至戒。然大伯見歷知適，遂循固讓，[3]委身吳粵，權變所設，不計常法，致位王季，[4]以崇聖嗣，卒有天下，[5]子孫承業，七八百載，功冠三王，道德最備，是以尊號追及大王。故世必有非常之變，然後廼有非常之謀。孝成皇帝自知繼嗣不以時立，念雖未有皇子，萬歲之後，未能持國，[6]權柄之重，制於女主，女主驕盛則耆欲無極，[7]少主幼弱則大臣不使，[8]世無周公抱負之輔，恐危社稷，傾亂天下。知陛下有賢聖通明之德，仁孝子愛之恩，懷獨見之明，內斷於身，故廢後宮就館之漸，[9]絕微嗣禍亂之根，[10]乃欲致位陛下，以安宗廟。愚臣既不能深援安危，定金匱之計，[11]又不知推演聖德，述先帝之志，[12]廼反覆校省內，暴露私燕，[13]誣汙先帝傾惑之過，成結寵妾妬媚之誅，甚失賢聖遠見之明，逆負先帝憂國之意。

[1]【今注】統：統緒。指皇室世系。

[2]【顏注】師古曰：適讀曰嫡。次下亦同。【今注】適：同"嫡"。宗法制度以正妻爲嫡，正妻所生子爲嫡子，具有合法繼承權。 庶：庶子，指正妻以外諸妾所生子，不得繼統。

[3]【顏注】師古曰：歷謂王季，即文王之父也。知適謂知其當爲適嗣也。【今注】大伯：即太伯，周人先祖古公亶父（即太王）的長子，仲雍、季歷之兄。太王喜愛季歷之子姬昌（即後來的周文王），希望他將來能够繼承君位，壯大周族，遂有意傳位於季歷。太王與仲雍明識時務，逃亡至東南吳越之地以避位，成爲吳國先祖。孔子稱贊説："大伯，可謂至德也已矣！三以天下讓，民無得而稱焉。"事迹詳見《史記》卷三一《吳太伯世家》。

[4]【今注】王季：即季歷。古公亶父少子，文王姬昌之父。

事迹詳見《史記》卷四《周本紀》。

[5]【顏注】師古曰：卒，終也（殿本無此注）。

[6]【顏注】師古曰：末，晚暮也。萬歲，言晏駕也。

[7]【顏注】師古曰："耆"讀曰"嗜"。

[8]【顏注】師古曰：不使，不可使從命也。

[9]【今注】後宮就館：指后妃等懷有身孕之後，至專門館舍產子。

[10]【顏注】師古曰：微嗣者，謂幼主也。

[11]【顏注】師古曰：愚臣謂解光等也。援，引也。金匱，言長久之法可藏於金匱石室者也。援，音"爰"。

[12]【顏注】師古曰：演，廣也，音弋善反。

[13]【顏注】師古曰：私燕謂成帝閑宴之私也。覆，音芳目反。

　　夫論大德不拘俗，立大功不合衆，此迺孝成皇帝至思所以萬萬於衆臣，[1]陛下聖德盛茂所以符合於皇天也，豈當世庸庸斗筲之臣所能及哉![2]且襃廣將順君父之美，匡捄銷滅既往之過，[3]古今通義也。事不當時固爭，防禍於未然，各隨指阿從，以求容媚，晏駕之後，尊號已定，萬事已訖，迺探追不及之事，訐揚幽昧之過，[4]此臣所深痛也！

[1]【今注】萬萬：萬萬倍。言其極數。

[2]【今注】斗筲：斗爲量器，漢代一斗容十升，約合今二千毫升。筲是一種竹編容器，可容一斗二升。漢人常以"斗筲"喻指見識短淺、器量狹小。

[3]【顏注】師古曰：捄，古"救"字。

[4]【顏注】師古曰：訐，音居謁反。【今注】訐（jié）揚：揭發暴露。

　　願下有司議，即如臣言，宜宣布天下，使咸曉知先帝聖意所起。不然，空使謗議上及山陵，[1]下流後世，遠聞百蠻，近布海內，甚非先帝託後之意也。蓋孝子善述父之志，善成人之事，[2]唯陛下省察！

[1]【今注】山陵：漢代帝王陵墓封土高大，遠望如山，故稱山陵。此處代指已經故去的漢成帝。
[2]【今注】案，今本《禮記·中庸》：“夫孝者，善繼人之志，善述人之事者也。”

　　哀帝爲大子，[1]亦頗得趙太后力，遂不竟其事。傅太后恩趙太后，趙太后亦歸心，[2]故成帝母及王氏皆怨之。[3]

[1]【今注】大子：即太子。
[2]【顏注】師古曰：恩謂以厚恩接遇之。一曰，恩謂衒其立哀帝爲嗣之恩也。【今注】歸心：真心順服。
[3]【今注】王氏：此指王莽等王氏外戚。

　　哀帝崩，王莽白大后詔有司曰：[1]“前皇太后與昭儀俱侍帷幄，姊弟專寵錮寢，執賊亂之謀，殘滅繼嗣，以危宗廟，諄天犯祖，[2]無爲天下母之義。貶皇太后爲孝成皇后，[3]徙居北宮。"後月餘，復下詔曰："皇后自知罪惡深大，朝請希闊，[4]失婦道，無共養之禮，而有狼虎之毒，[5]宗室所怨，海內之讎也，而尚在小君之位，[6]誠非皇天之心。夫小不忍亂大謀，[7]恩之所不能已者，義之所割也。[8]今廢皇后爲庶人，就其園。"[9]是日自殺。凡立十六年而誅。先是有童謠曰：[10]"燕燕尾涏涏，[11]張公子，[12]時相見。木門倉琅根，[13]燕飛來，啄皇孫。[14]皇孫死，燕啄矢。"[15]成帝每微行出，常與張放俱，[16]而稱富平侯家，故曰張公子。倉琅根，宮門銅鍰也。[17]

[1]【今注】大后：即太后。

[2]【顏注】師古曰：詝，達也。祖，先帝也。

[3]【顏注】晉灼曰：使哀帝不母，罪之也。

[4]【顏注】師古曰：請，謁也。闊猶闊也。【今注】希闊：意謂次數很少。

[5]【顏注】師古曰："共"讀曰"供"，音居用反。養，弋向反（蔡琪本、大德本、殿本"弋"前有"音"字）。其下並同。

[6]【今注】小君：春秋時期諸侯國夫人對外謙稱小君，即《論語·季氏》"邦君之妻，稱諸異邦，曰寡小君"，遂以小君代指國君夫人。此處指趙飛燕居皇后之位。

[7]【今注】小不忍亂大謀：語出《論語·衛靈公》："子曰：巧言亂德。小不忍則亂大謀。"

[8]【顏注】師古曰：言以義割恩也。

[9]【今注】園：當指漢成帝陵園。

[10]【今注】童謠：漢代的一種特殊民間謠言形式，通常在兒童間傳唱。在漢人觀念中，童謠是對社會現實的反映和預測，最

終都會應驗。其內容既非兒童自編自唱，也非成人教習授意，而是神秘力量自然生成，即東漢王充所謂"世間童謠，非童所爲，气導之也"（詳見趙凱《社會輿論與秦漢政治》，《古代文明》2007年第2期）。據本書《五行志》，此首童謠出現在成帝時期。

[11]【顏注】師古曰：涎涎，光澤之貌也，音徒見反。【今注】燕燕：語出《詩·邶風》"燕燕于飛"。燕字重言，意謂燕子燕子，又代指趙飛燕姐妹。 涎（diàn）涎：光鮮美好之意。涎，或以爲當作"涏"，如沈欽韓《漢書疏證》曰："《集韻》'涏，徒鼎切，洴涏小水，一曰波直貌'，《類篇》'又堂練切。涏涏，光直貌'。案，此字從聲，當爲'延'，不當爲'廷'。《玉篇》亦云'涏，又徒見切，好貌'。《玉篇》爲唐人所修，此字之誤久矣。"清李慈銘《越縵堂讀書記》、楊樹達《漢書窺管》以爲"涎"字不誤。

[12]【今注】張公子：此指漢成帝。常與富平侯張放微服出游，冒充張家子弟，故稱張公子。

[13]【今注】木門：此指宮門。 倉琅根：宮門上青銅製成的銜環鋪首。本書《五行志中之上》師古注曰："門之鋪首及銅鍰也。銅色青，故曰倉琅。鋪首銜環，故謂之根。鍰讀與環同。"

[14]【今注】燕飛來啄皇孫：孫，子孫後嗣的泛稱。意謂趙飛燕姐妹入宮之後，殘害宮中孕婦嬰幼，猶如燕子以嘴啄食。

[15]【今注】矢：同"屎"。

[16]【今注】張放：西漢名臣張安世玄孫，嗣父祖爵爲富平侯。母爲敬武公主，妻爲成帝許皇后之妹，尊貴無比。成帝時爲侍中中郎將，常陪侍天子微行出游，親密無間，甚得寵信。因驕逸而爲太后及群臣所憎，外出擔任北地都尉、天水屬國都尉、河東都尉等職，復徵入朝中，爲侍中光禄大夫。成帝崩，思慕哭泣而死。事迹詳見本書卷五九《張湯傳》。

[17]【顏注】師古曰："鍰"讀與"環"同。 【今注】鍰

(huán)：同"環"。

孝元傅昭儀，哀帝祖母也。父河內溫人，[1]蚤卒，母更嫁爲魏郡鄭翁妻，[2]生男惲。[3]昭儀少爲上官太后才人，[4]自元帝爲太子，得進幸。元帝即位，立爲倢伃，甚有寵。爲人有材略，善事人，下至宮人左右，飲酒酹地，皆祝延之。[5]産一男一女，女爲平都公主，[6]男爲定陶恭王。恭王有材藝，尤愛於上。元帝既重傅倢伃，及馮倢伃亦幸，生中山孝王，[7]上欲殊之於後宮，以二人皆有子爲王，上尚在，未得稱太后，[8]乃更號曰昭儀，賜以印綬，在倢伃上。昭其儀，尊之也。至成、哀時，趙昭儀、董昭儀皆無子，猶稱焉。[9]

[1]【今注】河內：郡名。治懷縣（今河南武陟縣西南）。溫：縣名。治所在今河南溫縣東。

[2]【今注】魏郡：治鄴縣（今河北臨漳縣西南）。

[3]【今注】惲：即鄭惲。

[4]【今注】才人：或作"材人"，當指宮中從事歌詩創作及舞樂表演的女性藝人。本書《禮樂志》云："內有掖庭材人，外有上林樂府，皆以鄭聲施於朝廷。"《藝文志》有《詔賜中山靖王子噲及孺子妾冰未央材人歌詩》四篇。太后所在長樂宮亦當有材人。案，漢代諸侯王姬妾有以才人爲號者，與此不同。

[5]【顏注】師古曰：酹，以酒沃地也。祝延，祝之使長年也。酹，音來外反。祝，音之受反。【今注】酹（lèi）：祭祀或起誓時以酒灑地的儀式。

[6]【今注】平都公主：漢元帝之女。湯沐邑在平都縣（今陝西子長縣西南），因以爲號。

[7]【今注】中山孝王：即漢元帝之子劉衎。傳見本書卷八〇。中山國治盧奴縣（今河北定州市）。

[8]【今注】上尚在未得稱太后：諸侯王之父在世時，王母不得稱太后（詳楊樹達《漢書窺管》）。

[9]【今注】猶稱焉：昭儀名號本來設給得寵且生子的倢伃，漢成帝趙昭儀、哀帝董昭儀雖無子，但因貴寵而得沿用昭儀之號。

元帝崩，傅昭儀隨王歸國，稱定陶太后。後十年，恭王薨，子代爲王。王母曰丁姬。傅太后躬自養視，既壯大，成帝無繼嗣。時中山孝王在。元延四年，孝王及定陶王皆入朝。傅太后多以珍寶賂遺趙昭儀及帝舅票騎將軍王根，陰爲王求漢嗣。皆見上無子，欲豫自結爲久長計，更稱譽定陶王。[1]上亦自器之。明年，遂徵定陶王立爲太子，語在《哀紀》。

[1]【顏注】師古曰：更，音工衡反。【今注】更：輪流，相繼。

月餘，天子立楚孝王孫景爲定陶王，[1]奉恭王後。太子議欲謝，少傅閻崇以爲《春秋》不以父命廢王父命，[2]爲人後之禮不得顧私親，[3]不當謝。太傅趙玄以爲當謝，[4]太子從之。詔問所以謝狀，尚書劾奏玄，左遷少府，[5]以光禄勳師丹爲太傅。[6]詔傅太后與太子母丁姬自居定陶國邸。[7]下有司議皇太子得與傅太后、丁姬相見不，有司奏議不得相見。頃之，成帝母王太后欲令傅太后、丁姬十日一至太子家，成帝曰：“太子丞正統，[8]當共養陛下，不得復顧私親。”王太后曰：“太子小而傅太后抱養之，今至太子家，以乳母恩耳，不足有所妨。”於是令傅太后得至太子家。丁姬以不安養大子，[9]獨不得。

    ［1］【今注】楚孝王：劉囂。漢宣帝之子。傳見本書卷八〇。景：劉景。父爲楚思王劉衍。

    ［2］【顏注】師古曰：王父謂祖也。【今注】少傅：即太子少傅。職在輔翼、教諭太子，與太子太傅共主太子官屬。秩二千石。閻崇：字君蘭，鉅鹿郡（今河北平鄉縣南）人。漢成帝末爲太子少傅，哀帝即位後，以光禄大夫爲執金吾，曾舉薦楚人龔勝爲諫大夫，元壽元年（前2）卒。本書《百官公卿表》記綏和二年（前7）“光禄大夫閻宗巨鹿閻宗爲執金吾”，“閻宗”即“閻崇”。不以父命廢王父命：語出《春秋公羊傳》哀公三年：“不以父命辭王父命，以王父命辭父命，是父之行乎子也。”意謂不得以父親的命令拒絶祖父的命令，可以祖父的命令拒絶父親的命令，這正是父命奉行於兒子之道。

    ［3］【今注】爲人後之禮不得顧私親：《春秋公羊傳》有“爲人後者爲人子”，意即改做他人後嗣的人，就是他人的兒子，要重本尊統，不能顧及私情（參見孫筱《從“爲人後者爲之子”談漢廢帝劉賀的立與廢》，《史學月刊》2016年第9期）。

    ［4］【今注】太傅：即太子太傅。職在輔翼、教諭太子，與太子少傅合稱“二傅”，共主太子官屬，地位尊於少傅。位次太常，秩二千石。趙玄：字少平，東郡人。曾師從鄭寬中學小夏侯《尚書》。漢成帝時歷任尚書僕射、光禄勳、太子太傅、大司農、少府等職，哀帝即位，任中尉、御史大夫。建平二年（前5）犯不道罪，以減死罪二等（一説爲三等）論處。

    ［5］【今注】少府：官名。掌山海池澤之税及皇帝飲食起居

等，爲皇帝私府。位列九卿。秩中二千石。

　　[6]【今注】光禄勳：秦稱郎中令，漢因之，武帝時更名光禄勳，掌宮殿掖門户。位列九卿。秩中二千石。　師丹：傳見本書卷八六。

　　[7]【今注】定陶國邸：定陶國設在京師長安的館舍。漢代長安有郡國邸，接待本地公務人員，相當於公館。

　　[8]【今注】丞：同“承”。秉承。

　　[9]【今注】案，安，蔡琪本、大德本、殿本作“小”。

　　成帝崩，哀帝即住。[1]王太后詔令傅太后、丁姬十日一至未央宮。高昌侯董宏希指，[2]上書言宜立丁姬爲帝太后。師丹劾奏宏懷邪誤朝，不道。[3]上初即位，謙讓，從師丹言止。後迺白令王太后下詔，尊定陶恭王爲恭皇。哀帝因是曰：“《春秋》‘母以子貴’，[4]尊傅太后爲恭皇太后，丁姬爲恭皇后，各置左右詹事，[5]食邑如長信宮、中宮。[6]追尊恭皇太后父爲崇祖侯，恭皇后父爲褒德侯。”後歲餘，遂下詔曰：“漢家之制，推親親以顯尊尊。[7]定陶恭皇之號不宜復稱定陶。其尊恭皇太后爲帝太太后，丁后爲帝太后。”後又更號帝太太后爲皇太太后，稱永信宮，[8]帝太后稱中安宮，而成帝母太皇太后本稱長信宮，成帝趙后爲皇太后，並四太后，各置少府、太僕，[9]秩皆中二千石。爲恭皇立寢廟於京師，比宣帝父悼皇考制度，序昭穆於前殿。[10]

　　[1]【今注】案，住，蔡琪本、大德本、殿本作“位”，當據改。

　　[2]【顔注】師古曰：希望天子意指也。【今注】高昌侯：漢

宣帝地節四年（前66）封董忠爲高昌侯，哀帝元壽二年（前1）國除。侯國治所在今山東博興縣西南。　董宏：董忠之子。漢元帝初元二年（前47）嗣父高昌侯爵，哀帝建平元年（前6）因上疏佞邪被免爵，次年復封故國。　希指：承望皇帝旨意。

[3]【今注】不道：漢代罪名。背叛爲臣或爲人之道的反國家、反社會及違反家族倫理的犯罪行爲，如誣罔（欺騙天子）、附下罔上（結附臣下共同欺騙天子）、誹謗與妖言（對皇帝及執政大臣的非難和攻擊）等，皆可視爲“不道”。漢律中對“不道”的罪行內容和刑罰沒有明確的規定，即所謂“不道無正法”。“不道”比“不敬”更重，犯“不道”之罪者往往處以棄市之刑，重者腰斬。（詳參任仲爀《漢代的“不道”罪》，載《漢晉時期國家與社會論集》，廣西師範大學出版社2016年版）

[4]【今注】案，語出《春秋公羊傳》隱公元年：“子以母貴，母以子貴。”意即兒子憑藉母親身份尊貴而尊貴，母親憑藉兒子地位尊貴而尊貴。

[5]【今注】左右詹事：官名。西漢初太后宮設詹事，總管太后內務諸事，景帝中元六年（前144）更名爲“少府”（或稱“長信少府”，或稱“長樂少府”），爲太后宮官諸卿之一，秩中二千石，位在朝廷九卿之上。漢初皇后宮亦設詹事，總理中宮內務諸事，後更名爲“少府”（即中少府），秩二千石。哀帝爲恭皇太后、恭皇后各置左右二名詹事，職掌當如太后宮、皇后宮少府，秩級亦當低於少府。

[6]【今注】長信宮：西漢太皇太后常居長信宮。此處代指太皇太后王政君。　中宮：皇后所居之處。此處代指哀帝傅皇后。

[7]【今注】推親親以顯尊尊：“親親尊尊”爲儒家倫理原則之一。此處强調傅、丁外戚爲天子之至親，應當給予至高尊號。

[8]【今注】永信宮：傅太后尊爲帝太太后所居之宮，亦可代指帝太太后。永信宮一說在北宮，一說在桂宮。本書卷八一《孔光傳》記載，哀帝即位之初，傅太后居住在定陶國邸。後哀帝下詔問

丞相孔光、大司空何武"定陶共王太后宜當何居"，孔光恐傅太后
干政，主張"宜改築宮"，即新修一座宮室。哀帝所居未央宮在長
安城西南，東有長樂宮，北有桂宮、北宮，若修新宮，其地必然遠
離未央宮，等於是爲傅太后干政設置障礙。大司空何武以爲"可居
北宮"，其意見被采納，"北宮有紫房複道通未央宮，傅太后果從複
道朝夕至帝所，求欲稱尊號，貴寵其親屬，使上不得直道行"。據
此，永信宮似在北宮。何清谷《三輔黃圖校釋》即言："可見被尊
稱爲帝太太后的傅太后一直住在北宮，而北宮規模宏大，傅太后所
居爲北宮中的一部分，稱永信。"然本書卷一一《哀紀》記載，
建平三年正月"癸卯，帝太太后所居桂宮正殿火"。《五行志上》
亦載："桂宮鴻寧殿災，帝祖母傅太后之所居也。"據此，永信宮又
當在桂宮。何清谷《三輔黃圖校釋》也注意到這兩條記錄而生困
惑，說"此又與傅太后居北宮不同，錄以備考"。今案，《孔光傳》
與《哀紀》《五行志上》所記並不矛盾，永信宮當在桂宮而非北
宮。據《哀紀》及本傳，哀帝綏和二年（前7）五月尊傅太后爲恭
皇太后，配置左右詹事，食邑一如長信宮。詹事屬於宮官，配備詹
事，意味着傅太后已經由定陶國邸遷入了皇家宮室——也就是何武
建議的北宮。此時她的正式身份是定陶恭皇太后。《孔光傳》說傅
太后入住北宮之後"求欲稱尊號"，恰說明她初入北宮的身份不是
帝太太后，這與《哀紀》及本傳記載正相契合。傅太后以定陶恭皇
太后身份在北宮居住了兩年，至建平二年（前5）夏四月被尊爲帝
太太后，稱永信宮（此爲《哀紀》說，與本傳小異），地位、待遇
全面比照太皇太后王政君。北宮是后妃之宮，但也是失意后妃的發
落地，如惠帝張皇后及後來的哀帝趙皇后。傅太后處處向太皇太后
看齊，自然不會不忌諱北宮的這個負面"標籤"，因此，在摘掉
"定陶"標籤而榮尊爲帝太太后（或皇太太后）的同時，可能也會
摘掉北宮的"廢后"標籤而移入另一座后妃之宮——桂宮。傅太后
以"永信宮"名號在桂宮生活了三年左右，直至元壽元年（前2）
去世，故本傳及《哀紀》《五行志》均以桂宮爲傅太后居所。因

此，永信宮當指桂宮或桂宮中的某個獨立宮殿區，與北宮無涉。

[9]【今注】少府：此指太后宮少府，爲太后宮官諸卿之一，掌太后内務諸事。秩中二千石，位在朝廷九卿之上。通常以太后所居宮室冠名，至此則應有長信少府、長樂少府、永信少府及中安少府。　太僕：此指太后宮太僕。爲太后宮官諸卿之一，掌太后輿馬之事。秩中二千石，位在朝廷九卿之上。通常以太后所居宮室冠名，至此則應有長信太僕、長樂太僕、永信太僕及中安太僕。

[10]【顔注】如淳曰：廟之前曰殿，半以後曰寢。【今注】前殿：此指寢廟前部安放神主之處。

　　傅太后父同産弟四人，曰子孟、中叔、子元、幼君。[1]子孟子喜至大司馬，[2]封高武侯。[3]中叔子晏亦大司馬，[4]封孔鄉侯。[5]幼君子商封汝昌侯，[6]爲太后父崇祖侯後，更號崇祖曰汝昌哀侯。太后同母弟鄭惲前死，以惲子業爲陽信侯，[7]追尊惲爲陽信節侯。鄭氏、傅氏侯者凡六人，[8]大司馬二人，九卿二千石六人，侍中、諸曹十餘人。[9]

[1]【顔注】師古曰：“中”讀曰“仲”。

[2]【今注】喜：傅喜。傳見本書卷八二。

[3]【今注】高武侯：侯國治所在今河南南陽市卧龍區西南。

[4]【今注】晏：傅晏。西漢河内溫縣（今河南溫縣東）人。哀帝祖母傅太后叔父傅中叔之子，女爲哀帝皇后。綏和二年（前7）封孔鄉侯。以外戚寵幸，任大司馬衛將軍。附傅太后，與御史大夫朱博相結，承意奏免高武侯傅喜等，事敗遭劾，被削減爵户。元壽二年（前1）坐亂妻妾免爵，徙合浦。

[5]【今注】孔鄉侯：侯國治所在今安徽宿州市泗縣東。

[6]【今注】商：傅商。漢哀帝祖母傅太后叔父傅幼君之子。哀帝時爲侍中光禄大夫，建平四年（前3）封汝昌侯（侯國治所不詳）。

[7]【今注】陽信侯：本書《外戚恩澤侯表》作“陽新侯”。侯國治所在南陽郡新野縣（今河南新野縣）。

[8]【今注】案，王念孫《讀書雜志·漢書第十五》以爲“六”當爲“四”。《五行志》注引此正作“四人”。

[9]【今注】侍中諸曹：並爲加官名。諸曹即左右曹，受尚書事。侍中得出入禁中，地位高於諸曹。

　　傅太后既尊，後尤驕，與成帝母語，至謂之嫗。與中山孝王母馮太后並事元帝，追怨之，陷以祝詛罪，令自殺。元壽元年崩，[1]合葬渭陵，[2]稱孝元傅皇后云。

[1]【今注】元壽：漢哀帝年號（前2—1）。
[2]【今注】渭陵：漢元帝劉奭陵園。在今陝西咸陽市渭城區周陵鎮新莊。

　　定陶丁姬，哀帝母也，《易》祖師丁將軍之玄孫。[1]家在山陽瑕丘，[2]父至廬江太守。[3]始定陶恭王先爲山陽王，而丁氏内其女爲姬。王后姓張氏，其母鄭禮，即傅太后同母弟也。太后以親戚故，欲其有子，然終無有。唯丁姬河平四年生哀帝。[4]丁姬爲帝太后，兩兄忠、明。明以帝舅封陽安侯。[5]忠蚤死，封忠子滿爲平周侯。[6]太后叔父憲、望。[7]望爲左將軍，憲爲太僕。明爲大司馬票騎將軍輔政。丁氏侯者凡二人，大司馬一人，將軍、九卿、二千石六人，侍中、諸曹亦十餘人。丁、傅以一二年間暴興尤盛，然哀帝不甚假以權執，權執不如王氏在成帝世也。[8]

[1]【顏注】師古曰：祖，始也。《儒林傳》丁寬《易》家之始師（殿本無"家"字）。【今注】丁將軍：即丁寬。字子襄，西漢初梁國人。早年西入關中，師從田何學《易》，盡得其學。又在洛陽師從周王孫學《易》之古義，著《易説》三萬字。其弟子田王孫傳丁氏《易》於施讎、孟喜、梁丘賀等，施、孟、梁丘三家《易》學大盛，故尊丁寬爲《易》學始祖。景帝時曾以梁國將軍身份參與平定"吳楚之亂"，故名丁將軍。事迹詳見本書卷八八《儒林傳》。

[2]【今注】山陽：郡國名。治昌邑縣（今山東巨野縣東南昌邑故城）。漢元帝竟寧元年（前33）置山陽國，徙濟陽王劉康爲山陽王。成帝河平四年（前25）劉康徙爲定陶王，山陽國除爲郡。
　瑕丘：侯國名。治所在今山東濟寧市兗州區北。

[3]【今注】廬江：郡名。治舒縣（今安徽廬江縣西南）。

[4]【今注】河平四年：公元前25年。河平，漢成帝年號（前28—前25）。

[5]【今注】陽安侯：漢哀帝綏和二年（前7）封丁太后兄丁明爲陽安侯，侯國治所在今河南確山縣東北。

[6]【今注】平周侯：漢哀帝綏和二年封丁太后侄丁滿爲平周侯，侯國治所在今河南唐河縣湖陽鎮。

[7]【今注】憲：丁憲，字子尉。哀帝丁太后叔父。歷任城門校尉、太僕。　望：丁望。哀帝丁太后叔父。歷任城門校尉、衛尉、光禄勳、左將軍。建平二年（前5）卒。

[8]【今注】案，蔡琪本、殿本"權執"二字不重出。

建平二年，[1]丁太后崩。上曰："《詩》云'穀則異室，死則同穴’。[2]昔季武子成寢，杜氏之墓在西階下，請合葬而許之。[3]附葬之禮，自周興焉。孝子事亡如事存，[4]帝太后宜起陵恭皇之園。"遣大司馬票騎將軍明東送葬于定陶，[5]貴震山東。[6]

[1]【今注】建平二年：公元前 5 年。建平，漢哀帝年號（前6—前3）。

[2]【顏注】師古曰：《王國大車》之詩也。穀，生也。【今注】案，出自《詩·國風·大車》。同穴，意即同一墓室。西漢皇帝與皇后、諸侯王與王后的合葬是"同塋異穴"，即在同一陵園中各自起陵，並不同穴。

[3]【顏注】師古曰：事見《禮記》。【今注】季武子：即季孫夙，春秋時期魯桓公少子季友之曾孫，魯國權臣。據《禮記·檀公上》，季武子建起一處寢宮，杜家的墓地恰在寢宮庭院西階下，杜家請求將新亡者葬在舊墓中，季武子應允，並說："合葬非古也，自周公以來，未之有改也。"哀帝欲將新亡之母與已亡之父合葬一處，借此典故強調有所依據。

[4]【今注】案，語出《禮記·中庸》："事死如事生，事亡如事存，孝之至也。"

[5]【今注】案，2010 年發掘的山東定陶縣馬集鎮大李家村西北 2000 米的漢墓群，由同一墓園的三座漢墓組成，其中二號墓封土最大，屬"黃腸題湊"木槨墓，是以往發現的"黃腸題湊"形制墓葬中規模最大、規格最高的一座，級別明顯高於已見同一時期諸侯王墓，墓主人可能是漢哀帝劉欣之母丁姬（參見山東省文物考古研究所等《山東定陶縣靈聖湖漢墓》，《考古》2012 年第 7 期；劉瑞《定陶漢墓墓主考辯》，《中國文物報》2012 年 1 月 6 日第 6版）。

[6]【今注】山東：戰國秦漢時指崤山、函谷關以東地區。

哀帝崩，王莽秉政，使有司舉奏丁、傅罪惡。莽以太皇太后詔皆免官爵，丁氏徙歸故郡。莽奏貶傅太后號爲定陶共王母，丁太后號曰丁姬。

元始五年，[1]莽復言：“共王母、丁姬前不臣妾，[2]至葬渭陵，冢高與元帝山齊，[3]懷帝太后、皇太太后璽綏以葬，[4]不應禮。禮有改葬，請發共王母及丁姬冢，取其璽綏消滅，徙共王母及丁姬歸定陶，[5]葬共王冢次，而葬丁姬復其故。”[6]太后以爲既已之事，不須復發。莽固爭之，太后詔曰：“因故棺爲致椁作冢，[7]祠以太牢。”謁者護既發傅太后冢，[8]崩壓殺數百人。開丁姬椁户，火出炎四五丈，[9]吏卒以水沃滅廼得入，燒燔椁中器物。

[1]【今注】元始五年：公元 5 年。元始，漢平帝年號（1—5）。

[2]【顏注】師古曰：不遵臣妾之道。

[3]【今注】山：即陵山，皇帝陵墓封土。據《關中記》記載，西漢帝陵封土高十二丈。《周禮》有“以爵等爲丘封之制”。漢代葬制規定，從皇帝、諸侯王、列侯、關内侯到庶民，封土高度皆有標準，逾高即爲僭越。

[4]【顏注】師古曰：懷謂挾之以自隨也。

[5]【今注】案，顧炎武《日知録》卷二六以爲丁姬先已葬定陶，此處“及丁姬”三字衍。

[6]【顏注】師古曰：復，音扶目反（蔡琪本無“音”字）。【今注】葬丁姬復其故：意謂以諸侯王夫人之禮重新安葬。

[7]【顏注】師古曰：致謂累也。

[8]【今注】謁者：官名。掌賓贊受事，常充任皇帝使者。屬

郎中令（光禄勳）。秩比六百石。　護：人名。

[9]【顏注】師古曰：炎，音弋贍反。【今注】炎：同“焰”。

　　莽復奏言：“前共王母生，僭居桂宮，[1]皇天震怒，災其正殿；丁姬死，葬踰制度，今火焚其椁。此天見變以告，當改如媵妾也。[2]臣前奏請葬丁姬復故，非是。[3]共王母及丁姬棺皆名梓宮，珠玉之衣非藩妾服，[4]請更以木棺代，去珠玉衣，葬丁姬媵妾之次。”奏可。既開傅太后棺，臭聞數里。[5]公卿在位皆阿莽指，入錢帛，遣子弟及諸生、四夷，[6]凡十餘萬人，操持作具，助將作掘平共王母、丁姬故冢，[7]二旬間皆平。[8]莽又周棘其處以爲世戒云。[9]時有群燕數千，銜土投丁姬穿中。[10]丁、傅既敗，孔鄉侯晏將家屬徙合浦，[11]宗族皆歸故郡。唯高武侯喜得全，自有傳。

　　[1]【今注】桂宮：西漢后妃居住宮苑之一。武帝時在秦咸陽南宮之地修建。位於長安城西側，未央宮之北、北宮之西、西市之南，遺址在今陝西西安市未央區六村堡街道辦事處夾城堡、民婁村、黃莊、鐵鎖村、六村堡村一帶。宮城平面爲長方形，周長 5480 米，折合約當漢代 13 里，與《關中記》所載“周回十餘里”一致。内有明光殿、鴻寧殿、土山、走狗臺等建築，裝飾奢華，放有七寶床、雜寶案、列寶帳等，故又稱“四寶宮”。

　　[2]【今注】媵（yìng）妾：隨嫁侍妾。本書《平紀》師古曰：“媵妾，謂從皇后俱來者。媵之言送。媵，音食證反，又音‘孕’。”

　　[3]【顏注】師古曰：言尚太優僭也。

　　[4]【今注】珠玉之衣：天子、諸侯王安葬時所用高級殮衣，

係用金絲將玉片縫製成衣服，俗稱"金縷玉衣"。《漢官儀補遺》："帝崩，啥以珠，纏以緹繒十二重。以玉爲襦，如鎧狀，連縫之，以黃金爲縷。腰以下以玉爲札，長一尺，廣二寸半爲柙，下至足，亦縫以黃金縷。請諸衣衿斂之。"

[5]【今注】案，王莽掘毁傅、丁二墓之事，兩漢之際在民間流傳既廣，多有誇張演義之説。東漢王充《論衡·死僞》記載："亡新改葬元帝傅后，發其棺，取玉柙印璽，送定陶，以民禮葬之。發棺時，臭憧于天，洛陽丞臨棺，聞臭而死。又改葬定陶共王丁后，火從藏中出，燒殺吏士數百人。夫改葬禮卑，又損奪珍物，二恨怨，故爲臭、出火，以中傷人。"

[6]【今注】諸生：在太學及地方學校中讀書求學的儒生。四夷：此指外國人及内附少數民族居處長安者。案，此以四夷之人參與掘葬，有"投諸四裔，以禦螭魅"之意。

[7]【今注】將作：官名。原名將作少府，漢景帝中元六年（前144）更爲"將作大匠"。掌修建宫室、宗廟、陵寢等。秩二千石。

[8]【今注】案，據定陶漢墓發掘報告，王莽對丁姬墓的破壞，主要是去掉玉衣、替換木棺、清除隨葬品，墓外陵園及其他設施並未毁之殆盡。另《水經注·濟水》記丁姬墓亦云："今其墳冢，巍然尚秀，隅阿相承，列郭數周，面開重門，南門内夾道有崩碑二所，世尚謂之丁昭儀墓，又謂之長隧陵。蓋所毁者，傅太后陵耳。丁姬墳墓，事與書違，不甚過毁，未必一如史説也。"

[9]【顏注】師古曰：以棘周繞也。

[10]【顏注】師古曰：穿謂壙中也。【今注】穿：墓穴。

[11]【今注】合浦：郡名。治合浦縣（今廣西合浦縣東北）。

　　孝哀傅皇后，定陶太后從弟子也。[1]哀帝爲定陶王時，傅太后欲重親，[2]取以配王。王入爲漢太子，傅氏女爲妃。哀帝即位，成帝大行尚在前殿，[3]而傅太后封傅妃父晏爲孔鄉侯，與帝舅陽安侯丁明同日俱封。時師丹諫，以爲"天下自王者所有，親戚何患不富貴？而倉卒若是，其不久長矣"。晏封後月餘，傅妃立爲皇后。傅氏既盛，晏最尊重。哀帝崩，王莽白太皇太后下詔曰："定陶共王太后與孔鄉侯晏同心合謀，背恩忘本，專恣不軌，與至尊同稱號，終没，至迺配食於左坐，[4]誖逆無道。今令孝哀皇后退就桂宮。"後月餘，復與孝成趙皇后俱廢爲庶人，就其園自殺。

[1]【今注】案，定陶太后從弟子，楊樹達《漢書窺管》認爲傅皇后之父傅晏是傅太后之弟傅中叔之子，故傅皇后是傅太后的侄孫女，不當爲"從弟子"。

[2]【今注】重親：親上加親。

[3]【今注】大行：剛死尚未定謚號的皇帝、皇后的代稱。

[4]【顏注】應劭曰：若禮以其妃配者也。坐於左而並食。師古曰：坐，音材臥反。【今注】配食於左坐：以皇后自居而配食於宗廟。漢代宗廟位次尚右，皇后主位在皇帝主位左側，故稱"左坐"。衞宏《漢舊儀》："宗廟主皆用栗，右主八寸，左主七寸，廣厚三寸，……右主謂父，左主謂母。"依照禮制，"國君之母非適，不得配食"（本書卷七三《韋玄成傳》），傅太后本爲元帝昭儀，不當配食於宗廟。

孝元馮昭儀，[1]平帝祖母也。元帝即位二年，以選入後宮。時父奉世爲執金吾。[2]昭儀始爲長使，數月至美人，後五年就館生男，拜爲倢伃。時父奉世爲右將軍光禄勳，[3]奉世長男野王爲左馮翊，[4]父子並居朝廷，議者以爲器能當其位，非用女寵故也。而馮倢伃內寵與傅昭儀等。

[1]【今注】馮昭儀：名媛。

[2]【今注】奉世：即馮奉世。傳見本書卷七九。　執金吾：官名。漢武帝時由中尉改名，掌徼循京師。位列九卿，秩中二千石。

[3]【今注】右將軍：高級武官名號。漢代有前、後、左、右將軍，爲大規模作戰時大將軍麾下裨將臨時名號，各統一軍，以方位命名，事訖即罷。武帝之後常置但不並置，或有前、後，或有左、右。職在典兵宿衛，亦任征伐之事。通過兼職或加官預聞政事，參與中朝決策。四將軍並位上卿，金印紫綬。位次在大將軍、驃騎將軍、車騎將軍、衛將軍之後。右將軍地位不及左將軍尊顯。

[4]【今注】野王：即馮野王。事迹詳見本書卷七九《馮奉世傳》。　左馮翊：官名。西漢武帝時改左內史置左馮翊，爲"三輔"之一，治所在長安城內太上皇廟西南。長官亦稱左馮翊，職掌相當於郡太守。

建昭中，[1]上幸虎圈鬭獸，[2]後宮皆坐。熊佚出圈，[3]攀檻欲上殿。左右貴人傅昭儀等皆驚走，馮倢伃直前當熊而立，左右格殺熊。上問："人情驚懼，何故前當熊？"倢伃對曰："猛獸得人而止，妾恐熊至御坐，故以身當之。"元帝嗟嘆，以此倍敬重焉。傅昭儀等皆慙。明年夏，馮倢伃男立爲信都王，[4]尊倢伃爲昭儀。元帝崩，爲信都太后，與王俱居儲元宮。[5]河平中，隨王之國。後徙中山，是爲孝王。

　　[1]【今注】建昭：漢元帝年號（前38—前34）。

　　[2]【今注】虎圈：漢代上林苑中畜養老虎等猛獸，以供鬭獸取樂的場所。傳世漢印有“虎圈”半通印，可證當時設有“虎圈嗇夫”等專職管理官吏。

　　[3]【顏注】師古曰：“佚”字與“逸”同。

　　[4]【今注】馮偗仔男：即中山孝王劉興。傳見本書卷八〇。
信都：王國名。治信都縣（今河北衡水市冀州區）。

　　[5]【顏注】師古曰：《黃圖》在上林苑中（蔡琪本無“中”字）。【今注】儲元宮：離宮名。位於長安城西上林苑中。新莽地皇元年（20）拆毁。據何清谷《三輔黃圖校釋》，其在今陝西西安市三橋鎮附近。

　　後徵定陶王爲太子，封中山王舅參爲宜鄉侯。[1]參，馮太后少弟也。是歲，孝王薨，有一男，嗣爲王，[2]時未滿歲，有眚病，[3]太后自養視，數禱祠解。[4]

　　[1]【今注】參：即馮參。事迹詳見本書卷七九《馮奉世傳》。宜鄉侯：侯國治所不詳。

　　[2]【今注】案，孝王子名箕子，即漢平帝。

　　[3]【顏注】孟康曰：災眚之眚，謂妖病也。服虔曰：身盡青也（殿本無“服虔曰身盡青也”七字）。蘇林曰：名爲肝厥，發時脣口手足十指甲皆青。師古曰：下云禱祠解舍，孟説是也。未滿歲者，謂爲王未滿歲也。眚，音所領反，字不作“青”，服、蘇誤矣（矣，大德本、殿本作“也”）。【今注】未滿歲：不滿一歲。顏師古以爲此謂爲中山王不滿一歲。楊樹達《漢書窺管》以爲是指小兒年齡不足一歲：“孝王薨於綏和元年，平帝生於元延四年，爲綏和元年之前一年，故文云‘未滿歲’，非謂爲王未滿歲也。顏

說誤。" 眚 (shěng) 病：一種怪病。諸説不一。本書卷一二《平紀》記録症狀有"每疾一發，氣輒上逆，害於言語"，楊樹達《漢書窺管》據此以爲蘇林注解得其要，"眚"當爲"青"。

[4]【顔注】師古曰：解，音"懈"。【今注】禱祠解：周壽昌《漢書注校補》曰："前注'師古曰下云禱祠解舍'是也。據注，本文'解'下脱'舍'字。解舍，或祀神解病之舍，如幸舍之類。"一説"解"即解除，通過祈禱祭祀來解除妖祥（參見何焯《義門讀書記》卷二〇《前漢書》）。

　　哀帝即位，遣中郎謁者張由將醫治中山小王。[1]由素有狂易病，[2]病發怒去，西歸長安。尚書簿責擅去狀，[3]由恐，因誣言中山太后祝詛上及太后。太后即傅昭儀也，素常怨馮太后，因是遣御史丁玄案驗，[4]盡收御者官吏及馮氏昆弟在國者百餘人，[5]分繫雒陽、魏郡、鉅鹿。[6]數十日無所得，更使中謁者令史立[7]與丞相長史、大鴻臚丞雜治。[8]立受傅太后指，幾得封侯，[9]治馮太后女弟習及寡弟婦君之，死者數十人。巫劉吾服祝詛。[10]醫徐遂成言習、君之曰："武帝時醫脩氏刺治武帝得二千萬耳，[11]今愈上，不得封侯，不如殺上，令中山王代，可得封。"立等劾奏祝詛謀反，大逆。責問馮太后，無服辭。立曰："熊之上殿何其勇，今何怯哉！"[12]太后還謂左右："此殹中語，前世事，[13]吏何用知之？欲陷我效也！"[14]殹飲藥自殺。

　　[1]【今注】中郎謁者：官名。王先謙《漢書補注》疑"中郎"當作"郎中"，郎中謁者即《續漢書·百官志》之"灌謁者郎

中"，掌賓贊受事及上章報問，奉使吊將、大夫以下喪。屬光禄勳，秩比三百石。

［2］【顔注】師古曰：狂易者，狂而變易常性也。【今注】狂易病：一種因精神失常而性情變易的疾病。又稱"辟易""惑易""狂疾"，或即今之躁狂抑郁症。

［3］【顔注】師古曰：簿責，以文簿一一責問也。【今注】簿責：依照文簿所列罪行，逐條驗問。

［4］【今注】御史：本書卷七七《毋將隆傳》載"侍御史丁玄自典考之"，可知此處"御史"爲"侍御史"省稱。侍御史，御史大夫屬官，由御史中丞統領，入侍禁中，給事殿中，受公卿奏事，舉劾按章，監察百官。又有治書侍御史，選明習法律者充任，覆核疑案，平決刑獄。秩六百石。 丁玄：漢哀帝時爲侍御史，奉詔前往中山國調查馮太后祝詛一案，因功調任泰山郡太守，後被免官，徙合浦。

［5］【今注】御者：此指服侍之人。

［6］【今注】鉅鹿：郡名。治鉅鹿縣（今河北平鄉縣南）。

［7］【顔注】師古曰：官爲中謁者令，姓史，名立。【今注】中謁者令：漢武帝時置中書令，掌收納尚書奏事、傳達皇帝詔令。由宦者擔任，秩二千石。成帝時改爲中謁者令。

［8］【今注】丞相長史：漢文帝時置。掌領丞相府事，署理諸曹，並可參與朝議。秩千石。 大鴻臚丞：大鴻臚副貳。秩千石。大鴻臚，九卿之一。秦稱典客，漢景帝時稱"大行令"，武帝太初元年（前104）更名爲"大鴻臚"，掌禮賓諸侯，接待郡國上計吏，管理四方少數民族朝貢交流等事務，秩中二千石。

［9］【顔注】師古曰："幾"讀曰"冀"。【今注】幾：同"冀"。期望。

［10］【今注】服：順從，承認。

［11］【顔注】師古曰：刺治謂箴之。【今注】刺治：以針刺

穴位的治病方法，即今之針灸。

　　[12]【今注】案，哉，蔡琪本、大德本、殿本作"也"。

　　[13]【顏注】師古曰：中語，謂宮中之言語也。

　　[14]【顏注】師古曰：效，徵驗也。【今注】案，蔡琪本、大德本、殿本"欲"前有"是"字。

　　先未死，有司請誅之，上不忍致法，廢爲庶人，徙雲陽宮。[1]既死，有司復奏太后死在未廢前。有詔以諸侯王太后儀葬之。宜鄉侯參、君之、習夫及子當相坐者，或自殺，或伏法。參女弁爲孝王后，有兩女，有司奏免爲庶人，與馮氏宗族徙歸故郡。張由以先告賜爵關內侯，史立遷中太僕。[2]哀帝崩，大司徒孔光奏"由前誣告骨肉，立陷人入大辟，爲國家結怨於天下，以取秩遷，獲爵邑，幸蒙赦令，請免爲庶人，徙合浦"云。

　　[1]【今注】雲陽宮：即甘泉宮。在今陝西淳化縣西北。

　　[2]【今注】中太僕：皇后宮官名。掌皇后輿馬。秩二千石。

　　中山衞姬，平帝母也。父子豪，中山盧奴人，[1]官至衞尉。[2]子豪女弟爲宣帝倢伃，生楚孝王；長女又爲元帝倢伃，生平陽公主。成帝時，中山孝王無子，上以衞氏吉祥，以子豪少女配孝王。元延四年，生平帝。

　　[1]【今注】盧奴：縣名。治所在今河北定州市。

　　[2]【今注】衞尉：官名。掌管統率衞士，警衞宮門之内。位

列九卿，秩中二千石。

平帝年二歲，[1]孝王薨，代爲王。哀帝崩，無嗣，
太皇太后與新都侯莽迎中山王立爲帝。莽欲顓國權，
懲丁、傅行事，[2]以帝爲成帝後，母衛姬及外家不當得
至京師。迺更立宗室桃鄉侯子成都爲中山王，[3]奉孝王
後。遣少傅左將軍甄豐賜衛姬璽綬，[4]即拜爲中山孝王
后，[5]以苦陘縣爲湯沐邑。[6]又賜帝舅衛寶、寶弟玄爵
關內侯。賜帝三妹，謁臣號修義君，哉皮爲承禮君，
鬲子爲尊德君，[7]食邑各二千戶。莽長子宇非莽隔絕衛
氏，恐久後受禍，即私與衛寶通書記，教衛后上書謝
恩，因陳丁、傅舊惡，幾得至京師。[8]莽白太皇太后詔
有司曰：“中山孝王后深分明爲人後之義，條陳故定陶
傅太后、丁姬諅天逆理，上僭位號，[9]徙定陶王於信
都，[10]爲共王立廟於京師，如天子制，不畏天命，侮
聖人言，[11]壞亂法度，居非其制，稱非其號。是以皇
天震怒，火燒其殿，[12]六年之間，大命不遂，禍殃仍
重，[13]竟令孝哀帝受其餘災，大失天心，夭命暴崩，
又令共王祭祀絕廢，精魂無所依歸。朕惟孝王后深説
經義，明鏡聖法，懼古人之禍敗，近事之咎殃，畏天
命，奉聖言，是迺久保一國，長獲天祿，而令孝王永
享無疆之祀，福祥之大者也。朕甚嘉之。夫褒義賞善，
聖王之制，其以中山故安戶七千益中山后湯沐邑，[14]
加賜及中山王黃金各百斤，增傅相以下秩。”[15]

[1]【今注】案，平帝年二歲，殿本“二”作“三”。楊樹達

《漢書窺管》按曰："孝王薨於綏和元年，爲元延四年平帝生之明年。我國計年齡之法，始生墮地即爲一歲，故明年爲二歲。此文'二'字是，作'三'者誤也。景祐本亦作'二'。前篇云：'孝王薨，有一男，嗣爲王，時未滿歲。'與此異者，彼以實數計之，此以計年齡之法計之，故不同，非矛盾也。"

[2]【顏注】師古曰：懲，創艾也。【今注】懲：因曾受害而戒懼。　行事：所爲。

[3]【今注】桃鄉侯：侯國治所在今山東汶上縣東北。漢成帝鴻嘉二年（前19）封東平思王子劉宣爲桃鄉侯。　成都：即劉成都。桃鄉頃侯劉宣之子。漢平帝元始元年（1）二月立爲中山王，奉中山孝王後。新莽代漢時被貶爲公，後上書頌揚王莽功德，被封列侯，賜姓王。

[4]【今注】甄豐：字長伯。漢末新莽時期官員。成帝時歷任京兆都尉、水衡都尉、泗水相。哀帝時爲左曹中郎將、光禄勳、右將軍。平帝時因擁立之功封廣陽侯，任少傅、左將軍、大司空等職，爲權臣王莽爪牙心腹，威震朝廷。新莽代漢，拜更始將軍，加封廣新公。後因其子甄邯製作符命被王莽捕殺，被迫自殺。

[5]【今注】即：就地。

[6]【今注】苦陘縣：中山國屬縣。治所在今河北無極縣東北。　湯沐邑：本指周天子在王畿内賜給來朝諸侯住宿和齋戒沐浴用的封邑。漢時沿用此名，指皇帝、皇后、公主以及諸侯王、列侯收取賦税以供私人奉養的封邑。

[7]【顏注】師古曰：鬲，音"歷"。

[8]【顏注】師古曰："幾"讀曰"冀"。　【今注】幾：同"冀"。希冀。

[9]【顏注】師古曰：諱，違也。

[10]【今注】案，定陶共王劉康卒，其子劉欣嗣位爲王。漢成帝無子，徵劉欣入京師爲皇太子。依照"爲人後者爲之子"的宗

法觀念，劉欣既爲皇帝太子，則不再是定陶共王的後嗣。成帝復徙楚思王劉衍之子劉景爲定陶王，奉定陶共王後。太子劉欣即後來的哀帝，即位第二年，便追尊其生父爲共皇，在京師長安建置寢廟，一如天子禮儀；同時將定陶王劉景徙爲信都王，事實上是昭告天下：定陶共王後嗣乃是當朝天子而不是劉景。

[11]【顏注】師古曰：《論語》稱孔子曰："君子有三畏：畏天命，畏大人，畏聖人之言。小人不知天命而不畏也，狎大人，侮聖人之言。"故此文引之也（殿本無 "論語" 至 "引之也" 四十六字）。侮，古 "侮" 字。【今注】不畏天命侮（wǔ）聖人言：語出《論語·季氏》。侮，同 "侮"，輕慢。楊樹達《漢書窺管》以爲，"爲人後者爲之子" 典出《春秋公羊傳》，王莽借以爲聖人之言，批評哀帝違背大義而恢復定陶王後嗣身份的行爲是 "侮聖人之言"。

[12]【今注】火燒其殿：漢哀帝建平三年（前4）正月癸卯日，帝太太后所居桂宮正殿鴻寧殿失火。詳見本書卷一一《哀紀》，《五行志上》。

[13]【顏注】師古曰：遂猶延也。重，音直用反。【今注】大命：壽命。

[14]【今注】故安：縣名。治所在今河北易縣東南。

[15]【今注】傅：諸侯王國官名。爲諸侯王師傅，職在匡輔教導，不豫國政。由朝廷選派，秩二千石。初稱 "太傅"，漢成帝時改爲 "傅"。　相：此指諸侯王國相，爲王國最高行政長官，並代表天子監督諸侯王。初名 "相國"，漢惠帝時更爲 "丞相"，景帝時又改爲 "相"。由朝廷任命，秩二千石。案，王國傅、相皆爲二千石，加秩則爲中二千石。

　　衛后日夜啼泣，思見帝，而但益户邑。宇復教令上書求至京師。會事發覺，莽殺宇，盡誅衛氏支屬。

衛寶女爲中山王后，免后徙合浦。[1]唯衛后在，[2]王莽篡國，廢爲家人，[3]後歲餘卒，葬孝王旁。

[1]【顏注】師古曰：黜其后位而徙也。
[2]【顏注】師古曰：中山孝王后也。
[3]【今注】家人：庶人。

孝平王皇后，安漢公太傅大司馬莽女也。平帝即位，年九歲，成帝母太皇太后稱制，而莽秉政。莽欲依霍光故事，以女配帝，太后意不欲也。莽設變詐，令女必入，因以自重，事在《莽傳》。太后不得已而許之，遣長樂少府夏侯藩、宗正劉宏、少府宗伯鳳、尚書令平晏納采，[1]太師光、大司徒馬宮、大司空甄豐、左將軍孫建、執金吾尹賞、行太常事太中大夫劉歆及太卜、太史令以下四十九人賜皮弁素績，[2]以禮雜卜筮，太牢祠宗廟，待吉月日。明年春，遣大司徒宮、大司空豐、左將軍建、右將軍甄邯、光禄大夫歆奉乘輿法駕，[3]迎皇后於安漢公第。宮[4]、豐、歆授皇后璽綬，[5]登車稱警蹕，[6]便時上林延壽門，[7]入未央宮前殿。群臣就位行禮，大赦天下。益封父安漢公地滿百里，[8]賜迎皇后及行禮者，自三公以下至騶宰執事長樂、未央宮、安漢公第者，[9]皆增秩，賜金帛各有差。皇后立三月，以禮見高廟。[10]尊父安漢公號曰宰衡，位在諸侯王上。賜公夫人號曰功顯君，食邑。封公子安爲褒新侯，[11]臨爲賞都侯。[12]

[1]【顏注】師古曰：官爲少府，姓宗伯，名鳳也。納采者，《禮記》云"婚禮納采問名"，謂采擇其可者。【今注】長樂少府：官名。漢初有長信詹事，主皇太后宮事務。景帝時改爲"長信少府"，平帝又更爲"長樂少府"。秩中二千石，位在九卿之上。夏侯藩：西漢末官員。魯國東平（今山東東平縣東平鎮）人。大儒夏侯勝曾孫。成帝時以中郎將兩度出使匈奴，後歷任郡守、州牧，至平帝時任長樂少府。 宗正：秦置，西漢沿置，職掌皇族及外戚事務。例由宗室成員擔任。位列九卿，秩中二千石。 劉宏：西漢宗室。平帝時任宗正。王莽居攝，改爲宗伯，封忠孝侯，以奮衝將軍參與鎮壓翟義反莽變亂，爲新莽代漢出力頗多。事迹詳見本書卷九九《王莽傳》。 鳳：即房鳳。字子元，琅邪郡不其縣（今山東即墨市西南）人。師從尹更始學《春秋左氏傳》，歷任縣令、都尉、侍中、光禄大夫、五官中郎將、九江太守、青州牧等職。哀帝時曾與奉車都尉劉歆等共校經傳。傳見本書卷八八。 尚書令：秦始置，漢沿置。本爲少府屬官，掌章奏文書，武帝後職權漸重。掌凡選署及奏下尚書曹文書衆事。秩千石。 平晏：漢末新莽官員。平陵人。哀帝丞相平當之子。平帝時任尚書令、長樂少府，因治明堂辟雍有功封防鄉侯。黨附王莽，遷大司徒，改封就德侯。新莽代漢，封就新公，任太傅、左伯。地皇元年（20）卒。 納采：古代婚禮儀節之一。男家向女家陳送禮物以示結好之意，女家男性家長親自迎拜於大門之外，引入家廟之中，在祖宗神靈之前聽受男家使者傳致辭命，以示敬慎重正。婚禮包括納采、問名、納吉、納徵、請期、親迎六個程序儀式，納采爲六禮之首。

[2]【顏注】師古曰：皮弁，以鹿皮爲冠，形如人手之弁合也。素績謂素裳也。朱衣而素裳。"績"字或作"積"。積謂襞積之，若今之襉爲也。【今注】太師：古爲保傅之官，職在輔導君主。《尚書·周官》："立太師、大傅、太保。兹惟三公，論道經邦，燮理陰陽。"孔安國傳："師，天子所師法。"漢末王莽託古改制，

復置此職，與太傅、太保、少傅並號"四輔"，名爲皇帝師傅，無實際職掌。金印紫綬，位在太傅之上。　光：孔光。傳見本書卷八一。　大司徒：漢末三公之一。哀帝時以丞相之名不見於經書，改稱大司徒，位列大司馬之下。錢大昭《漢書辨疑》引《漢官儀》："王莽時，議以漢無司徒官，故定三公之號曰大司馬、大司徒、大司空。"　馬宫：傳見本書卷八一。　大司空：秦置御史大夫，漢沿襲，受公卿奏事，舉劾按章，掌圖籍秘書，外督部刺史，銀印青綬，地位僅次於丞相。成帝綏和元年（前8）改御史大夫爲大司空，金印紫綬，禄比丞相。號爲三公之一，然職權漸移尚書，漸成虛位。　孫建：西漢晚期官員。字子夏。成帝時任護軍都尉，在西域參與襲殺烏孫貴族卑爰疐之事。哀帝時遷執金吾、右將軍，平帝時歷任左將軍、光禄勳、強弩將軍、輕車將軍，封成武侯。爲王莽爪牙，在新莽代漢過程中出力甚多。曾以奮武將軍參與鎮壓反莽義軍，新莽時拜爲立國將軍，封成新公。後參與十二將十道並出伐匈奴之事。天鳳二年（15）病卒。敦煌懸泉漢簡編號Ⅰ0116：S. 14簡文："元始二年二月己亥，少傅左將軍臣豐、右將軍臣建，承制詔御史曰，候旦受送烏孫歸義侯侍子，爲駕一乘輻傳，得別駕載從者二人，御七十六。大……如……"。這是護送卑爰疐侍子出塞的記録。"右將軍臣建"即孫建。　尹賞：傳見本書卷九〇。　行太常事太中大夫：以太中大夫代行太常之職。太常爲九卿之首，初名奉常，漢景帝時改稱太常，掌宗廟禮儀，秩中二千石。太中大夫屬光禄勳，掌顧問應對、參謀議政、奉詔出使，秩比一千石。行，官制術語。官闕未補，暫以他官兼攝其事。　劉歆：事迹見本書卷三六《楚元王傳》。　太卜：太卜令，秦官。漢沿置。掌占卜。屬太常（奉常），秩六百石。　太史令：秦置，漢沿置。掌天文、曆法，記録瑞應、災異。屬太常官，秩六百石。　皮弁（biàn）素績：皮弁，用鹿皮製成的一種帽子。據《續漢書·輿服志》，其形制"長七寸，高四寸，制如覆杯，前高廣，後卑鋭"。素績，又稱素積、素裳，用素絲製成的衣裙。《續漢書·輿服志》："執事者冠皮弁，緇麻衣，皁領袖，下素裳，所謂皮弁素積。”

[3]【今注】甄邯：漢末新莽官員。字子心，西漢末重臣孔光之婿，曾任鬷縣縣令、侍中奉車都尉，平帝時以定策擁立之功封承陽侯（承，一作“丞”），拜右將軍光祿勳。黨附王莽，威震朝廷。居攝元年（6）拜太保後承，次年以大將軍屯軍霸上以備翟義，鎮壓關中反莽義軍。新莽代漢，拜大司馬，封承新公。

[4]【顏注】師古曰：本自莽第，以皇后在是，因呼曰宮。【今注】案，“宮”即大司徒馬宮。師古誤爲宮殿之宮。

[5]【顏注】師古曰：紱，所以繫璽，音“芾”。【今注】紱（fú）：繫璽印所用絲繩。

[6]【今注】警蹕：天子出入時侍衛封鎖街巷、禁止吏民通行的管制措施。衞宏《漢舊儀》記漢代皇帝出行時說：“輦動則左右侍帷幄者稱警，車駕則衞官填街，騎士塞路。出殿則傳蹕，止人清道。”

[7]【顏注】師古曰：取時日之便也，音頻面反。【今注】便時：取時日之便。意謂在上林延壽門暫候，等待吉時以便進入宮中。　上林：姚鼐《惜抱軒筆記》卷四以爲此指長安城内之上林。

[8]【今注】滿百里：擴大封地面積，縱橫各一百里。據本書《王莽傳》，王莽嫁女時，附炎之臣新鄉侯劉佟等以爲“古者天子封后父百里，尊而不臣”，故有益封以合古之制之事。

[9]【今注】騶宰：馬夫與伙夫。

[10]【今注】高廟：即高祖廟，又稱“太祖廟”，是祭祀開國皇帝劉邦的宗廟。西漢新帝即位，須拜謁高祖廟，以宣示自己的合法性和正統性。據《三輔黃圖》，京師高廟在長安城安門街東（參見劉慶柱、李毓芳《關於西漢帝陵形制諸問題的探討》，《考古與文物》1985 年第 5 期）。

[11]【今注】安：王安。王莽第三子。漢平帝元始四年（4）封褒新侯。王莽居攝三年（8）進封新舉公（一作“信遷公”）。

新莽代漢之後，因有疾而未得立爲太子。地皇元年（20）進封新遷王。次年病卒。

[12]【今注】臨：王臨。王莽第四子。漢平帝元始四年封賞都侯。王莽居攝三年，遷襃新公。新莽代漢，因其三兄王宇、王獲、王安或死或病，於始建國元年（9）被立爲太子，天鳳六年（19）又被廢爲義陽王。後因擔心私通父妾之事被泄而生殺父之謀，地皇二年（21）謀泄自殺。賞都侯，侯國地在汝南郡，治所無考。

后立歲餘，平帝崩。莽立孝宣帝玄孫嬰爲孺子，[1]莽攝帝位，尊皇后爲皇太后。三年，莽即真，以嬰爲定安公，[2]改皇太后號爲定安公太后。太后時年十八矣，爲人婉瘱有節操。[3]自劉氏廢，常稱疾不朝會。莽敬憚傷哀，欲嫁之，乃更號爲黃皇室主，[4]令立國將軍成新公孫建世子襐飾將醫往問疾。[5]后大怒，笞鞭其旁侍御。因發病，不肯起，莽遂不復彊也。及漢兵誅莽，燔燒未央宮，后曰：“何面目以見漢家！”自投火中而死。

[1]【今注】嬰：劉嬰。父劉顯，劉顯父劉勳，漢成帝河平三年（前26）封廣戚侯，劉勳父楚孝王劉囂，劉囂父即宣帝。平帝死，王莽扶立繼嗣爲太子，年僅二歲，號孺子。王莽攝政，改元居攝。王莽稱帝，被廢爲定安公。更始三年（25），平陵人方望起兵，擁立劉嬰在臨涇（今甘肅鎮原縣東南）稱帝，被更始丞相李松擊破殺害。　孺子：意即嗣子。參見廖名春《〈尚書〉“孺子”考及其他》（《文獻》2019年第6期）。

[2]【今注】定安：郡名。治高平縣（今寧夏固原市原州區）。

[3]【顏注】師古曰：婉，順也。瘱，靜也，音烏計反。【今

注】婉癒（yì）：温順而文静。

[4]【顏注】師古曰：莽自謂土德，故云黄皇。室主者，若漢之稱公主。

[5]【顏注】師古曰：禳，盛飾也，音"丈"，又音"象"。一曰，禳，首飾也，在兩耳後，刻鏤而爲之。【今注】禳（xiàng）飾：隆重裝飾。

　　贊曰：《易》著吉凶而言謙盈之效，天地鬼神至于人道靡不同之。[1]夫女寵之興，繇至微而體至尊，[2]窮富貴而不以功，此固道家所畏，禍福之宗也。序自漢興，終于孝平，外戚後庭色寵著聞二十有餘人，然其保位全家者，唯文、景、武帝太后及邛成后四人而已。至如史良娣、王悼后、許恭哀后，身皆夭折不辜，而家依託舊恩，不敢縱恣，是以能全。其餘大者夷滅，小者放流，烏嘑！鑒兹行事，變亦備矣。

[1]【顏注】師古曰：《易·謙卦》曰："天道虧盈而益謙，地道變盈而流謙，鬼神害盈而福謙，人道惡盈而好謙。"

[2]【顏注】師古曰："繇"與"由"同（蔡琪本"與"前有"讀"字）。

漢書　卷九八

元后傳第六十八

　　孝元皇后，王莽姑也。[1]莽自謂黃帝之後，其《自本》曰：[2]黃帝姓姚氏，[3]八世生虞舜。舜起媯汭，以媯爲姓。[4]至周武王封舜後媯滿於陳，[5]是爲胡公，十三世生完。[6]完字敬仲，犇齊，[7]齊桓公以爲卿，[8]姓田氏。十一世，田和有齊國，[9]二世稱王，[10]至王建爲秦所滅。[11]項羽起，[12]封建孫安爲濟北王。[13]至漢興，安失國，齊人謂之“王家”，因以爲氏。[14]

　　[1]【今注】王莽：傳見本書卷九九。案，蔡琪本、大德本、殿本“姑”前有“之”字。

　　[2]【顏注】師古曰：述其本系。【今注】自本：自傳性質的作品。楊樹達《漢書窺管》以爲王莽《自本》與司馬遷《自序》、楊雄《自傳》、王充《自紀》相同，祇是名稱各異。顧頡剛以爲當由《世本》所脫化而來（《顧頡剛古史論文集》卷二《五德終始説下的政治和歷史·王莽的自本》，中華書局2011年版，第390—396頁）。

　　[3]【今注】黃帝姓姚氏：《國語·晉語四》載黃帝姓姬。《史記》卷一《五帝本紀》載黃帝姓公孫。戰國秦漢之際世人皆以爲舜姓姚，舜即爲黃帝之後嗣，王莽反推黃帝也當姓姚。

[4]【顏注】師古曰：嬀，水名（蔡琪本、大德本、殿本句末有"也"字）。水曲曰汭（水曲，殿本作"曲水"）。言因水爲姓（蔡琪本、大德本、殿本句末有"也"字）。汭，音而銳反。【今注】嬀（guī）汭（ruì）：一説爲嬀水彎曲之處，如顏師古注。一説以爲嬀、汭皆河流名，二水皆源出今山西永濟市南首陽山（雷首山），於雷澤合流，向西注入黃河（參見任振河《舜居嬀汭與嬀汭舜都所在地名考》，《太原理工大學學報》2006年第4期）。案，漢爲堯後，王莽自推世系爲舜後，意在強調堯曾禪位於舜的傳説，暗示歷史周而復始，漢帝當禪位於己。

[5]【今注】嬀滿：傳爲虞舜後裔，周初娶武王長女大姬，封於陳而奉祀帝舜，稱陳胡公，爲陳國始祖。　陳：地名。在今河南淮陽縣一帶。

[6]【今注】完：陳完。春秋時期陳厲公之子，因受陳莊公猜忌而出逃到齊國，食邑於田，以田爲氏，故又稱田完。

[7]【顏注】師古曰：犇，古"奔"字。

[8]【今注】齊桓公：春秋時期齊國國君。姜姓，名小白。公元前685年至前643年在位。春秋"五霸"之首。

[9]【今注】田和：戰國時期齊國人。仕齊爲卿，甚得人心。公元前391年將齊康公遷至海濱，其後稱齊侯，成爲齊國國君，田氏齊國取代姜氏齊國。

[10]【今注】二世稱王：田和卒後，其子田午繼立，是爲桓公；桓公卒，其子嬰齊即位，公元前334年稱王，是爲齊威王。案，二，蔡琪本、大德本、殿本作"三"。

[11]【今注】王建：戰國時期齊國末代君主田建。公元前265年即位，公元前221年舉齊地降秦，在位四十四年。

[12]【今注】項羽：傳見本書卷三一，紀見《史記》卷七。

[13]【今注】安：田安。戰國時期齊國末代君主田建之孫。秦末加入反秦義軍，攻下濟北之地，被項羽封爲濟北王，後被田榮

擊殺。　濟北：楚漢之際王國名，治博陽（今山東泰安市東南）。

[14]【今注】案，王莽自謂爲田齊之後而又姓王氏，其説可疑。顧頡剛據《潛夫論·志氏姓》以爲："王氏的來源並非單元，凡是王國之後都可姓王。王莽不姓田氏而姓王氏，固有出於田齊的可能性，却無出於田齊的必然性。"（《顧頡剛古史論文集》卷二《五德終始説下的政治和歷史·王莽的自本》，中華書局 2011 年版，第 390—396 頁）

　　文、景閒，[1]安孫遂字伯紀，處東平陵，[2]生賀，字翁孺。爲武帝繡衣御史，[3]逐捕魏郡群盜堅盧等黨與，[4]及吏畏懦逗遛當坐者，[5]翁孺皆縱不誅。它部御史暴勝之等奏殺二千石，誅千石以下，[6]及通行飲食坐連及者，[7]大部至斬萬餘人，語見《酷吏傳》。翁孺以奉使不稱免，[8]嘆曰："吾聞活千人有封子孫，吾所活者萬餘人，後世其興乎！"

　　[1]【今注】文：漢文帝劉恒。紀見本書卷四。　景：漢景帝劉啓。紀見本書卷五。

　　[2]【顏注】師古曰：濟南之縣。【今注】東平陵：縣名。治所在今山東濟南市章丘區西北。

　　[3]【今注】繡衣御史：漢代皇帝特使的一種。武帝後期派遣侍御史、光禄大夫等近臣分巡郡國，監督地方逐捕盜賊，有權誅殺二千石以下官吏。特賜穿著繡有龍虎圖案、色彩醒目的繡衣，持斧出行，以加重其權威，故稱"繡衣御史"，又稱"繡衣直指""繡衣使者"。不常置。案，湖南長沙東牌樓出土東漢靈帝建寧年間（168—172）"繡衣史"簡牘，"繡衣史"即"繡衣御史"的省稱，可證此職一直延續到東漢末（參見黃今言《〈長沙東牌樓東漢簡牘〉釋讀的幾個問題》，《中國社會經濟史研究》2008 年第 2 期）。

[4]【今注】魏郡：治鄴縣（今河北臨漳縣西南）。　群盜：漢律規定，五人及五人以上結夥偷盜劫掠，即屬"群盜"。張家山漢簡《二年律令·盜律》："盜五人以上相與功盜，爲群盜。"　堅盧：武帝後期農民起義首領，與范生等活躍於燕趙之間。案，桓寬《鹽鐵論》作"昆盧"。

[5]【顔注】師古曰：懦，音乃喚反。逗音"住"，又音"豆"。【今注】畏懦逗遛：畏懼軟弱，停留不前。漢代軍法規定，軍行而畏懦逗遛者斬。懦，一作"愞"。

[6]【顔注】師古曰：二千石者，奏而殺之，其千石以下，則得專誅。【今注】暴勝之：字公子，河東郡人。武帝天漢二年（前99）以繡衣御史身份督課郡國，逐捕盜賊，以軍法誅殺刺史郡守以下不從命者，威震州郡，升爲御史大夫。武帝征和二年（前91）在"巫蠱之禍"中坐失縱太子之罪而下獄自殺。

[7]【今注】通行飲食：漢律習用語。意謂提供飲食。張家山漢簡《二年律令·盜律》："智人爲群盜而通歙食餽遺之，與同罪；弗智，黥爲城旦舂。其能自捕若斬之，除其罪，有賞如捕斬。群盜法，弗能捕斬而告吏，除其罪，勿賞。"案，漢初群盜罪處以磔刑，景帝之後改爲棄市。

[8]【顔注】師古曰：不稱謂不副所委。

　　翁孺既免，而與東平陵終氏爲怨，迺徙魏郡元城委粟里，[1]爲三老，[2]魏郡人德之。元城建公曰[3]"昔《春秋》沙麓崩，[4]晉史卜之，曰：'陰爲陽雄，土火相乘，[5]故有沙麓崩。後六百四十五年，宜有聖女興。其齊田乎！'[6]今王翁孺徙，正直其地，[7]日月當之。[8]元城郭東有五鹿之虛，即沙鹿地也。[9]後八十年，當有貴女興天下"云。

[1]【今注】元城：縣名。治所在今河北大名縣東。　委粟里：里名。

[2]【今注】三老：鄉官名。戰國時期即置，西漢沿置。選年齡五十歲以上德高望重、有領導能力的男子充任，每鄉置三老一名，爲鄉三老；鄉三老中選一人，爲縣三老；縣三老中選一人，爲郡三老。三老掌導民教化，協助維護地方秩序。無秩無禄，免除徭役。

[3]【顔注】服虔曰：元城人年老者也。【今注】建公：建姓老者。名字不詳。

[4]【今注】沙麓：山名。在今河北大名縣東。《春秋左氏傳》僖公十四年秋八月辛卯：“沙鹿崩。晉卜偃曰：‘期年將有大咎，幾亡國。’”鹿，同“麓”。

[5]【顔注】李奇曰：此龜繇文也。陰，元后也。陽，漢也。王氏舜後，土也。漢，火也。故曰土火相乘，陰盛而沙麓崩（殿本脱“崩”字）。

[6]【顔注】張晏曰：陰數八，八八六十四。土數五，故六百四十五歲。《春秋》僖十四年，沙麓崩，歲在乙亥，至哀帝元壽二年，哀帝崩，元后始攝政，歲在庚申，沙麓崩後六百四十五歲。【今注】後六百四十五年：魯僖公十四年爲公元前 646 年，其後六百四十五年爲公元前 1 年，這一年，漢哀帝駕崩，王太后臨朝稱制，委政於王莽，王氏代漢局面基本形成。

[7]【顔注】師古曰：直亦當。

[8]【今注】日月：此指時間。

[9]【顔注】師古曰：“虛”讀曰“墟”。【今注】五鹿之虛：虛，同“墟”。五鹿，古邑名。在今河北大名縣東。春秋時屬衛國，後屬晉國。《穆天子傳》卷六：“天子東征，舍於五鹿。”《左傳》哀公元年夏四月：“齊侯、衛侯救邯鄲，圍五鹿。”後廢棄，故稱其地爲五鹿墟。

　　翁孺生禁，字稚君，少學法律長安，爲廷尉史。[1]本始三年，[2]生女政君，即元后也。禁有大志，不脩廉隅，[3]好酒色，多取傍妻，[4]凡有四女八男：長女君俠，次即元后政君，次君力，次君弟；長男鳳孝卿，次曼元卿，譚子元，崇少子，商子夏，立子叔，根稚卿，逢時季卿。[5]唯鳳、崇與元后政君同母。母，適妻，魏郡李氏女也。[6]後以妬去，更嫁爲河內苟賓妻。[7]

　　[1]【今注】廷尉史：廷尉屬官。負責治獄、文書諸事。
　　[2]【今注】本始：漢宣帝年號（前73—前70）。
　　[3]【今注】不脩廉隅：意謂私生活有失檢點。
　　[4]【今注】傍妻：小妾。
　　[5]【今注】案，逢，殿本作“逢”。
　　[6]【顏注】師古曰：“適”讀曰“嫡”。
　　[7]【今注】河內：郡名。治懷縣（今河南武陟縣西南）。

　　初，李親任政君在身，[1]夢月入其懷。及壯大，婉順得婦人道。嘗許嫁未行，所許者死。後東平王聘政君爲姬，[2]未入，王薨。禁獨怪之，使卜數者相政君，[3]“當大貴，不可言”。禁心以爲然，迺教書，學鼓琴。五鳳中，獻政君，年十八矣，入掖庭，[4]爲家人子。[5]

　　[1]【顏注】師古曰：任，懷任。【今注】任：同“妊”。
　　[2]【今注】東平王：宣帝甘露二年（前52）封劉宇東平王，

在位三十二年，至成帝陽朔四年（前21）方卒，不能與“未入，王薨”對應。王充《論衡·偶會》：“王莽姑正君，許嫁二夫，二夫死，當適趙而王薨。氣未相加，遙賊三家，何其痛也！”《骨相》亦載：“王莽姑正君許嫁，至期當行時，夫輒死，如此者再。乃獻之趙王，趙王未娶，又薨。”據此，聘王政君爲姬者似爲趙王。然趙王亦經不起推敲。傳文稱“五鳳中”（前57—前54）入宮，那麼她接受諸王聘約的時間祇能在五鳳元年之前。據後文“太后年八十四，建國五年二月癸丑崩”，推知王政君生於宣帝本始四年（前70）。查本書《諸侯王表》諸趙王信息，趙懷王劉尊於宣帝本始元年即位，在位五年，宣帝地節元年（前69）卒。卒時王政君年僅二歲，自然無涉。劉尊無後，趙國短暫國除，至地節四年二月紹封趙頃王之子劉高爲趙王，當年四月卒，卒時王政君年齡不過五歲，不宜有聘姬之事。宣帝元康元年（前65）趙共王劉充嗣，在位五十六年，至成帝鴻嘉年間方卒，也不存在“未入，王薨”的可能。綜上，聘王政君爲姬者既非東平王，也非趙王，本傳及《論衡》所記皆存疑。

［3］【顏注】師古曰：數，計也。若言今之《祿命書》也。數，音所具反。【今注】案，王禁問相獻女之事，又見王充《論衡·骨相》：“清河南宮大有，與正君父穉君善者，遇相正君，曰：‘貴爲天下母。’是時宣帝世，元帝爲太子，穉君乃因魏郡都尉納之太子，太子幸之，生子君上。”

［4］【今注】掖庭：皇后之外其他嬪妃居住之處。初稱永巷，武帝太初元年（前104）更名掖廷，取其地近後宮掖門之意。

［5］【今注】家人子：采入後宮的良家女子尚未取得職號者，統稱家人子。在後宮女官系統中地位卑下，相當於官僚系統中有秩、斗食之類的小吏。據本書卷九七《外戚傳上》，家人子有上家人子、中家人子二種，當是根據家世情形劃分。

　　歲餘，會皇大子所愛幸司馬良娣病，[1]且死，謂大子曰：“妾死非天命，迺諸娣妾良人更祝詛殺我。”[2]大子憐之，且以爲然。及司馬良娣死，大子悲恚發病，忽忽不樂，因以過怒諸娣妾，莫得進見。[3]久之，宣帝聞太子恨過諸娣妾，欲順適其意，迺令皇后擇後宮家人子可以虞侍太子者，[4]政君與在其中。[5]及太子朝，皇后迺見政君等五人，微令旁長御問知太子所欲。[6]太子殊無意於五人者，不得已於皇后，[7]彊應曰：“此中一人可。”[8]是時政君坐近太子，又獨衣絳緣諸于，[9]長御即以爲是。皇后使侍中杜輔、掖庭令濁賢交送政君太子宮，[10]見丙殿，[11]得御幸，有身。先是者，太子後宮娣妾以十數，御幸久者七八年，莫有子，及王妃壹幸而有身。甘露三年，[12]生成帝於甲館畫堂，[13]爲世適皇孫。[14]宣帝愛之，自名曰驁，字太孫，常置左右。

　　[1]【今注】大子：太子。本卷下同。　良娣：太子妻妾分三等，良娣介於“妃”“孺子”之間。

　　[2]【顏注】師古曰：更，音工衡反。【今注】良人：此當指太子諸妾中無名號者。本書卷六三《武五子傳》：“昌邑哀王歌舞者張修等十人，無子，又非姬，但良人，無官名。”　祝詛：祈禱於鬼神，使加禍於別人。

　　[3]【今注】案，蔡琪本、大德本、殿本“見”後有“者”字，當據補。

　　[4]【顏注】師古曰：此“虞”與“娛”同。【今注】皇后：此當指宣帝王皇后，後稱邛成太后。

[5]【顏注】師古曰：“與”讀曰“豫”。

[6]【今注】長御：後宮女官，爲太后或皇后親近侍女，職如皇帝侍中。衛宏《漢儀注》：“女長御比侍中，皇后見婕娥以下，長御稱謝。”

[7]【顏注】師古曰：恐不副皇后意，故言不得已。

[8]【顏注】師古曰：非其本心，故曰彊也。

[9]【顏注】師古曰：諸于，大掖衣，即袿衣之類也。【今注】絳緣：大紅色衣緣。　諸于：《説文》作“諸衧”，是一種形似袿衣的服裝，衣袖寬大。袿衣是漢代女性的上等服裝，《釋名·釋衣服》：“婦人上服曰袿。共下垂者，上廣下狹，如刀圭也。”

[10]【顏注】師古曰：濁，姓也。交送，謂侍中、掖庭令雜爲使。【今注】侍中：西漢加官名。凡列侯及文武官員加侍中即可入禁中，侍從皇帝。　掖庭令：官名。掌後宮宮女、供御雜務及宮中詔獄等事，由宦者擔任。屬少府。　濁賢：人名。　太子宮：太子成年後居住的宮殿。其具體位置，或以爲在北宮（詳見何清谷《三輔黄圖校釋》，中華書局 2005 年版，第 186 頁），或以爲在長樂宮內（詳見宋傑《兩漢時期的太子宮》，《南都學壇》2019 年第 3 期）。

[11]【今注】丙殿：太子宮中編號爲“丙”的宮殿。一說爲太子宮中地位較低的偏殿，“丙”表其等級低於“甲殿”“乙殿”。

[12]【今注】甘露：漢宣帝年號（前 53—前 50）。

[13]【今注】甲館：太子宮中建築名稱。“館”“觀”通用，故又作“甲觀”。甲，或以爲是以編號排序，在乙、丙、丁等之前；或以爲是以等級排序，在乙、丙、丁等之上。　畫堂：繪有壁畫的殿堂。本書卷一〇《成紀》顏師古注引應劭曰：“甲觀在太子宮甲地，主用乳生也。畫堂畫九子母。”據此，畫堂當是太子宮產房，繪有一母九子壁畫，取多生貴子之義。甲觀中有畫堂，意味着其地位非同尋常，不同於普通宮館（參見宋傑《兩漢時期的太子宮》，

《南都學壇》2019 年第 3 期）。案，西漢宮殿多有以壁畫爲飾者，如未央宮麒麟閣有宣帝朝功臣畫像，甘泉宮有李夫人、金日磾母親畫像。上林苑内的“飾室”，其性質或與“畫堂”相近。漢代皇帝、太子與其嬪妃御幸的居室可能都有壁畫，有些畫面内容或與生育有關（參見劉慶柱《三秦記輯注》，三秦出版社 2006 年版，第 35 頁）。

[14]【顏注】師古曰：“適”讀曰“嫡”。

　　後三年，宣帝崩，大子即位，是爲孝元帝。立大孫爲大子，以母王妃爲倢伃，[1] 封父禁爲陽平侯。[2] 後三日，倢伃立爲皇后，禁位特進，[3] 禁弟弘至長樂衛尉。[4] 永光二年，[5] 禁薨，謚曰頃侯。長子鳳嗣侯，爲衛尉侍中。[6] 皇后自有子後，希復進見。大子壯大，寬博恭慎，語在《成紀》。其後幸酒，樂燕樂，[7] 元帝不以爲能。而傅昭儀有寵於上，[8] 生定陶共王。[9] 王多材藝，上甚愛之，坐則側席，行則同輦，[10] 常有意欲廢大子而立共王。時鳳在位，與皇后、大子同心憂懼，賴侍中史丹擁右大子，[11] 語在《丹傳》。上亦以皇后素謹慎，而大子先帝所常留意，故得不廢。

　　[1]【今注】倢伃：西漢嬪妃名號。武帝時始置。元帝時爲嬪妃十四等之第二等，僅次於昭儀，位視上卿，秩比列侯。

　　[2]【今注】陽平侯：侯國治所在今山東莘縣。案，本書《五行志》元帝初元元年（前 48）三月癸卯制書曰：“其封婕妤父丞相少史王禁爲陽平侯，位特進。”知王禁封侯前身份爲丞相少史。

　　[3]【今注】特進：榮寵性質的加官名稱。又名“特進侯”。最早出現於西漢宣帝時期，凡諸侯功德優盛、朝廷敬異者賜特進。

列侯加位特進，可以不就封國，居於京師府第，便於參加朝會等重大活動。西漢規定，列侯奉朝請在長安者，位次近於三公；賜位特進者，位次近於三公，在列侯之上（詳見田延峰《論漢代特進》，《寶雞文理學院學報》2006 年第 2 期）。

[4]【今注】弘：即王弘。　長樂衛尉：掌管長樂宮警衛，秩中二千石，位在朝廷九卿之上。長樂，即長樂宮，惠帝以後爲太后所居。

[5]【今注】永光：漢元帝年號（前 43—前 39）。

[6]【今注】衛尉：此指未央宮衛尉。掌統率衛士，警衛宮門之內。位列九卿，秩中二千石。

[7]【顏注】師古曰：幸酒，好酒也。樂宴樂，好宴私之樂也。解具在《成紀》。

[8]【今注】傅昭儀：元帝傅昭儀，子劉康封定陶王，故稱定陶太后。後劉康子劉欣繼位爲哀帝，尊祖母傅氏爲帝太太后（後改爲皇太太后）。事迹詳見本書卷九七下《外戚傳下》。

[9]【今注】定陶共王：即劉康。傳見本書卷八〇。

[10]【顏注】師古曰：側席謂附近御坐。

[11]【顏注】師古曰："右"讀曰"佑"（讀曰，殿本作"音"），助也。【今注】史丹：傳見本書卷八二。

　　元帝崩，大子立，是爲孝成帝。尊皇后爲皇大后，以鳳爲大司馬大將軍領尚書事，[1]益封五千户。王氏之興自鳳始。又封大后同母弟崇爲安成侯，[2]食邑萬户。鳳庶弟譚等皆賜爵關內侯，[3]食邑。

[1]【今注】大司馬：官名。《周禮·夏官》有大司馬，掌邦政。漢承秦制，置太尉，掌武事，爲國家最高武官，與丞相、御史大夫並處三公之位，不常置。武帝罷太尉置大司馬，無印綬，無官

屬，以大將軍衞青、驃騎將軍霍去病功多，特以大司馬冠將軍之號，以示尊崇。武帝之後，朝廷常以此職授予掌權的外戚，多與大將軍、驃騎將軍、車騎將軍、衞將軍等連稱，權威漸重。所冠將軍往往領尚書事，既是中朝決策領袖，也是掌握國家軍政大權的首席大臣，班在丞相之次，權在丞相之上。成帝、哀帝時期兩次改革官制，大司馬得賜印綬，開府置屬，俸禄增至與丞相同級，擺脫加官屬性，成爲具有獨立地位的"三公"要職。　大將軍：戰國秦至西漢前期本爲將軍的最高稱號，非常設，遇有戰事時負責統兵作戰，事畢即罷。武帝之後漸成常設性高級軍政官職，其前多冠以大司馬，領尚書事，秩萬石，位高權重，事實上成爲最高行政長官。多由貴戚擔任。　領尚書事：職銜名。即由皇帝親近的高級官員來兼管尚書事務。尚書，屬少府。秦及漢初，尚書在殿中負責收發文書、傳達、記録章奏，職任甚輕。武帝時國事漸多，公文陡增，始以尚書承擔納奏出令、參與決策的職能，又任用宮内近臣左右曹、諸吏分平尚書奏事，以親近大臣兼管尚書事務，以便於皇帝決策，遂有"領尚書事"一職。昭帝時輔政大臣霍光以大司馬大將軍領尚書事，受遺詔輔政者皆領尚書事成爲慣例，領尚書事權力擴大，以外戚領尚書事者往往成爲專權干政之臣。

[2]【今注】安成侯：侯國治所在今河南汝南縣東。成帝建始元年（前32）封帝舅王崇爲安成侯。

[3]【今注】關内侯：爵位名。秦漢二十等爵制的第十九級，僅低於列侯。有封號，無封國。一般是對立有軍功將領的獎勵，封有食邑數户，有按規定户數徵收租稅之權（參師彬彬《兩漢關内侯問題研究綜述》，《中國史研究動態》2015年第2期）。

其夏，黄霧四塞終日。[1]天子以問諫大夫楊興、博士駟勝等，[2]對皆以爲"陰盛侵陽之氣也。高祖之約也，非功臣不侯。今大后諸弟皆以無功爲侯，非高祖之約，外戚未曾有也，故天爲見異"。[3]言事者多以爲然。鳳於是懼，上書辭謝曰："陛下即位，思慕諒闇，[4]故詔臣鳳典領尚書事。上無以明聖德，下無以益政治。今有茀星天地赤黃之異，[5]咎在臣鳳，當伏顯戮，以謝天下。今諒闇已畢，大義皆舉，宜躬親萬機，以承天心。"因乞骸骨辭職。[6]上報曰："朕承先帝聖緒，涉道未深，不明事情，是以陰陽錯繆，日月無光，赤黃之氣，充塞天下，咎在朕躬。今大將軍迺引過自予，欲上尚書事，歸大將軍印綬，罷大司馬官，是明朕之不德也。朕委將軍以事，誠欲庶幾有成，顯先祖之功德。將軍其專心固意，輔朕之不逮，毋有所疑。"

[1]【顏注】師古曰：塞，滿也。言四方皆滿。【今注】黃霧四塞終日：沙塵彌漫，整日不散。本書《五行志下》詳記其事："成帝建始元年四月……壬寅晨，大風從西北起，雲氣赤黃，四塞天下，終日夜下著地者黃土塵也。"可見文中"黃霧"即沙塵暴，是由大風卷起塵土形成的霾（參見晉文《漢代霾或"霾霧"探微》，《秦漢史論叢》第 14 輯，四川人民出版社 2017 年版）。

[2]【今注】諫大夫：漢武帝置，掌諫爭、顧問應對，議論朝政。無定員，秩比八百石。　楊興：字君蘭。元帝時爲長安令，以才能優長備受信任。後與待詔賈捐之相互舉薦以求高官，爲中書令石顯告發，減死罪一等論處。成帝時爲諫大夫、部刺史，鴻嘉元年（前 20）以中郎將身份出使匈奴。　博士：官名。秦置，漢因之。掌古今史事待問及書籍典守。隸屬九卿之一奉常（太常）。秩比六百石。

[3]【顏注】師古曰：見，顯示（殿本無此注）。

[4]【顏注】師古曰：《商書》云"高宗諒闇"。諒，信（大

德本、殿本句末有"也"字）。闇，默也。言居父喪信默，三年不言也。【今注】諒闇（àn）：語出《尚書·毋逸》："高宗亮陰，三年不言。""亮陰"即諒闇。一説意謂沉默，新君即位之初，委政於執政大臣，三年之内静觀不言；一説意謂喪廬，即居喪所居之所，新君居喪，三年不言政事。

　　[5]【顏注】師古曰："茀"與"孛"同。【今注】茀（bèi）星：彗星。時人以爲，彗星出現，是天下悖亂的徵兆。據本書卷一〇《成紀》，成帝即位伊始就發生"有星孛于東方"的天象，故於建始二年（前31）二月下詔，大赦天下。

　　[6]【今注】乞骸骨：向皇帝乞求骸骨歸葬故鄉。古代官員申請退休或引咎辭職的習慣用語。

　　後五年，諸吏散騎安成侯崇薨，[1]謚曰共侯。有遺腹子奉世嗣侯，大后甚哀之。明年，河平二年，[2]上悉封舅譚爲平阿侯，[3]商成都侯，[4]立紅陽侯，[5]根曲陽侯，[6]逢時高平侯。[7]五人同日封，故世謂之"五侯"。大后同産唯曼蚤卒，[8]餘畢侯矣。太后母李親，苟氏妻，生一男名參，寡居。頃侯禁在時，太后令禁還李親。[9]太后憐參，欲以田蚡爲比而封之。[10]上曰："封田氏，非正也。"以參爲侍中水衡都尉。[11]王氏子弟皆卿大夫侍中諸曹，[12]分據執官滿朝廷。

　　[1]【今注】諸吏散騎：並爲加官名。加諸吏者得舉劾百官，與左右曹共同平議尚書奏事。加散騎者可陪侍皇帝乘輿出行。西漢加官名號甚多，加諸吏之號的中朝官一般級別較高。同一官員可以擁有數個加官，其中諸吏與散騎組合較爲常見（參見孫聞博《西漢加官考》，《史林》2012年第5期）。

[2]【今注】河平：漢成帝年號（前28—前25）。

[3]【今注】平阿侯：侯國治所在今安徽懷遠縣西南。成帝河平二年封帝舅王譚爲平阿侯。

[4]【今注】成都侯：侯國治所在今山東鄄城縣西南。成帝河平二年，封帝舅王商爲成都侯。

[5]【今注】紅陽侯：侯國治所在今河南葉縣南。成帝河平二年封帝舅王立爲紅陽侯。

[6]【今注】曲陽侯：侯國治所在今安徽壽縣東。成帝河平二年封帝舅王根爲曲陽侯。

[7]【今注】高平侯：侯國治所在今江蘇泗洪縣東南。成帝河平二年封帝舅王崇之子王逢時爲高平侯。

[8]【顏注】張晏曰：同父則爲同產，不必同母也。上言唯鳳、崇同母也。【今注】同產：泛指親兄弟。亦專指同一家庭若干兄弟中之同父者。漢代法律規定，同產既是犯罪從坐的對象，也是因親入官、襲爵、封侯、置後、代户、分割財産等利益的獲得者（參見李亞光《“同生”“同產”考辨》，《東岳論叢》2019年第3期）。

[9]【顏注】師古曰：召還王氏。

[10]【顏注】李奇曰：田蚡與孝景王后同母異父，得封故也。師古曰：比，例也，音必寐反。【今注】田蚡：傳見本書卷五二。

[11]【今注】水衡都尉：官名。漢武帝始置。職掌上林苑諸事，兼管帝室收入及鑄錢等事，職權頗重。秩比二千石。

[12]【今注】諸曹：即左右曹，加官名。官員加諸曹即可平議尚書奏事，成爲親近皇帝、參議政務的中朝官。

大將軍鳳用事，上遂謙讓無所顓。[1]左右常薦光禄大夫劉向少子歆通達有異材。[2]上召見歆，誦讀詩賦，甚説之，[3]欲以爲中常侍，[4]召取衣冠。臨當拜，左右皆曰：“未曉大將軍。”[5]上曰：“此小事，何須關大將軍？”左右叩頭爭之。上於是語鳳，鳳以爲不可，迺止。其見憚如此。

[1]【顔注】師古曰：“顓”與“專”同。凡事皆不自專也。

[2]【今注】光禄大夫：西漢武帝時改中大夫置，掌論議。屬光禄勳，秩比二千石。　劉向：傳見本書卷三六。　歆：劉歆，劉向少子。事見本書卷三六《楚元王傳》。

[3]【顔注】師古曰：“説”讀曰“悦”。

[4]【今注】中常侍：官名。初稱常侍，取經常侍從皇帝之意。西漢宣、元之後或稱中常侍。有專任者，亦可作爲加官，郎官等加此職即可在禁中（省中）侍從皇帝，顧問應對，參與政事。宦官擔任者更可出入皇帝臥内及諸宫。與皇帝關係近密，須執行皇帝隨機指定的具體任務。選任者須德才兼備，在容貌體態、音聲表達方面也有較高的要求（參見李炳泉《西漢中常侍新考》，《史學月刊》2013 年第 4 期）。

[5]【顔注】師古曰：曉猶白。

上即位數年，無繼嗣，體常不平。[1]定陶共王來朝，大后與上承先帝意，遇共王甚厚，賞賜十倍於它王，不以往事爲纖介。[2]共王之來朝也，天子留，不遣歸國。上謂共王：“我未有子，人命不諱，[3]一朝有它，且不復相見。[4]爾長留侍我矣！”其後天子疾益有瘳，[5]共王因留國邸，[6]旦夕侍上，上甚親重。大將軍鳳心不便共王在京師，會日蝕，鳳因言：“日蝕陰盛之象，爲非常異。定陶王雖親，於禮當奉藩在國。今留

侍京師，詭正非常，[7]故天見戒。[8]宜遣王之國。"上
不得已於鳳而許之。[9]共王辭去，上與相對涕泣而決。

[1]【顏注】師古曰：言多疾疢。

[2]【顏注】師古曰：往事，謂先帝時欲以代大子也。言無
纖介之嫌怒。

[3]【顏注】師古曰：人命無常，不可諱。

[4]【顏注】師古曰：它謂晏駕也。

[5]【今注】瘳（chōu）：病愈。

[6]【今注】國邸：諸侯王在京師長安的住所。由大鴻臚屬下
邸丞專門管理。

[7]【顏注】師古曰：詭，違也。

[8]【顏注】師古曰：見，顯示（殿本無此注）。

[9]【顏注】師古曰：言迫於鳳不得止。

京兆尹王章素剛直敢言，[1]以爲鳳建遣共王之國非
是，[2]迺奏封事言日蝕之咎矣。[3]天子召見章，延問以
事，章對曰："天道聰明，佑善而災惡，[4]以瑞異爲符
效。今陛下以未有繼嗣，引近定陶王，所以承宗廟，
重社稷，上順天心，下安百姓。此正議善事，[5]當有祥
瑞，何故致災異？災異之發，爲大臣顓政者也。今聞
大將軍猥歸日蝕之咎於定陶王，[6]建遣之國，苟欲使天
子孤立於上，顓擅朝事以便其私，非忠臣也。且日蝕，
陰侵陽，臣顓君之咎。今政事大小皆自鳳出，天子曾
不壹舉手，鳳不內省責，反歸咎善人，推遠定陶王。[7]
且鳳誣罔不忠，非一事也。前丞相樂昌侯商[8]本以先
帝外屬，內行篤，有威重，位歷將相，國家柱石臣也。

其人守正，不肯詘節隨鳳委曲，卒用閨門之事爲鳳所罷，身以憂死，眾庶愍之。又鳳知其小婦弟張美人已嘗適人，^[9]於禮不宜配御至尊，託以爲宜子，内之後宮，苟以私其妻弟。聞張美人未嘗任身就館也。^[10]且羌胡尚殺首子以盪腸正世，^[11]況於天子而近已出之女也！此三者皆大事，陛下所自見，足以知其餘，及它所不見者。^[12]鳳不可令久典事，宜退使就第，選忠賢以代之。"

[1]【今注】京兆尹：官名。漢武帝時以右内史之地置京兆尹政區，與郡同級，爲"三輔"之一。長官亦稱京兆尹，職如郡太守，又因所治地區爲京畿所在，故兼有中央官員性質，地位高於郡太守。秩中二千石。　王章：傳見本書卷七六。

[2]【顏注】師古曰：建立其議也。

[3]【今注】封事：直接上達皇帝的重要奏章，爲防止信息泄露而用黑色布袋密封，通常由皇帝本人或者指定人員拆封處理。應劭《漢官儀》："密奏以皂囊封之，不使人知，故曰封事。"漢代官員上封事制度，始於宣帝時期（參見廖伯源《漢"封事"雜考》，《秦漢史論叢（增訂本）》，中華書局 2008 年版，第 199 頁）。

[4]【顏注】師古曰：近，音巨靳反。

[5]【今注】案，議，大德本、殿本作"義"。

[6]【顏注】師古曰：猥猶曲也。【今注】猥：同"委"。不直。

[7]【顏注】師古曰：遠，音于萬反。

[8]【顏注】師古曰：王商也。【今注】樂昌侯：侯國治所在今河南南樂縣西北。　商：王商。傳見本書卷八二。

[9]【顏注】師古曰：小婦，妾也。弟謂女弟，即妹也。

[10]【顏注】師古曰：是則不爲宜子，明鳳所言非實。【今

注】任身：同“妊娠”。　館：此指皇宮中專門用於保胎、生育的館舍，如上林苑中的陽禄觀、柘觀等。

［11］【顏注】師古曰：盪，洗滌也。言婦初來所生之子或它姓。【今注】殺首子：古代夫妻制度尚未確立之前，男子嫌疑女子懷胎而來，故往往要將頭胎子殺死，以確保血緣胤嗣。這一惡俗是上古社會普遍存在的現象，唯中原地區開化較早，最晚至西周時期已不見此俗；夷狄地區開化較晚，至漢代尚見（參見劉洪濤《文王食長子伯邑考事考——兼考瞽瞍欲殺舜事》，《殷都學刊》2018 年第 1 期）。

［12］【顏注】師古曰：以所見者譬之，則不見者可知。

自鳳之白罷商、後遣定陶王也，上不能平。及聞章言，天子感寤，納之，謂章曰：“微京兆尹直言，吾不聞社稷計。[1]且唯賢知賢，君試爲朕求可以自輔者。”於是章奏封事，薦中山孝王舅琅邪大守馮野王：[2]“先帝時歷二卿，忠信質直，知謀有餘。野王以王舅出，[3]以賢復入，明聖主樂進賢也。”上自爲大子時數聞野王先帝名卿，聲譽出鳳遠甚，方倚欲以代鳳。

［1］【顏注】師古曰：微，無也。
［2］【今注】中山孝王：劉興。成帝陽朔二年（前 23）由信都王徙爲中山王。傳見本書卷八〇。中山國治盧奴縣（今河北定州市）。　琅邪：郡名。治東武縣（今山東諸城市）。一說治琅邪縣（今山東青島市黃島區西南）。　馮野王：事迹見本書卷七九《馮奉世傳》。
［3］【今注】野王以王舅出：漢武帝時創制《左官律》，規定

諸侯國之人不得在京城爲官。馮野王姊妹馮媛即元帝馮昭儀，生子劉興，被封爲中山王。元帝去世，成帝即位，馮昭儀身份變爲中山王太后，馮野王爲中山王舅，屬諸侯近親，不宜備位九卿，遂由大鴻臚外遷爲上郡太守。

初，章每召見，上輒辟左右。[1]時大后從弟長樂衛尉弘子侍中音[2]獨側聽，具知章言，以語鳳。鳳聞之，稱病出就第，上疏乞骸骨，謝上曰：“臣材駑愚戇，得以外屬兄弟七人封爲列侯，宗族蒙恩，賞賜無量。輔政出入七年，國家委任臣鳳，所言輒聽，薦士常用。無一功善，陰陽不調，災異數見，咎在臣鳳奉職無狀，此臣一當退也。《五經》傳記，師所誦説，咸以日蝕之咎在於大臣非其人，《易》曰‘折其右肱’，[3]此臣二當退也。河平以來，臣久病連年，數出在外，曠職素餐，此臣三當退也。[4]陛下以皇太后故，不忍誅廢，臣猶自知當遠流放，又重自念，[5]兄弟宗族所蒙不測，當殺身靡骨死輂轂下，[6]不當以無益之故有離寢門之心。[7]誠歲餘以來，所苦加侵，[8]日日益甚，[9]不勝大願，願乞骸骨，歸自治養，冀賴陛下神靈，未理髮齒，[10]朞月之間，幸得瘳愈，復望帷幄，不然，必塡溝壑。[11]臣以非材見私，天下知臣受恩深也；以病得全骸骨歸，天下知臣被恩見哀，重巍巍也。[12]進退於國爲厚，萬無纖介之議。[13]唯陛下哀憐！”其辭指甚哀，大后聞之爲垂涕，不御食。

[1]【顏注】師古曰：“辟”讀曰“闢”。

［2］【顏注】師古曰：弘者，大后之叔父也。音則從父弟。【今注】音：即王音。西漢東平陵（今山東濟南市東）人。元帝皇后王政君從弟。親附兄王鳳，後代爲大司馬車騎將軍輔政，封安陽侯。

［3］【顏注】師古曰：《豐卦》九三爻辭也。肱，臂也。【今注】折其右肱：語出《易·豐》九三：“豐其沛，日中見沬。折其右肱，无咎。”意謂執政之臣終不可大用。

［4］【顏注】師古曰：空廢職任，徒受祿袟也（袟，蔡琪本、大德本、殿本作“秩”，當據改）。

［5］【顏注】師古曰：重，音直用反。

［6］【顏注】師古曰：靡，碎也，音武皮反。

［7］【今注】寢門：寢，同“寑”。古代禮制規定，天子五門，諸侯三門，大夫二門。最內之門曰寢門，亦稱路門。後泛指內室之門。

［8］【顏注】師古曰：誠，實也。

［9］【今注】案，日日，蔡琪本、殿本作“日月”。

［10］【今注】理髮齒：意謂死去。

［11］【今注】寘（zhì）：同“置”。安放，棄置。王先謙《漢書補注》以爲“寘”當作“寘”，“寘”又同“填”。各本並誤。

［12］【顏注】師古曰：巍巍，高貌。重，音直用反。

［13］【顏注】師古曰：論者不云疏斥外戚也。

　　上少而親倚鳳，弗忍廢，迺報鳳曰：“朕秉事不明，政事多闕，故天變婁臻，咸在朕躬。[1]將軍迺深引過自予，欲乞骸骨而退，則朕將何嚮焉！《書》不云乎，‘公毋困我。’[2]務專精神，安心自持，期於亟瘳，稱朕意焉。”[3]於是鳳起視事。上使尚書劾奏章：“知野王前以王舅出補吏而私薦之，欲令在朝，阿附諸侯；[4]

又知張美人體御至尊，而妄稱引羌胡殺子盪腸，非所宜言。"[5]遂下章吏。廷尉致其大逆罪，[6]以爲"比上夷狄，欲絶繼嗣之端；背畔天子，私爲定陶王"。章死獄中，妻子徙合浦。[7]

[1]【顏注】師古曰：娿，古"屢"字。

[2]【顏注】師古曰：《周書·洛誥》載成王告周公辭也。言公必須留京師，毋得遠去而令我困。

[3]【顏注】師古曰：亟，急。瘳，差也。

[4]【今注】阿附諸侯：漢律罪名。西漢自文、景以來致力於抑制諸侯王勢力。至武帝粉碎衡山、淮南二王叛亂陰謀之後，設"左官律""附益之法"，其中"附益之法"規定，官員若有背棄朝廷法令而討好諸侯王，並爲其私家增益權勢、財富之行爲，以重刑論處。《後漢書》卷一下《光武紀下》記載，光武帝建武二十四年（48）秋七月"詔有司申明舊制阿附蕃王法"，李賢注云："阿曲附益王侯者，將有重法。"據此可知"附益法"又稱"阿附蕃王法"或"阿附諸侯法"。案，"欲令在朝阿附諸侯"，中華本未作點斷，易致歧解。據文意，尚書劾奏王章犯有二罪，文本表述方式俱爲"犯罪事實"加"罪名"。如第二罪先述犯罪事實"知張美人體御至尊，而妄稱引羌胡殺子盪腸"，後述定性罪名"非所宜言"。第一罪表述亦當如此，"知野王前以王舅出補吏而私薦之，欲令在朝"，此爲犯罪事實；"阿附諸侯"，此爲罪名。漢制限制諸侯國之人在京城長安做官宿衛天子。馮野王在元帝時官至大鴻臚，成帝時身份變爲中山王舅，遵照漢制不宜備位九卿，故外調擔任上郡太守。王章明知馮野王外調補吏始末，仍然舉薦他爲回朝廷當官輔政，有討好諸侯王近親之嫌，觸犯了"阿附諸侯"之法。因此，"欲令在朝阿附諸侯"中間應當點斷。《資治通鑒》即標點爲"欲令在朝，阿附諸侯"，甚是。

[5]【今注】非所宜言：漢代罪名。屬言論犯罪。意即言論不當。重者按不道、不敬論處。

[6]【今注】廷尉：秦置，西漢沿置。主管刑獄。位列九卿，秩中二千石。

[7]【今注】合浦：郡名。治合浦縣（今廣西合浦縣東北）。

自是公卿見鳳，側目而視，郡國守相刺史皆出其門。[1]又以侍中大僕音爲御史大夫，[2]列於三公。而五侯群弟争爲奢侈，賂遺珍寶四面而至。後庭姬妾各數十人，僮奴以千百數，羅鐘磬，舞鄭女，[3]作倡優，狗馬馳逐。大治第室，起土山漸臺，[4]洞門高廊閣道，連屬彌望。[5]百姓歌之曰："五侯初起，曲陽最怒。[6]壞決高都，連竟外杜。[7]土山漸臺，西白虎。"[8]其奢僭如此。[9]然皆通敏人事，好士養賢，傾財施予，以相高尚。

[1]【顏注】師古曰：言爲其家寮屬者，皆得大官。

[2]【今注】大僕：即太僕。周置，秦、漢沿置。掌皇帝專用車馬，兼管官府畜牧。位列九卿，秩中二千石。

[3]【今注】鄭女：春秋時期鄭、衛之地盛行俗樂，被稱爲"鄭聲""鄭衛之音"；當地女子以奔放善舞著稱，故稱"鄭女"。漢代文獻中的"鄭女"往往泛指游媚富貴的歌舞伎，並非確指鄭地女子。

[4]【今注】漸臺：建於水中或水邊的臺式建築。

[5]【顏注】師古曰：彌，竟也。言望之極目也。屬，音之欲反。【今注】彌望：滿目。

[6]【今注】怒：氣盛之狀。

[7]【顏注】服虔曰：壞決高都水入長安。高都水在長安西也。孟康曰：杜、鄠二縣之間田歊一金。言其境自長安至杜陵也。李奇曰：長安有高都、外杜里（外，殿本作"水"），既壞決高都作殿，復衍及外杜里。師古曰：成都侯商自擅穿帝城引水耳，曲陽無此事。又雖大作第宅，不得從長安至杜陵也。李說爲是。【今注】壞決高都：將高都水改道引入長安城內府第中。高都，水名。即"長安八水"之一的潏水。據《水經注·渭水》記載，沈水亦稱潏水、高都水，源出杜縣樊川皇子陂，西北流逕杜縣之杜京西，又北逕下杜城，在長安城西與昆明池水匯合，又北流注入渭水。《括地志》卷一："潏水又名石璧谷水，又名高都水。漢王氏五侯大治池宅，引高都水入長安城。"據本傳後文，穿城引水者乃成都侯王商，所引之水乃是灃水而非高都水。　連竟外杜：五侯宅第相連，幾乎延伸到長安城南杜門之外。案，此爲民歌謠誇張之語。外杜在漢長安城杜門（覆盎門）以南（今陝西西安市雁塔區杜城村一帶），距政務中心未央宮甚遠。

[8]【顏注】師古曰：皆放效天子之制也。【今注】土山漸臺西白虎：王念孫《讀書雜志·漢書第十五》據宋祁所云"浙本'西'字之下有'象'字"之說，以爲此句當作"土山漸臺，象西白虎"。《水經注·渭水》、《文選·西征賦》注、《太平御覽·人事部一百六》引此皆作"象西白虎"。桂宮明光殿有土山，未央宮中有漸臺、白虎殿，曲陽侯府仿效皇宮而建。

[9]【今注】案，僭，殿本作"侈"。

鳳輔政凡十一歲。陽朔三年秋，[1]鳳疾，[2]天子數自臨問，親執其手，涕泣曰："將軍病，如有不可言，平阿侯譚次將軍矣。"[3]鳳頓首泣曰："譚等雖與臣至親，行皆奢僭，無以率導百姓，不如御史大夫音謹敕，[4]臣敢以死保之。"及鳳且死，上疏謝上，復固薦音自代，言譚等五人必不可用。天子然之。

[1]【今注】陽朔：漢成帝年號（前24—前21）。

[2]【今注】案，疾，蔡琪本、大德本、殿本作"病"。

[3]【顏注】師古曰：不可言，謂死也，不欲斥言之。

[4]【顏注】師古曰：敕，整也。

初，譚倨，不肯事鳳，[1]而音敬鳳，卑恭如子，故薦之。鳳薨，天子臨弔贈寵，送以輕車介士，[2]軍陳自長安至渭陵，[3]謚曰敬成侯。子襄嗣侯，[4]爲衛尉。御史大夫音竟代鳳爲大司馬車騎將軍，[5]而平阿侯譚位特進，領城門兵。[6]谷永説譚，[7]令讓不受城門職，由是與音不平，語在《永傳》。

[1]【顏注】師古曰：倨，慢也，音"據"。

[2]【今注】輕車介士：輕車即戰車，作戰時主要用來衝擊敵陣。車上所載甲士即介士。亦充任天子出巡時的儀仗隊。《續漢書·輿服志》："輕車，古之戰車也。洞朱輪輿，不巾不蓋，建矛戟幢麾，轙輢弩箙。"

[3]【今注】渭陵：漢元帝劉奭陵園。在今陝西咸陽市渭城區周陵鎮新莊。

[4]【今注】襄：即王襄。大司馬大將軍王鳳之子。襲父爵爲陽平侯。漢成帝鴻嘉元年（前20）任衛尉。永始二年（前15）任太僕，後因病免職。

[5]【今注】車騎將軍：漢代高級武官名號。最初是作戰時統帥車兵、騎兵部隊的將領，不經常設置，遇有戰事時負責統兵作戰，事畢即罷。武帝之後漸變爲統領京師宿衛、具有武職性質的中

朝重臣，預聞政事，加大司馬號、錄尚書事則成爲最高軍政長官。金印紫綬。位次僅次於大將軍、驃騎將軍，在衛將軍及前、後、左、右將軍之上。

[6]【今注】領城門兵：兼管城門駐軍。京師長安十二城門皆有屯兵，歸城門校尉統領。兵，殿本作"外"。

[7]【今注】谷永：傳見本書卷八五。

音既以從舅越親用事，小心親職。歲餘，上下詔曰："車騎將軍音宿衛忠正，勤勞國家，前爲御史大夫，以外親宜典兵馬，入爲將軍，不獲宰相之封，朕甚慊焉！[1]其封音爲安陽侯，[2]食邑與五侯等，俱三千户。"[3]

[1]【今注】慊（qiǎn）：不滿。

[2]【今注】安陽侯：侯國治所在今河南正陽縣南。漢成帝鴻嘉元年（前20），封大司馬車騎將軍王音爲安陽侯。

[3]【今注】案，户，蔡琪本作"石"。

初，成都侯商嘗病，欲避暑，從上借明光宮。[1]後又穿長安城，引内灃水注第中大陂以行舩，[2]立羽蓋，張周帷，輯濯越歌。[3]上幸商第，見穿城引水，意恨，内銜之，未言。後微行出，過曲陽侯第，又見園中土山漸臺似類白虎殿。[4]於是上怒，以讓車騎將軍音。商、根兄弟欲自黥劓謝太后。[5]上聞之大怒，迺使尚書責問司隸校尉、京兆尹：[6]"知成都侯商擅穿帝城，決引灃水；曲陽侯根驕奢僭上，赤墀青瑣；[7]紅陽侯立父子臧匿姦猾亡命，賓客爲群盜，司隸、京兆皆阿縱

不舉奏正法。"[8] 二人頓首省戶下。[9] 又賜車騎將軍音
策書曰："外家何甘樂禍敗,[10] 而欲自黥劓, 相戮辱於
大后前, 傷慈母之心, 以危亂國! 外家宗族彊, 上一
身寢弱日久,[11] 今將一施之。[12] 君其召諸侯, 令待府
舍。"[13] 是日, 詔尚書奏文帝時誅將軍薄昭故事。[14] 車
騎將軍音藉稿請罪,[15] 商、立、根皆負斧質謝。上不
忍誅, 然後得已。

[1]【顏注】師古曰:《黃圖》云明光宮在城內, 近桂宮也。
【今注】明光宮: 即明光殿, 在桂宮內。《太平寰宇記》卷二五注
引《關中記》:"桂宮在未央宮之北, 週迴十餘里, 中有明光殿, 殿
上復道, 從宮中西上城, 西至建章宮神明臺、蓬萊山。"

[2]【今注】灃水: 又作"豐水""酆水", "長安八水"之
一。源出今陝西西安市長安區西南秦嶺山中, 北流至西安市西北匯
入渭河。 案, 舡, 蔡琪本作"船"。

[3]【顏注】師古曰:"輯"與"楫"同(楫, 蔡琪本作
"揖"),"濯"與"櫂"同, 皆所以行船也。令執楫櫂人為越歌
也(楫, 蔡琪本、大德本作"輯")。輯為櫂之短者也(輯, 蔡
琪本、殿本作"楫"; 為, 蔡琪本、大德本、殿本作"謂")。今
吳越之人呼為"橈", 音"饒"。越歌, 為越之歌。【今注】輯濯:
並為船槳之名。 越歌: 東南越地的歌謠。《說苑》記載春秋時期
鄂君子晳曾泛舟於新波之中, 越人擁楫而歌, 歌辭曰:"濫兮抃草
濫予昌枑, 澤予昌州州䳘州焉乎秦胥胥縵予乎昭澶秦踰滲惿隨河
湖。"鄂君不懂越語, 請人譯作楚語, 歌辭曰:"今夕何夕兮, 搴洲
中流。今日何日兮, 得與王子同舟。蒙羞被好兮, 不訾詬恥。心幾
頑而不絕兮, 得知王子。山有木兮木有枝, 心說君兮君不知。"

[4]【顏注】師古曰:《黃圖》云在未央宮。【今注】白虎殿:

在未央宫前殿西南漸臺附近。一作"白虎閣"。西漢後期的重要禮儀活動常在此舉行，如成帝河平四年（前25）單于前來朝見，引見於白虎殿。綏和二年（前7）成帝在白虎殿設禮，送別楚王劉衍、梁王劉立。

［5］【今注】黥劓：俱爲肉刑名。黥謂在臉部刺字並塗墨，劓謂割鼻。此二刑在文帝時即已廢除不用，代之以笞刑。

［6］【今注】司隸校尉：武帝時置。職掌糾察，内察京師權貴百僚，外及附近三輔（京兆、右扶風、左馮翊）、三河（河南、河内、河東）、弘農七郡之地。相當於州刺史。秩比二千石。

［7］【顏注】孟康曰：以青畫户邊鏤中，天子制也。如淳曰：門楣格再重，如人衣領再重，裏者青，名曰青瑣，天子門制也。師古曰：孟説是。青瑣者（瑣，蔡琪本作"鎖"），刻爲連環文（環，蔡琪本、大德本、殿本作"瑣"），而青塗之也。【今注】赤墀（chí）：又作"丹墀"。漆成紅色的大殿地面。此爲天子之制。應劭《漢官儀》："天子朱泥殿上，曰丹墀。"　青瑣：門上鏤出連環紋樣，塗以青色。此爲天子之制。據《三秦記》，未央宫有青瑣門。《後漢書》卷六六《王允傳》記載東漢末董卓部將李傕、郭汜等攻陷長安，吕布出逃之前"駐馬青瑣門外"，注引《漢書音義》曰："以青畫户邊鏤中，天子制也。"

［8］【今注】阿縱不舉：漢有"監臨部主見知故縱"之法，意謂知道他人有犯法行爲而故意不舉劾，即爲故縱，對負有監臨責任的官員以同罪論處；因爲過失而没有舉劾者，以贖罪論處。本書《刑法志》顏師古注曰："見知人犯法不舉告爲故縱，而所監臨部主有罪並連坐也。"

［9］【今注】省户：即禁門。門内稱禁中或省中，爲皇帝寢殿所在。王先謙《漢書補注》引顧炎武云："省户即禁門也。"楊樹達《漢書窺管》則以爲此處"省"即尚書省。案，王商、王要二人被尚書責問之後"頓首省户下"，意在向天子認錯謝罪，聽取發落，

故此處"省户"解作"禁門"爲優。

[10]【顏注】師古曰：言此罪過並身自爲之。【今注】外家何甘樂禍敗：李慈銘《越縵堂讀史札記·漢書七》："此謂何自甘禍敗，文意甚明，師古注語殊不可解。"

[11]【顏注】師古曰：寖，漸也。

[12]【顏注】師古曰：行刑罰。

[13]【顏注】師古曰：令總集音之府舍，待詔命。

[14]【今注】薄昭：文帝劉恒舅父。高祖時爲郎，後隨劉恒前往代國。呂后死，以太中大夫身份擁立文帝有功，拜車騎將軍，封軹侯。文帝十年（前170）因殺死皇帝使者，負罪自殺。

[15]【顏注】師古曰：自坐槀上，言就刑戮也。

　　久之，平阿侯譚薨，諡曰安侯，子仁嗣侯。[1]大后憐弟曼蚤死，獨不封，曼寡婦渠供養東宮，[2]子莽幼孤不及等比，[3]常以爲語。平阿侯譚、成都侯商及在位多稱莽者。久之，上復下詔追封曼爲新都哀侯，[4]而子莽嗣爵爲新都侯。後又封大后姊子淳于長爲定陵侯。[5]王氏親屬，侯者凡十人。

[1]【今注】仁：即王仁。

[2]【今注】渠：王莽之母名字。　　東宮：即長樂宮。漢初在秦興樂宮基礎上修建。位於長安城東南部，在未央宮東側，故稱東宮。宮城遺址範圍在今陝西西安市未央區，宮城周長10760米，面積約6平方千米，是當時長安城中占地最大的宮城（詳見劉慶柱、李毓芳《漢長安城》，文物出版社2003年版，第107—112頁）。

[3]【顏注】師古曰：比，音必寐反。【今注】等比：同列之人。

[4]【今注】新都哀侯：侯國治所在今河南新野縣東。漢成帝

永始元年（前 16）封外戚王莽爲新都侯。

　　[5]【今注】案，姊，蔡琪本、殿本作“姊”。　　淳于長：傳見本書卷九三。　　定陵侯：侯國治所在今河南漯河市郾城區西北。成帝元延三年（前 10）封侍中衛尉淳于長爲定陵侯。

　　上悔廢平阿侯譚不輔政而薨也，迺復進成都侯商以特進，領城門兵，置幕府，[1]得舉吏如將軍。[2]杜鄴説車騎將軍音，[3]令親附商，語在《鄴傳》。王氏爵位日盛，唯音爲修整，數諫正，有忠節，輔政八年薨，弔贈如大將軍，[4]謚曰敬侯。子舜嗣侯，爲大僕侍中。特進成都侯商代音爲大司馬衛將軍，[5]而紅陽侯立位特進，領城門兵。商輔政四歲，病乞骸骨，天子閔之，[6]更以爲大將軍，益封二千户，賜錢百萬。商薨，弔贈如大將軍故事，謚曰景成侯，子況嗣侯。[7]紅陽侯立次當輔政，有罪過，語在《孫寶傳》。上迺廢立而用光禄勳曲陽侯根爲大司馬票騎將軍，[8]歲餘益封千七百户。高平侯逢時無材能名稱，是歲薨，謚曰戴侯，子買之嗣侯。

　　[1]【今注】幕府：一作“莫府”。古代將帥出征，居處以幕帳爲官署，故以幕府代指將軍官署。漢代幕府皆有屬官，參贊軍務。錢大昕《三史拾遺》卷三曰：“漢制，將軍出征有莫府，而列將軍在京師者亦有莫府之稱……董賢嘗爲大司馬衛將軍，後雖去將軍號，而司馬亦典兵之官，故居第稱莫府。”

　　[2]【今注】得舉吏如將軍：漢制，列將軍皆開幕府，可自行辟除屬吏。

　　[3]【今注】杜鄴：傳見本書卷八五。

[4]【今注】弔贈：弔謂天子親臨弔喪。贈謂贈寵。

[5]【今注】衛將軍：西漢高級武官名。掌京師屯兵及宮禁護衛。金印紫綬。位在大將軍、驃騎將軍、車騎將軍之後，前、後、左、右將軍之前，加大司馬號則爲中朝官首領，預政定策，進而成爲最有權勢的軍政大臣。

[6]【今注】閔：同“憫”。

[7]【今注】況：即王況。事迹詳見本書卷九九《王莽傳》。

[8]【今注】光禄勳：秦置，稱郎中令。漢因之，武帝太初元年（前104）更名光禄勳。主要負責守衛宮殿門户，總領宮内一切，機構龐雜，屬官衆多。位列九卿，秩中二千石。　票騎將軍：西漢高級武官名。始於武帝封霍去病爲票騎將軍，取騎兵勁疾之意。武帝之後時置時罷。領京師衛戍屯兵，備皇帝顧問應對，參與中朝謀議決策。加大司馬號、録尚書事則爲中朝官首領，即爲最有權勢的軍政大臣。金印紫綬。位在大將軍之下，車騎將軍、衛將軍及前、後、左、右將軍之上。票騎，又作“膘騎”或“驃騎”。

綏和元年，[1]上即位二十餘年無繼嗣，而定陶共王已薨，子嗣立爲王。[2]王祖母定陶傅大后重賂遺票騎將軍根，[3]爲王求漢嗣，根爲言，上亦欲立之，遂徵定陶王爲大子。時根輔政五歲矣，乞骸骨，上迺益封根五千户，賜安車駟馬，[4]黄金五百斤，罷就第。

[1]【今注】綏和：漢成帝年號（前8—前7）。

[2]【今注】子：此指定陶共王子劉欣，即後來的漢哀帝。

[3]【今注】傅大后：傅太后，即元帝傅昭儀。子劉康封定陶王，故稱定陶太后。劉康子劉欣繼位爲哀帝，尊祖母傅氏爲帝太太后（後改爲皇太太后）。事迹詳見本書卷九七下《外戚傳下》。

[4]【今注】安車駟馬：安車，坐乘之車。常以四匹馬駕，舒

適安坐，故稱輼馬安車。湖北江陵縣鳳凰山 168 號漢墓出土的《遺冊》記有"案車一乘，馬四匹"。"案車"即安車。

先是定陵侯淳于長以外屬能謀議，爲衛尉侍中，在輔政之次。是歲，新都侯莽告長伏罪，與紅陽侯立相連，[1]長下獄死，立就國，語在《長傳》。故曲陽侯根薦莽以自代，上亦以爲莽有忠直節，遂擢莽從侍中騎都尉光禄大夫爲大司馬。[2]

[1]【顔注】師古曰：伏罪，謂舊罪陰伏未發者也。

[2]【今注】騎都尉：武官名。秦及西漢前期統領騎兵作戰，亦爲皇帝騎從侍衛，至宣帝時以騎都尉監羽林騎、領西域都護，秩比二千石。多由外戚、宗室及其他近臣擔任，常加侍中，親近皇帝。　大司馬：漢成帝綏和元年（前8）改革官制，賜大司馬金印紫綬，開府置官屬，秩禄與丞相同級，遂爲"三公"之一，不再是將軍加官。

歲餘，成帝崩，哀帝即位。大后詔莽就第，避帝外家。[1]哀帝初優莽，不聽。莽上書固乞骸骨而退。上迺下詔曰："曲陽侯根前在位，建社稷策。侍中大僕安陽侯舜往時護大子家，導朕，忠誠專壹，有舊恩。新都侯莽憂勞國家，執義堅固，庶幾與爲治，大后詔休就第，朕甚閔焉。其益封根二千户，舜五百户，莽三百五十户。以莽爲特進，朝朔望。"[2]又還紅陽侯立京師。哀帝少而聞知王氏驕盛，心不能善，以初立，故優之。

[1]【今注】帝外家：此指哀帝母丁太后、祖母傅太后二族。哀帝即位之後，丁氏外戚封侯者二人，二千石以上凡七人，其中帝舅丁明爲陽安侯，先後以大司馬衛將軍、大司馬票騎將軍輔政。傅氏外戚封侯者六人，九卿侍中諸曹十餘人。二家外戚在哀帝朝權勢顯赫，時稱"丁傅"。

[2]【今注】朝朔望：每月初一、十五朝見，其他時間則免朝。

後月餘，司隸校尉解光奏：[1]"曲陽侯根宗重身尊，三世據權，五將秉政，天下輻湊自效。[2]根行貪邪，臧累鉅萬，縱橫恣意，[3]大治室第，第中起土山，立兩市，殿上赤墀，戶青瑣。[4]遊觀射獵，使奴從者被甲持弓弩，陳爲步兵；止宿離宮，水衡共張，[5]發民治道，百姓苦其役。內懷姦邪，欲筦朝政，[6]推親近吏主簿張業以爲尚書，[7]蔽上壅下。內塞王路，外交藩臣，驕奢僭上，壞亂制度。案根骨肉至親，社稷大臣，[8]先帝棄天下，根不悲哀思慕，山陵未成，[9]公聘取故掖庭女樂五官殷嚴、王飛君等，[10]置酒歌舞，捐忘先帝厚恩，背臣子義。及根兄子成都侯況幸得以外親繼父爲列侯侍中，不思報厚恩，亦聘取故掖庭貴人以爲妻，皆無人臣禮，大不敬不道。"[11]於是天子曰："先帝遇根、況父子至厚也，今迺背忘恩義！"以根嘗建社稷之策，[12]遣就國。免況爲庶人，歸故郡。根及況父商所薦舉爲官者，皆罷。

[1]【今注】解光：西漢晚期大臣。明儒經，通災異。哀帝即

位時任司隸，先後上疏舉劾成帝趙皇后、曲陽侯王根，甚得哀帝器重。後卷入夏賀良、李尋等發起的"改元受命"事件，事敗被治罪，減死罪一等，徙敦煌郡。

[2]【顏注】師古曰：效，獻也，獻其款誠（款，蔡琪本、大德本、殿本作"欵"）。

[3]【顏注】師古曰：横，音胡孟反。

[4]【今注】戶青瑣：當爲"戶下青瑣"。王念孫《讀書雜志·漢書第十五》："'戶'下原有'下'字。'起土山，立兩市'，'殿上赤墀，戶下青瑣'，皆相對爲文。今本脱'下'字，則句法參差矣。《藝文類聚·產業部》《御覽·資產部七》引此皆有'下'字。"瑣，蔡琪本作"鎖"，殿本作"璅"。

[5]【顏注】師古曰：共，音居用反。張，竹亮反（蔡琪本、大德本、殿本"竹"前有"音"字）。【今注】水衡：即水衡都尉。漢武帝始置。職掌上林苑諸事，兼管帝室收入及鑄錢等事，職權頗重。秩比二千石。　共張：特指爲皇帝提供後勤保障。

[6]【顏注】師古曰："筦"與"管"同。

[7]【今注】主簿：此指票騎將軍府主簿。居將軍左右，職在拾遺補闕。

[8]【顏注】師古曰：至親謂於成帝爲舅。

[9]【今注】山陵：漢代帝王陵墓封土高大，遠望如山，故稱山陵。

[10]【顏注】如淳曰：五官，官名也。《外戚傳》曰五官視三百石。

[11]【今注】大不敬：漢代罪名。凡對皇帝不敬重、冒犯皇帝權威的言行，皆可冠以"不敬"之名論處，重者則爲大不敬。律無正條，入罪條件模糊，論處量刑時往往引例比附。　不道：漢代罪名。背叛爲臣或爲人之道的反國家、反社會及違反家族倫理的犯罪行爲，如誣罔（欺騙天子）、附下罔上（結附臣下共同欺騙天

子)、誹謗與妖言（對皇帝及執政大臣的非難和攻擊）等，皆可視爲"不道"。漢律中對"不道"的罪行內容和刑罰沒有明確的規定，即所謂"不道無正法"。犯"不道"之罪者往往處以棄市之刑，重者腰斬（詳參任仲爀《漢代的"不道"罪》，載《漢晉時期國家與社會論集》，廣西師範大學出版社 2016 年版）。

[12]【顏注】師古曰：謂立哀帝爲嗣也。

後二歲，傅大后、帝母丁姬皆稱尊號。[1]有司奏："新都侯莽前爲大司馬，貶抑尊號之議，虧損孝道，及平阿侯仁臧匿趙昭儀親屬，[2]皆就國。"天下多冤王氏。

[1]【今注】丁姬：瑕丘（今山東濟寧市兗州區北）人。西漢《易》學大儒丁寬玄孫。始爲定陶共王姬，生子劉欣。後劉欣即帝位爲哀帝，尊母丁姬爲帝太后。事迹詳見本書卷九七下《外戚傳下》。

[2]【今注】臧：同"藏"。　趙昭儀：成帝皇后趙飛燕之妹。隨姊入宮，甚得寵幸，殘害後宮胎嬰，終致成帝無嗣。成帝死，畏罪自殺。事迹詳見本書《外戚傳下》。

諫大夫楊宣上封事言：[1]"孝成皇帝深惟宗廟之重，稱述陛下至德以承天序，聖策深遠，恩德至厚。惟念先帝之意，豈不欲以陛下自代，奉承東宮哉?[2]太皇太后春秋七十，數更憂傷，[3]敕令親屬引領以避丁、傅。[4]行道之人爲之隕涕，況於陛下，時登高遠望，獨不憯於延陵乎!"[5]哀帝深感其言，復封商中子邑爲成都侯。[6]

　　[1]【今注】楊宣：本書《五行志下》記載，哀帝即位後，大封外戚丁氏、傅氏、周氏、鄭氏凡六人爲列侯。楊宣對曰："五侯封日，天氣赤黃，丁、傅復然。此殆爵土過制，傷亂土氣之祥也。"

　　[2]【顏注】師古曰：言供養太后。

　　[3]【顏注】師古曰：更，經也，音工衡反。

　　[4]【顏注】師古曰：引領，自引首領而退也。

　　[5]【今注】延陵：西漢成帝劉驁陵墓。遺址在今陝西咸陽市渭城區周陵街道辦事處嚴家溝、馬家窑村一帶。

　　[6]【今注】邑：即王邑。東平陵（今山東濟南市東）人。大司馬衞將軍王商之子。哀帝時封爲成都侯。王莽居攝時，以虎牙將軍統兵鎮壓翟義、趙明、霍鴻起義，轉爲步兵將軍。新莽代漢，任大司空，封隆新公。新莽末，與大司徒王尋率軍鎮壓綠林起義軍，兵敗昆陽，後在長安爲亂軍所殺。

　　元壽元年，[1] 日蝕。賢良對策多訟新都侯莽者，[2] 上於是徵莽及平阿侯仁還京師侍大后。曲陽侯根薨，國除。

　　[1]【今注】元壽：漢哀帝年號（前2—前1）。

　　[2]【今注】賢良：漢代察舉科目名稱，始於文帝二年（前178）。所舉往往爲才能出衆、德行高尚之人，常與方正、文學合稱爲"賢良方正""賢良文學"。　對策：漢代察舉程序名。朝廷將政事、經義等方面問題書於簡策上，由賢良、文學等特科被舉之士對答，是爲對策。答策出色者評爲高第，授官任用。

　　明年，哀帝崩，無子，大皇大后以莽爲大司馬，與共徵立中山王奉哀帝後，[1] 是爲平帝。帝年九歲，當年被疾，[2] 大后臨朝，委政於莽，莽顓威福。紅陽侯立

莽諸父，平阿侯仁素剛直，莽內憚之，令大臣以罪過
奏遣立、仁就國。莽曰誑燿大后，[3]言輔政致太平，群
臣奏請尊莽爲安漢公。後遂遣使者迫守立、仁令自殺，
賜立謚曰荒侯，子柱嗣；[4]仁謚曰剌侯，子術嗣。[5]是
歲，元始三年也。[6]明年，莽風群臣奏立莽女爲皇
后。[7]又奏尊莽爲宰衡，[8]莽母及兩子皆封爲列侯，語
在《莽傳》。

[1]【今注】中山王：此指劉衍。中山孝王劉興之子。

[2]【今注】案，當，蔡琪本、大德本、殿本作“常”。

[3]【今注】誑燿：欺騙迷惑。

[4]【今注】柱：即王柱。

[5]【今注】術：即王術。

[6]【今注】元始：漢平帝年號（1—5）。

[7]【顏注】師古曰：“風”讀曰“諷”。【今注】風：同“諷”。
暗示。

[8]【今注】宰衡：官名。平帝時特加於安漢公王莽。商代伊
尹以阿衡之號輔佐成湯，周代周公以太宰之號輔佐成王，俱爲彪炳
史册的輔政名臣，故采此二人稱號，合爲宰衡，以尊王莽功德。位
上公，在諸侯王之上。掾史皆秩六百石。

　　莽既外壹群臣，令稱己功德，又內媚事旁側長御
以下，賂遺以千萬數。白尊大后姊妹君俠爲廣恩君，
君力爲廣惠君，君弟爲廣施君，皆食湯沐邑，[1]日夜共
譽莽。莽又知大后婦人，厭居深宮中，莽欲虞樂以市
其權，[2]迺令大后四時車駕巡狩四郊，[3]存見孤寡貞
婦。春幸繭館，[4]率皇后列侯夫人桑，遵霸水而祓

除；^[5]夏遊蕳宿、鄠、杜之閒；^[6]秋歷東館，^[7]望昆明，^[8]集黃山宮；冬饗飲飛羽，^[9]校獵上蘭，^[10]登長平館，^[11]臨涇水而覽焉。^[12]大后所至屬縣，輒施恩惠，賜民錢帛牛酒，歲以爲常。大后從容言曰：^[13]"我始入大子家時，見於丙殿，至今五六十歲，尚頗識之。"^[14]莽因曰："大子宮幸近，可壹往遊觀，不足以爲勞。"於是大后幸大子宮，甚说。^[15]大后旁弄兒病在外舍，^[16]莽自親候之。其欲得太后意如此。

[1]【今注】湯沐邑：本指周天子在王畿内賜給來朝諸侯住宿和齋戒沐浴用的封邑。漢時沿用此名，指皇帝、皇后、公主以及諸侯王、列侯收取賦税以供私人奉養的封邑。

[2]【顏注】張晏曰：以遊觀之樂易其權，若市買（殿本"賈"後又有"之易物者也"數字）。師古曰：此"虞"與"娛"同。

[3]【顏注】師古曰：邑外謂之郊，近二十里也。

[4]【顏注】師古曰：《漢宮閣疏》云上林苑有繭觀，蓋蠶繭之所也。【今注】繭館：一作"繭觀"，在上林苑中，爲皇家養蠶之所。

[5]【顏注】師古曰：桑，採桑也。遵，循也，謂緣水邊。【今注】霸水：又作"灞水"，"長安八水"之一。源出今陝西藍田縣東秦嶺北麓，北流注入渭河。 祓（fú）除：又稱祓禊。古代的一種祭祀活動。通過在河邊洗浴來驅除疾病。《續漢書·禮儀志上》記載："（三月）皇后帥公卿諸侯夫人蠶。祠先蠶，禮以少牢。是月上巳，官民皆絜於東流水上，曰洗濯祓除去宿垢疢爲大絜。絜者，言陽氣布暢，萬物訖出，始絜之矣。"東漢三月份皇后祠蠶之祀及吏民祓禊之禮，皆源於西漢。

[6]【顏注】師古曰：蘜宿苑在長安城南，今之御宿川是也。【今注】蘜宿：又作"御宿"，西漢皇家苑囿名。在長安城外終南山下，地當今陝西西安市長安區王家川一帶。漢武帝在此建離宮別館，圍以竹籬，劃爲皇家苑囿。因距長安較遠，出游即需停宿，故稱"御宿苑"（詳見何清谷《三輔黃圖校釋》，中華書局 2005 年版，第 241—242 頁）。 鄠（hù）：縣名。治所在今陝西西安市鄠邑區。 杜：杜陵縣，治所在今陝西西安市東南。本爲漢宣帝陵園，因陵名縣。

[7]【今注】東館：西漢離宮名。武帝時修建。本名豫章觀，因在昆明池東，故稱"昆明觀""東觀"。"館""觀"二字通。

[8]【今注】昆明：即昆明池。漢武帝欲從西南通身毒國，爲越嶲、昆明所阻，遂於元狩三年（前 120）引水穿地修成巨池，演練水軍，取名"昆明池"，以象昆明滇池。後成爲長安城用水之源，亦爲皇家泛舟游樂之所。遺址在今陝西西安市長安區南豐村、石匣口村、斗門鎮、萬村一帶，池岸周長約 17.6 千米，面積約 16.6 平方千米。

[9]【顏注】師古曰：黃山宮在槐里。飛羽殿在未央宮中。羽字或作雨。【今注】黃山宮：西漢離宮名。惠帝二年（前 193）修建。遺址在今陝西興平市田阜鄉侯村西北，曾出土"黃山宮"銘文帶柄銅燈、篆文"黃山"瓦當及大量秦漢時期器物。 飛羽：殿名。在未央宮中。

[10]【顏注】師古曰：上蘭，觀名也，在上林中。【今注】上蘭：館名。在上林苑中。地當今陝西西安市長安區靈沼一帶。爲皇家狩獵之所。揚雄《羽獵賦》云："翼乎徐至於上蘭。"班固《西都賦》云："繞酆、鄗，歷上蘭。六師發逐，百獸駭殫。"張衡《西京賦》云："陳虎旅於飛廉，正壘壁乎上蘭。"

[11]【顏注】師古曰：在長平坂也。【今注】長平館：又名"長平觀"。在今陝西涇陽縣。建於長平坂上，北臨涇水。或以爲長

平觀與池陽宮相距有六公里之遥，《三輔黄圖》所記"長平觀，在池陽宮"有誤（參見何清谷《三輔黄圖校釋》，第333頁）。

[12]【今注】涇水：渭水支流，在今陝西中部。

[13]【顔注】師古曰：從，音千容反。

[14]【顔注】師古曰：識，記也，音式志反。

[15]【顔注】師古曰："説"讀曰"悦"。

[16]【顔注】服虔曰：官婢侍史生兒，取以作弄兒也。【今注】弄兒：供人玩弄逗樂的幼童。楊樹達《漢書窺管》不同意服虔之説，以爲漢武帝以金日磾子爲弄兒，可見並非官婢侍史之子可作"弄兒"，大臣之子亦可作"弄兒"。

平帝崩，無子，莽徵宣帝玄孫選最少者廣戚侯子劉嬰，[1]年二歲，託以卜相爲最吉。迺風公卿奏請立嬰爲孺子，[2]令宰衡安漢公莽踐祚居攝，[3]如周公傅成王故事。大后不以爲可，力不能禁，於是莽遂爲攝皇帝，改元稱制焉。俄而宗室安衆侯劉崇及東郡大守翟義等惡之，[4]更舉兵欲誅莽。[5]大后聞之，曰："人心不相遠也。[6]我雖婦人，亦知莽必以是自危，不可。"其後，莽遂以符命自立爲真皇帝，先奉諸符瑞以白太后，太后大驚。

[1]【今注】廣戚侯：即劉顯，楚孝王劉囂之孫。　劉嬰：漢宣帝玄孫。父劉顯，劉顯父劉勳，成帝河平三年（前26）封廣戚侯，劉勳父楚孝王劉囂，劉囂父即宣帝。平帝死，王莽扶立繼嗣爲太子，年僅二歲，號孺子。王莽攝政，改元居攝。王莽稱帝，被廢爲定安公。更始三年（25），平陵人方望起兵，擁立劉嬰在臨涇（今甘肅鎮原縣東南）稱帝，被更始丞相李松擊破殺害。

　　[2]【顏注】師古曰："風"讀曰"諷"。【今注】孺子：意即嗣子。參見廖名春《〈尚書〉"孺子"考及其他》(《文獻》2019 年第 5 期)。

　　[3]【今注】踐阼：皇帝登基。阼，殿本作"祚"。　居攝：意謂暫居皇帝之位。攝，代理。

　　[4]【今注】安衆侯：侯國治所在今河南鄧州市東北。　劉崇：景帝之子長沙定王劉發之後。武帝時封長沙定王之子劉丹爲安衆侯，劉崇爲劉丹玄孫之子。　東郡：治濮陽縣 (今河南濮陽市華龍區西南)　翟義：汝南郡上蔡縣 (今河南上蔡縣西南) 人。西漢後期名臣翟方進之子。事迹詳見本書卷八四《翟方進傳》。

　　[5]【顏注】師古曰：更，音工衡反。

　　[6]【顏注】師古曰：言所見者同。

　　初，漢高祖入咸陽至霸上，[1]秦王子嬰降於軹道，[2]奉上始皇璽。[3]及高祖誅項籍，[4]即天子位，因御服其璽，世世傳受，號漢傳國璽。[5]以孺子未立，璽藏長樂宮。及莽即位，請璽，太后不肯授莽。莽使安陽侯舜諭指。舜素謹敕，太后雅愛信之。舜既見，太后知其爲莽求璽，怒罵之曰："而屬父子宗族蒙漢家力，富貴累世，[6]既無以報，受人孤寄，乘便利時，奪取其國，[7]不復顧恩義。人如此者，狗豬不食其餘，[8]天下豈有而兄弟邪！[9]且若自以金匱符命爲新皇帝，[10]變更正朔服制，[11]亦當自更作璽，傳之萬世，何用此亡國不祥璽爲，而欲求之？我漢家老寡婦，旦暮且死，欲與此璽俱葬，終不可得！"太后因涕泣而言，旁側長御以下皆垂涕。舜亦悲不能自止，良久迺仰謂太后："臣等已無可言者。[12]莽必欲得傳國璽，太后寧能終不與邪!"太后聞舜語切，恐莽欲脅之，迺出漢傳國璽，投之地以授舜，曰："我老已死，如而兄弟，[13]今族滅也!"[14]舜既得傳國璽，奏之，莽大説，[15]迺爲太后置酒未央宮漸臺，[16]大縱衆樂。

[1]【今注】漢高祖：王念孫《讀書雜志·漢書第十五》曰："'高祖'上不當有'漢'字，此涉下文'漢傳國璽'而衍。《北堂書鈔·儀飾部二》《御覽·儀式部三》引此皆無'漢'字。" 咸陽：秦都城。故城遺址在今陝西咸陽市東三十里渭城區窯店鎮一帶。 霸上：在今陝西西安市東南白鹿原。又作"灞上"。

[2]【今注】子嬰：秦始皇之孫。一説爲秦始皇之侄。公元前207年，趙高逼殺秦二世，立子嬰爲秦王，除帝號。後誅殺趙高，降劉邦，復爲項羽所殺。 軹道：亭名。在今陝西西安市東北。

[3]【今注】始皇璽：即後世所謂"傳國璽"，是君權神授、帝位正統的象徵。秦始皇時用藍田玉製璽，上刻李斯所書"受天之命，皇帝壽昌"八字，是"天子六璽"以外的另一種皇帝專用璽印。《晉書·輿服志》："乘輿六璽，秦制也。曰'皇帝行璽''皇帝之璽''皇帝信璽''天子行璽''天子之璽''天子信璽'，漢遵秦不改。又有秦始皇藍田玉璽，螭獸紐，在六璽之外，文曰'受天之命，皇帝壽昌'。漢高祖佩之，後世名曰傳國璽。"一説由和氏璧磨琢而成。《史記》卷六《秦始皇本紀》張守節《正義》引崔浩語曰："李斯磨和璧作之，漢諸帝世傳服之，謂'傳國璽'。"

[4]【今注】項籍：即項羽。

[5]【今注】案，蔡琪本、大德本、殿本作"號"後有"曰"字。

[6]【顔注】師古曰：而，汝也。

[7]【顔注】師古曰：孤寄，言以孤寄託之。【今注】孤寄：以孤兒相託付。

［8］【顏注】師古曰：言惡賤。

［9］【今注】案，王舜爲王莽從弟。

［10］【顏注】師古曰：若亦汝。【今注】金匱：以銅製成的儲物櫃，用來存藏重要圖書或文契。王莽居攝時，梓潼（今四川梓潼縣）人哀章進獻一件銅匱，上有題署"天帝行璽金匱圖""赤帝行璽某傳予黃帝金策書"的封檢，櫃內藏著寫有"王莽爲真天子"等文字的書簡。此即太后所謂"金匱符命"。

［11］【今注】正（zhēng）朔：正謂正月，爲一年首月；朔謂初一，爲一月首日。古代王朝更替，須重新確定正朔，以示應天承運，與民更始。　服制：依照身份等級確立的服飾、車馬制度。

［12］【顏注】師古曰：言不可諫止。

［13］【今注】案，如，蔡琪本、大德本、殿本作"知"。

［14］【今注】案，族滅，殿本作"滅族"。

［15］【顏注】師古曰："說"讀曰"悅"。

［16］【今注】未央宮：西漢天子皇宮。又稱紫微宮，與傳說中天帝所居紫微宮對應。位於長安城西南角。遺址在今陝西西安市未央宮街道辦事處，宮城平面近方形，城牆周長8800米，面積約5平方千米。宮城中央爲皇帝處政的前殿，皇后椒房殿及后妃掖庭在前殿以北。

莽又欲改太后漢家舊號，易其璽綬，恐不見聽，而莽疏屬王諫欲諂莽，[1]上書言："皇天廢去漢而命立新室，太皇太后不宜稱尊號，當隨漢廢，以奉天命。"莽迺車駕至東宮，親以其書白太后。太后曰："此言是也！"[2]莽因曰："此誖德之臣也，[3]罪當誅！"於是冠軍張永獻符命銅璧，文言"太皇太后當爲新室文母太皇太后"。[4]莽迺下詔曰："予視群公，咸曰：'休哉！[5]其文字非刻非畫，厥性自然。'予伏念皇天命予爲子，更命太皇太后爲新室文母皇太后，[6]協于新室故交代之際，信于漢氏。哀帝之代，世傳行詔籌，爲西王母共具之祥，[7]當爲歷代爲母，[8]昭然著明。予祇畏天命，敢不欽承！謹以令月吉日，親率群公諸侯卿士，奉上皇太后璽綬，[9]以當順天心，光于四海焉。”太后聽許。莽於是鴆殺王諫，而封張永爲貢符子。[10]

[1]【今注】疏屬：血緣疏遠的同姓宗族成員。

[2]【顏注】師古曰：恚懟之辭也。

[3]【顏注】師古曰：誖，乖也，音布內反。

[4]【顏注】服虔曰：銅璧，如璧形，以銅爲之也。【今注】冠軍：縣名。治所在今河南鄧州市西北。　文母：本指周文王妻太姒，以賢德著稱，生武王姬發而有天下，被後世尊爲“文母”。

[5]【顏注】師古曰：“視”讀曰“示”。休，美也。

[6]【今注】案，蔡琪本、大德本、殿本“母”“太”字重出。

[7]【顏注】師古曰：共，音居用反。【今注】世傳行詔籌爲西王母共具之祥：漢哀帝建平四年（前3），關東各郡國吏民無故恐慌奔走，以傳行西王母詔籌名義進入關中，時間持續半年之久。本書《五行志下之上》詳記其事：“哀帝建平四年正月，民驚走，持稾或棷一枚，傳相付與，曰行詔籌。道中相過逢多至千數，或被髮徒踐，或夜折關，或踰牆入，或乘車騎奔馳，以置驛傳行，經歷郡國二十六，至京師。其夏，京師郡國民聚會里巷仟佰，設張博具，歌舞祠西王母。又傳書曰：‘母告百姓，佩此書者不死。不信我言，視門樞下，當有白髮。’”王莽等以爲西王母對應的正是新室文母王政君，故這一群體性恐慌事件被視爲新室代漢的祥瑞而大肆宣揚。西王母，漢代民間信仰神。相傳世居於西北昆侖山石室之中。其形象在畫像石、畫像磚、銅鏡、瓦當等漢代文物上習見，戴勝而端坐，通常有九尾狐、三足鳥、蟾蜍、搗藥玉兔、靈芝等同

圖。從漢初至哀帝時期，爲象徵長壽的偶像。從哀帝時期到漢末，被視爲闢邪趨福的救世主。新莽時則被利用爲新朝代漢的政治工具（參見鄭先興《漢畫中的西王母神話與西王母崇拜》，《古代文明》2008 年第 3 期）。共具，提供，準備。共，同“供”。

[8]【今注】當爲歷代爲母：意謂太后既爲漢室母，又當爲新室母。

[9]【顏注】師古曰：此紱謂璽之組也。【今注】紱（fú）：繫璽印所用絲繩。

[10]【今注】貢符子：因貢獻符命而得子爵，故名。新莽恢復周代公、侯、伯、子、男五等爵制，子爲第四等。

初，莽爲安漢公時，又諂太后，奏尊元帝廟爲高宗，太后晏駕後當以禮配食云。[1]及莽改號太后爲新室文母，絕之於漢，不令得體元帝。[2]墮壞孝元廟，[3]更爲文母太后起廟，獨置孝元廟故殿以爲文母篹食堂，[4]既成，名曰長壽宮。以太后在，故未謂之廟。莽以太后好出遊觀，迺車駕置酒長壽宮，請太后。既至，見孝元廟廢徹塗地，太后驚，泣曰：“此漢家宗廟，皆有神靈，與何治而壞之！[5]且使鬼神無知，又何用廟爲！如令有知，我迺人之妃妾，豈宜辱帝之堂以陳饋食哉！”私謂左右曰：“此人嫚神多矣，[6]能久得祐乎！”飲酒不樂而罷。

[1]【今注】配食：配饗宗廟，受後人祭祀。
[2]【今注】體：夫婦一體。
[3]【顏注】師古曰：墮，毀也，音火規反。
[4]【顏注】孟康曰：“篹”音“撰”。晉灼曰：篹，具也。

【今注】篹（zhuàn）食堂：篹，同“饌”。食堂，即祠堂。漢代畫像石墓數見“食堂”題記，如山東汶上縣王莽天鳳三年（16）“路公食堂”，山東微山縣東漢順帝永和四年（139）“桓氏食堂”。

　　[5]【顏注】師古曰：“與”音曰“預”（殿本無“曰”字）。言此何罪，於汝無所干預，何爲毀壞之！

　　[6]【今注】嫚（màn）：輕視，怠慢。

　　自莽簒位後，知太后怨恨，求所以媚太后無不爲，然愈不説。[1]莽更漢家黑貂，著黃貂，[2]又改漢正朔伏臘日。[3]太后令其官屬黑貂，至漢家正臘日，獨與其左右相對飲酒食。[4]

　　[1]【顏注】師古曰：“説”音曰“悦”。

　　[2]【顏注】孟康曰：侍中所著貂也。莽更漢制也。師古曰：更亦改。【今注】案，據《續漢書・輿服志下》，漢代侍中、中常侍頭戴武弁大冠，“加黃金璫，附蟬爲文，貂尾爲飾”，貂内勁捍而外温潤，故爲冠飾。新莽以土德自居，顏色尚黃，故取黃貂。

　　[3]【今注】改漢正朔：漢承秦制，以十月爲歲首。武帝太初元年（前104）改用新曆，以正月爲歲首。王莽於孺子居攝三年（8）十二月正式改元“始建國”，以十二月爲歲首。　伏臘日：伏日在六月，謂陰氣藏伏於陽氣之下，故名伏日。伏日閉户不出，在城邑四門殺狗，以抵禦蠱災。臘日在十二月，是秦漢時期最重要的節日，家人團聚，舉行驅鬼避疫和祭祖祀神儀式。

　　[4]【今注】案，“食”後或有“肉”字。王念孫《讀書雜志・漢書第十五》：“《御覽・服章部五》引此‘食’下有‘肉’字，於義爲長。”

　　太后年八十四，建國五年二月癸丑崩。[1]三月乙酉，合葬渭陵。莽詔大夫楊雄作誄曰：[2]“太陰之精，[3]沙麓之靈，[4]作合於漢，[5]配元生成。”[6]著其協於元城沙麓。泰陰精者，[7]謂夢月也。大后崩後十年，漢兵誅莽。

[1]【今注】建國：即始建國。新莽年號（9—13）。

[2]【今注】楊雄：又作“揚雄”。傳見本書卷八七。　　誄（lěi）：文體名。叙述亡者生前德行功業，以表哀祭。案，揚雄受命作《元后誄》，文多唱衰漢祚、諛頌新莽之辭，不便入漢史，故班固僅取此四句。《藝文類聚》卷一五《后妃部》有十四句凡一百三十六字，亦屬節録。《古文苑》卷二〇所録有九百餘字，有首有尾，當爲全文，有補傳之效，茲迻録如次。“新室文母太后崩，天下哀痛，號哭涕泗，思慕功德，咸上樞誄之銘曰：惟我有新室文母聖明皇太后，姓出黄帝。西陵昌意，實生高陽。純德虞帝，孝聞四方。登陟帝位，禪受伊唐。爰初胙土，陳田至王。營相厥宇，度河濟旁。沙麓之靈，太陰之精。天生聖姿，豫有祥禎。作合於漢，配元生成。孝順皇姑，承家尚莊。内則純備，後烈丕光。肇初配先，天命是將。兆徵顯見，新都黄龍。漢成既終，胤嗣匪生。哀帝承祚，惟離典經。尚是言異，大命俄顚。厥年天殞，大終不盈。文母覽之，千載不傾。博選大智，新都宰衡。明聖作佐，與圖國艱，以度厄運。徵立中山，庶其可濟。博采淑女，備其姪娣。觀禮高禖，祈廟嗣繼。靡格匪天，靡動匪地。穆穆明明，昭事上帝。弘漢祖考，夙夜匪懈。興滅繼絶，博立侯王。親睦庶族，昭穆序明。帝致支屬，靡有遺荒。咸備祚慶，冀以金火。赤仍有央，勉進大聖。上下兼該，群祥衆瑞。正我黄來，火德將滅，惟后于斯。天之所壞，人不敢支。哀平夭折，百姓分離。祖宗之慈，終其不全。天命有託，謫在于前。屬遭不造，榮極而遷。皇天眷命，黄虞之孫。歷世運移，屬在聖新。代于漢劉，受祚于天。漢祖承命，赤傳于黄。攝帝

受禪，立爲真皇。允受厥中，以安黎衆。漢廟黜廢，移定安公。皇皇靈祖，惟若孔臧。降茲珪璧，命服有常。爲新帝母，鴻德不忘。欽德伊何，奉命是行。菲薄服食，神祇是崇。尊不虛統，惟祇惟庸。隆脩人敬，先民是從。承天祇家，允恭虔恪。豐阜庶卉，旅力不射。恤民于留，不皇詭作。別計十邑，國之是度。還奉于此，以處貧薄。罷苑置縣，築里作宅。以處貧窮，哀此煢獨。起常盈倉，五十萬斛。爲諸生儲，以勸好學。志在黎元，是勞是勤。春巡灞滻，秋臻黃山。夏撫鄠杜，多恤涇樊。大射饗飲，飛羽之門。綏宥耆幼，不拘婦人。刑女歸家，以育貞信。玄冥季冬，搜狩上蘭。寅賓出日，東秩暘谷。鳴鳩拂羽，戴勝降桑。蠶于繭館，躬筐執曲。帥導群妾，咸循蠶簇。分繭理絲，女工是敕。遹遹蒙祉，中外禔福。自京逮海，靡不仰德。成類存生，秉天地經。無物不理，無人不寧。尊號文母，與新有成。世奉長壽，靡墮有傾。著德太常，注諸旒旌。嗚呼哀哉！以昭鴻名。享國六十，殞落而崩。四海傷懷，擗踴拊心。若喪考妣，遏密八音。嗚呼哀哉！萬方不勝。德被海表，彌流魂精。去此昭昭，就彼冥冥。忽兮不見，超兮西征。既作下宮，不復故庭。爰緘伊銘，嗚呼哀哉！」

〔3〕【今注】太陰：月亮。日月對舉，日爲太陽，月爲太陰。《說文》：「月，闕也，太陰之精。」當初其母李氏懷孕時曾夢見有月入懷，故稱政君爲太陰之精。

〔4〕【今注】靈：陰之精氣所聚。《大戴禮記·曾子天圜》："陽之精氣曰神，陰之精氣曰靈。"

〔5〕【今注】作合：結爲夫妻。《詩·大雅·大明》："文王初載，天作之合。"

〔6〕【今注】元：元帝。　成：成帝。

〔7〕【今注】案，泰，殿本作"太"。

初，紅陽侯立就國南陽，與諸劉結恩，[1]立少子丹

爲中山太守。^[2]世祖初起,^[3]丹降, 爲將軍, 戰死。上
閔之, 封丹子泓爲武桓侯,^[4]至今。

[1]【今注】諸劉: 此指南陽劉氏宗室子弟。

[2]【今注】丹: 即劉丹。 中山太守: 此條記載或誤。周壽
昌《漢書注校補》曰:"中山, 自元帝永元二年復爲國, 平帝時太
皇太后立桃鄉侯爲中山王, 奉孝王後。立之封紅陽在成帝河平二
年, 平帝元始四年子桂嗣侯, 時中山國未廢, 不能有太守。此或是
王莽時。然莽已易中山曰常山, 易太守爲卒正、連率、大尹之名,
亦不得稱'中山太守'矣。"

[3]【今注】世祖: 東漢開國君主光武帝劉秀。世祖爲其廟
號。紀見《後漢書》卷一。

[4]【顏注】師古曰: 泓, 音於宏反。

司徒掾班彪曰:^[1]三代以來,^[2]《春秋》所記, 王
公國君, 與其失世, 稀不以女寵。漢興, 后妃之家呂、
霍、上官,^[3]幾危國者數矣。^[4]及王莽之興, 由孝元后
歷漢四世, 爲天下母, 饗國六十餘載, 群弟世權, 更
持國柄,^[5]五將十侯, 卒成新都。^[6]位號已移於天下,
而元后卷卷猶握一璽,^[7]不欲以授莽, 婦人之仁,
悲夫!

[1]【今注】司徒掾: 官名。東漢改丞相爲司徒, 司徒掾爲司
徒府屬吏。 班彪: 事迹詳見本書卷一〇〇《叙傳上》, 傳見《後
漢書》卷四〇。

[2]【今注】三代: 指夏、殷、周。

[3]【今注】呂: 漢初呂太后一系外戚。 霍: 宣帝霍皇后一

系外戚。　上官：昭帝上官皇后一系外戚。

　　〔4〕【顔注】師古曰：幾，音巨依反。數，音所角反。

　　〔5〕【顔注】師古曰：更，音工衡反。

　　〔6〕【今注】新都：此指新都侯王莽。

　　〔7〕【顔注】師古曰：卷，音其圓反。解在《劉向傳》。【今注】卷卷：同"拳拳"。真摯誠懇。

漢書　卷九九上

王莽傳第六十九上

　　王莽字巨君，孝元皇后之弟子也。元后父及兄弟皆以元、成世封侯，居位輔政，家凡九侯、五大司馬，語在《元后傳》。[1]唯莽父曼蚤死，不侯。[2]莽群兄弟皆將軍五侯子，[3]乘時侈靡，[4]以輿馬聲色佚游相高，[5]莽獨孤貧，因折節爲恭儉。受《禮經》，[6]師事沛郡陳參，[7]勤身博學，被服如儒生。[8]事母及寡嫂，養孤兄子，行甚敕備。[9]又外交英俊，內事諸父，曲有禮意。陽朔中，[10]世父大將軍鳳病，[11]莽侍疾，親嘗藥，亂首垢面，不解衣帶連月。鳳且死，以託太后及帝，拜爲黃門郎，[12]遷射聲校尉。[13]

　　[1]【顏注】師古曰：《外戚傳》言十侯，此云九者，鳳本嗣禁爲侯（蔡琪本、大德本、殿本"鳳"前有"以"字）。【今注】九侯：《漢書考證》齊召南指出，本書卷九七下《外戚傳下》及卷九八《元后傳》所載爲"十侯"，是包括元后外甥定陵侯淳于長。此處專言王氏，故云"九侯"。周壽昌《漢書注校補》略同此說。今案，元后王政君之父陽平侯王禁共生四女八男。長女君俠，次女即元后，三女君力，四女君弟。長子王鳳字孝卿，次子王曼字元卿，三子王譚字子元，四子王崇字少子，五子王商字子夏，六子王

立字子叔，七子王根字稚卿，八子王逢時字季卿。王曼早亡，其餘七兄弟後皆陸續封侯。禁弟弘之子音、曼子莽、君俠子淳于長亦皆陸續封侯。合計十侯，除淳于長外，王姓封侯者共九人，是爲九侯。其中，鳳、音、商、根、莽陸續任大司馬，大權獨掌，故稱"五大司馬"。除以上諸人外，譚子閎、商子邑、音子舜在西漢後期及新莽時期亦頗參與政事。由此可略見王氏家族對西漢後期政壇影響之大。　大司馬：《周禮》中所載的夏官之長，掌武事。漢初承秦制，以太尉爲武官之長，且亦不常置，更不設大司馬一職。漢武帝於元狩四年（前119）漠北大捷後，設大司馬爲加官，分別封衛青、霍去病。自霍光封大司馬大將軍之後，此職乃成爲常置固定之職，内朝官之領袖。成帝時改官制，又以此職比附漢初之太尉，成爲三公之一。

[2]【顔注】師古曰：蚤，古"早"字。

[3]【今注】五侯：指漢成帝封舅氏平阿侯王譚、成都侯王商、紅陽侯王立、曲陽侯王根、高平侯王逢時。五人同日封，故世謂之"五侯"。

[4]【顔注】師古曰：乘，因也，因貴戚之時（戚，蔡琪本、殿本作"盛"）。

[5]【顔注】師古曰："佚"字與"逸"同。

[6]【今注】禮經：書名。即《士禮》，至晉代以後又被稱作《儀禮》（明代以後《禮》成爲《禮記》的代稱，與漢晉時不同）。本書内容主要是記録先秦貴族的各種禮儀規定，主要以士階層的禮爲主，故有"士禮"之稱。關於本書的起源，古文經學家推之於周公，此説已基本不被取信。今文經學家認爲是孔子所著，近現代學者雖亦不完全采信此説，然多亦認爲此書産生於春秋戰國之交，爲孔子及其後學陸續撰著。秦代焚書後，至漢初，有魯高堂生傳《禮》十七篇，後世所傳《儀禮》即本於此。有漢鄭玄注、唐賈公彦疏的《儀禮注疏》。〔參見沈文倬《略論禮典的實行和〈儀禮〉

書本的撰作》（上、下），《文史》第 15、16 輯；丁鼎《試論〈儀禮〉的作者與撰作時代》，《孔子研究》2002 年第 6 期〕

　　[7]【今注】沛郡：治相縣（今安徽濉溪縣西北）。

　　[8]【顏注】師古曰：被，音皮義反。

　　[9]【顏注】師古曰：敕，整也。

　　[10]【今注】陽朔：漢成帝年號（前 24—前 21）。

　　[11]【顏注】師古曰：謂伯父也，以居長嫡而繼統也。【今注】大將軍鳳：王鳳，字孝卿，西漢東平陵（今山東濟南市東）人。爲元帝皇后王政君兄。初爲衛尉，襲父爵陽平侯。成帝即位，以外戚爲大司馬大將軍，領尚書事。專斷朝政十一年。

　　[12]【今注】黃門郎：官名。給事黃門的郎官，簡稱黃門郎。黃門即禁門。本爲加官，至西漢末成爲少府黃門令下屬常設官職。侍從皇帝左右，關通內外。

　　[13]【今注】射聲校尉：漢武帝置。領待詔射聲士，所掌爲常備精兵，屯戍京師，兼任征伐。爲北軍八校尉之一，俸二千石。

　　久之，叔父成都侯商上書，願分户邑以封莽，及長樂少府戴崇、侍中金涉、胡騎校尉箕閎、上谷都尉陽並、中郎陳湯，[1]皆當世名士，咸爲莽言，上由是賢莽。永始元年，[2]封莽爲新都侯，[3]國南陽新野之都鄉，[4]千五百户。遷騎都尉光禄大夫侍中，[5]宿衛謹敕，爵位益尊，節操愈謙。散輿馬衣裘，振施賓客，[6]家無所餘。收贍名士，交結將相卿大夫甚衆。故在位更推薦之，[7]游者爲之談説，虛譽隆洽，傾其諸父矣。敢爲激發之行，處之不慚恧。[8]

　　[1]【今注】長樂少府：漢景帝時更名長信詹事置長信少府，

平帝時改稱長樂少府，掌皇太后宮中事務，秩二千石。長樂，長樂宮，本秦興樂宮，"周迴二十里"（《資治通鑑》卷一一一《漢紀》太祖高皇帝五年胡三省注引程大昌《雍錄》）。漢高祖時擴建，改名長樂宮，在此視朝。漢惠帝以後爲太后寢宮。遺址在今陝西西安市西北漢長安故城東南隅。　戴崇：沛郡人，漢成帝時丞相張禹之弟子。　侍中：官名。秦始置。西漢時爲加官，無員，凡官員加此頭銜即可入禁中，親近皇帝。初掌雜務，後漸與聞朝政，贊導衆事，顧問應對，與公卿大臣論辯，平議尚書奏事，爲中朝要職。設僕射一人。　金涉：金日磾弟金倫之曾孫，事見本書卷六八《金日磾傳》。　胡騎校尉：漢武帝置。北軍八校尉之一。胡騎，指由內附匈奴人組成的中央直屬常備軍，屯宣曲、池陽，分別由長水校尉與胡騎校尉掌管，既戍衛京師，亦從征伐。　上谷：郡名。治沮陽（今河北懷來縣大古城村）。　都尉：職官名。原稱郡尉，漢景帝中元二年（前148）更爲此名，佐郡太守典武職甲卒，掌治安，防盜賊，爲一郡之最高武官。秩比二千石。　中郎：官名。郎官的一種，職在侍衛皇帝，入守宮禁，出充車騎。秩比六百石。　陳湯：西漢名將。元帝建昭三年（前36），陳湯以西域都護府副校尉矯詔，調發屯田軍與西域各國軍隊共四萬人擊滅匈奴郅支單于。傳見本書卷七〇。

[2]【今注】永始：漢成帝年號（前16—前13）。

[3]【今注】新都：侯國名。屬南陽郡，治所在今河南新野縣東南王莊鎮九女城村。

[4]【今注】南陽：郡名。治宛縣（今河南南陽市宛城區）。新野：縣名。治所在今河南新野縣。

[5]【今注】騎都尉：漢置，掌監羽林騎，後掌駐屯騎兵，領兵征伐。漢宣帝時，一人監羽林騎，一人領西域都護。秩比二千石。　光禄大夫：漢武帝時改中大夫置，掌論議。屬光禄勳，秩比二千石。

[6]【顏注】師古曰：振，舉也。

[7]【顔注】師古曰：更，音工衡反。

[8]【顔注】師古曰：激，急動也。悷，愧也。激，音工歴反。悷，音女六反。【今注】慙："慚"的異體字。 悷：慚愧。

莽兄永爲諸曹，蚤死，有子光，莽使學博士門下。[1]莽休沐出，[2]振車騎，[3]奉羊酒，勞遺其師，恩施下竟同學。[4]諸生縱觀，長老嘆息。光年小於莽子宇，[5]莽使同日内婦，賓客滿堂。須臾，一人言太夫人苦某痛，當飲某藥，比客罷者數起焉。[6]嘗私買侍婢，昆弟或頗聞知，莽因曰："後將軍朱子元無子，[7]莽聞此兒種宜子，[8]爲買之。"即日以婢奉子元。其匿情求名如此。

[1]【今注】博士：官名。秦置，漢因之，隸屬九卿之一奉常（太常）。漢武帝罷黜百家之前，博士治各家之學，其後乃專立儒學一家。掌議政、制禮、藏書、顧問及教授經學、考核人材、奉命出使等。初秩比四百石，後升比六百石。

[2]【今注】休沐：休息沐浴，指官吏例行假期。漢制規定五日一休沐（詳參廖伯源《漢官休假雜考》，《秦漢史論叢（增訂本）》，中華書局 2008 年版，第 256—287 頁）。

[3]【顔注】師古曰：振，整也。一曰，振，張起也。

[4]【顔注】師古曰：竟，周徧也。

[5]【今注】宇：王莽嫡子四人，宇爲長子。

[6]【顔注】師古曰：比，音必寐反。數，音所角反。

[7]【顔注】師古曰：謂朱博（大德本、殿本同，蔡琪本句末有"也"字）。【今注】後將軍：官名。漢代有前、後、左、右將軍，漢武帝時始設，初爲大將軍出征時手下裨將臨時名號，事訖

即罷，昭、宣以後常置，典掌禁兵，戍衞京師，或任征伐，皆"位上卿，金印紫綬"（本書《百官公卿表》）。　朱子元：即朱博，漢哀帝時任御史大夫。傳見本書卷八三。

[8]【顏注】師古曰：此兒，謂所買婢也。

　　是時，太后姊子淳于長以材能爲九卿，[1]先進在莽右。[2]莽陰求其罪過，[3]因大司馬曲陽侯根白之，[4]長伏誅，莽以獲忠直，語在《長傳》。根因乞骸骨，[5]薦莽自代，上遂擢爲大司馬。是歲，綏和元年也，年三十八矣。莽既拔出同列，繼四父而輔政，[6]欲令名譽過前人，遂克己不倦，聘諸賢良以爲掾史，賞賜邑錢悉以享士，[7]愈爲儉約。母病，公卿列侯遣夫人問疾，莽妻迎之，衣不曳地，布蔽膝。見之者以爲僮使，問知其夫人，皆驚。

　　[1]【今注】淳于長：元后姊君俠之子。因戲侮成帝廢后許氏，許諾助其復立爲左皇后而獲罪，死於獄中。傳見本書卷九三。

　　[2]【顏注】師古曰：名位居其右，右（右，蔡琪本、殿本作"在"），前也。【今注】右：漢代以右爲尊，與魏晉以後主要以左爲尊的風俗不同（參見常林炎《尊右、尊左辨》，《北京師範大學學報》，1989 年第 5 期）。

　　[3]【今注】案，陰，殿本作"因"。

　　[4]【今注】曲陽：侯國名。治所在今安徽淮南市東。漢成帝河平二年（前 27）封外戚王根爲曲陽侯。秦代即已置縣。秦封泥有"曲陽左尉"。　根：王根，字稚卿，西漢東平陵（今山東濟南市東）人。元帝皇后王政君弟。成帝時以帝舅封曲陽侯。後爲大司馬驃騎將軍，繼其兄王商輔政。歷五歲，以老辭職。哀帝立，遣

就國。

[5]【今注】乞骸骨：大臣請求致仕退休的謙辭。

[6]【顏注】師古曰：鳳、商、音、根四人皆爲大司馬，而莽之諸父也。

[7]【今注】邑錢：王先謙《漢書補注》指出，邑錢指國邑賦入。

　　輔政歲餘，成帝崩，哀帝即位，尊皇太后爲太皇太后。太后詔莽就第，避帝外家。莽上疏乞骸骨，哀帝遣尚書令詔莽曰：[1]"先帝委政於君而棄群臣，朕得奉宗廟，誠嘉與君同心合意。今君移病求退，[2]以著朕之不能奉順先帝之意，[3]朕甚悲傷焉。已詔尚書待君奏事。"又遣丞相孔光、大司空何武、左將軍師丹、衛尉傅喜白太后曰：[4]"皇帝聞太后詔，甚悲。大司馬即不起，皇帝即不敢聽政。"太后復令莽視事。

　　[1]【今注】尚書令：秦始置，漢沿置，本爲少府屬官，掌章奏文書，武帝後職權漸重。掌凡選署及奏下尚書曹文書衆事。秩千石。尚書，始於戰國，秦時爲少府屬官，掌殿内文書。漢初承秦制，設令、僕射、丞、尚書吏，掌收發文書，傳達記録詔命章奏，隸少府。漢武帝時漸成爲重要宮廷政治機構，參與國家機密，常以中朝大臣兼領、平、視，以左右曹諸吏平尚書奏事，參與議政決策，宣示詔命。百官奏事先呈尚書，皆爲正、副二封，由領尚書者拆閱副封，加以裁決，可屏抑不奏。百官選舉任用考察詰責彈劾之責亦歸之。漢成帝時設尚書五人，開始分曹辦事，群臣章奏都經尚書。

　　[2]【顏注】師古曰：移書言病也。一曰，以病而移居也。

[3]【顔注】師古曰：著，明也。

[4]【今注】丞相：官名。漢三公之一。輔佐皇帝，掌全國政務。 孔光：傳見本書卷八一。 大司空：漢成帝綏和元年（前8）改御史大夫爲大司空，内領侍御史十五人，受公卿奏事，舉劾按章，並掌圖籍秘書；外督部刺史。金印紫綬，禄比丞相，秩萬石。 何武：傳見本書卷八六。 左將軍：官名。漢代有前、後、左、右將軍，漢武帝時始設，初爲大將軍出征時手下裨將臨時名號，事訖即罷，昭宣以後常置，典掌禁兵，戍衛京師，或任征伐，皆“位上卿，金印紫綬”。 師丹：琅邪人，治《詩》，匡衡弟子。成帝時曾參與改革郊祀之制。後任太子太傅。哀帝即位，先後獲封左將軍、大司馬、大司空。曾上書建議行限田之制，然未成功，但成爲王莽時改革天制之先聲。因其反對傅太后稱尊號，又在議幣制改革時未加以保密，被免職。平帝即位，王莽輔政，乃封其爲義陽侯。傳見本書卷八六。 衛尉：戰國秦置，西漢沿置，掌宮門屯衛兵，秩中二千石，列位九卿。 傅喜：傳見本書卷八二。

時哀帝祖母定陶傅太后、母丁姬在，[1]高昌侯董宏上書言：[2]“《春秋》之義，母以子貴，丁姬宜上尊號。”莽與師丹共劾宏誤朝不道，語在《丹傳》。後日，未央宮置酒，[3]内者令爲傅太后張幄，[4]坐於太皇太后坐旁。[5]莽案行，責内者令曰：“定陶太后藩妾，何以得與至尊並!”徹去，更設坐。傅太后聞之，大怒，不肯會，重怨恚莽。[6]莽復乞骸骨，哀帝賜莽黃金五百斤，安車駟馬，[7]罷就第。公卿大夫多稱之者，上乃加恩寵，置使家中黃門，[8]十日一賜餐。下詔曰：“新都侯莽憂勞國家，執義堅固，朕庶幾與爲治。太皇太后詔莽就第，朕甚閔焉。其以黄郵聚户三百五十益封，[9]位特進，[10]給事中，[11]朝朔望見禮如三公，[12]車駕乘綠車從。"[13]後二歲，傅太后、丁姬皆稱尊號，丞相朱博奏："莽前不廣尊尊之義，抑貶尊號，虧損孝道，當伏顯戮，幸蒙赦令，不宜有爵土，請免爲庶人。"上曰："以莽與太皇太后有屬，勿免，遣就國。"

[1]【今注】定陶：縣名。治所在今山東菏澤市定陶區西北古陶邑。　傅太后：漢元帝昭儀，哀帝祖母，性剛暴而有材略，哀帝朝重要政治事件多與其有關。事見本書卷九七下《外戚傳下》、卷七七《毋將隆傳》、卷八一《孔光傳》、卷八二《傅喜傳》、卷八三《朱博傳》等哀帝朝諸大臣、貴戚之傳記中。　丁姬：漢哀帝母。事見本書《外戚傳下》。

[2]【今注】高昌：侯國名。治所在今山東博興縣西南。宣帝時，期門董忠因告霍禹謀反獲封高昌侯。元帝時，其子董宏嗣侯。

[3]【今注】未央宮：漢正宮。在秦章臺基礎上修建，位於漢長安城地勢最高的西南角龍首原上，因在長安城安門大街之西，又稱西宮（參見李毓芳《漢長安城未央宮的考古發掘與研究》，《文博》1995 年第 3 期；陳蘇鎮《未央宮四殿考》，《歷史研究》2016 年第 5 期）。

[4]【今注】内者令：官名。漢置，屬少府，掌宮中布帳及諸褻物。俸六百石，左右丞各一人。

[5]【顏注】師古曰：坐，迣音材臥反（迣，蔡琪本、大德本、殿本作"並"）。

[6]【顏注】師古曰：會，謂至置酒所也。重，音直用反。

[7]【今注】安車：可以坐乘的小車。高官告老，君主往往賜予安車，以示優容。

[8]【顏注】蘇林曰：使黃門在其家中爲使令。

[9]【顏注】服虔曰：黃郵在南陽棘陽縣。【今注】黃郵聚：

聚落名。故地在今河南新野縣東。 案，蔡琪本、大德本、殿本
"益封"後有"莽"字。

[10]【今注】特進：西漢置，凡諸侯功德優盛、朝廷敬異者
賜特進，位在三公下，得自辟僚屬。

[11]【今注】給事中：秦置。西漢因之。爲加官，加此號得
給事宮禁中，常侍皇帝左右，備顧問應對，每日上朝謁見，分平尚
書奏事，負責實際政務，爲中朝要職，多以名儒國親充任。位次中
常侍，無定員。

[12]【顏注】師古曰：見天子之禮也。見，音胡電反。【今
注】朔：農曆每月初一。 望：農曆每月十五。 三公：古代輔助
國君的三位最高官員的總稱。周朝三公有二説：一謂司馬、司徒、
司空，一謂太師、太傅、太保。秦及西漢前期無法定三公，但在習
慣上往往將丞相、太尉、御史大夫並稱三公。至成帝時，改革官
制，改丞相、御史大夫爲大司徒、大司空，又以大司馬比附早已不
常置的太尉，正式從制度上確立了"三公"之制。哀帝建平二年
（前5），從朱博之請，復大司空爲御史大夫，去大司馬印綬、官署
而冠將軍號。平帝元壽二年（前1）又復三公，並改丞相爲大司
徒。此制基本上爲新莽、東漢所承。近年有觀點認爲，成帝時改革
官制並非祇是從形式上整齊官制，其重新確立"三公"後，實是將
外朝的丞相、御史大夫以大司徒、大司空的名義引入內朝，同時又
令大司馬兼領外朝，使三公同時施行內外朝的權力。這在一定程度
上改變了霍光以來內朝大司馬獨大，外朝丞相、御史大夫淪爲傀儡
的政治格局。（參見安作璋、熊鐵基《秦漢官制史稿》，齊魯書社
2007年版，第6—7頁；徐冲《西漢後期至新莽時代"三公制"的
演生》，《文史》2018年第4輯）

[13]【顏注】師古曰：綠車，皇孫之車，天子出行，令莽乘
之以從，所以寵也。

莽杜門自守，其中子獲殺奴，[1]莽切責獲，令自殺。在國三歲，吏上書冤訟莽者以百數。[2]元壽元年，日食，[3]賢良周護、宋崇等對策深頌莽功德，上於是徵莽。

[1]【顏注】師古曰：獲者，莽子之名也。今書本有作"護"字者，流俗所改耳。【今注】獲：王莽嫡子四人，獲爲次子。

[2]【顏注】師古曰：言其合管朝政，不當就國也。

[3]【今注】日食：漢哀帝元壽元年正月辛丑日（公元前 2 年 2 月 5 日）有日食。

始莽就國，南陽太守以莽貴重，[1]選門下掾宛孔休守新都相。[2]休謁見莽，莽盡禮自納，休亦聞其名，與相荅。後莽疾，休候之，莽緣恩意，進其玉具寶劍，欲以爲好。[3]休不肯受，莽因曰："誠見君面有瘢，[4]美玉可以滅瘢，欲獻其瑑。"[5]即解其瑑，[6]休復辭讓。莽曰："君嫌其賈邪？"[7]遂椎碎之，[8]自裹以進休，休乃受。及莽徵去，欲見休，休稱疾不見。[9]

[1]【今注】太守：職官名。漢地方郡的最高長官。原稱郡守。漢景帝中元二年（前 148）更爲現名，秩二千石。

[2]【顏注】師古曰：姓孔名休，宛縣人。【今注】掾：本意爲輔佐，後被用以統稱副官、佐吏等官署吏員。　宛：縣名。治所在今河南南陽市宛城區。

[3]【顏注】師古曰：結歡好也，音呼到反。

[4]【顏注】師古曰：瘢，創痕也。痕，音下恩反。

[5]【今注】案，蔡琪本、大德本、殿本句末有"耳"字。

　　[6]【顏注】服虔曰：璲，音"衛"。蘇林曰：劍鼻也。師古曰："璲"字本作"璏"（璏，蔡琪本、殿本作"氍"），從王氍聲（王，蔡琪本、大德本作"玉"），後轉寫者訛也。璥自雕琢字耳（以上二處"璥"，蔡琪本、大德本、殿本作"璲"），音篆也（篆，殿本作"璲"）。【今注】璥：沈欽韓《漢書疏證》指出，《考工記·玉人》注云："璥，文飾也。"許慎《說文解字》云："璏，劍鼻也。"《說苑·善說》云："襄城君帶玉璏劍。"據此，沈氏認爲，"璥"爲文飾，若桓圭、信圭之類；"璏"則爲劍鼻，即劍鐔。

　　[7]【顏注】師古曰："賈"讀曰"價"，言其所有價直也。

　　[8]【顏注】師古曰：椎，音直追反，其字從木。

　　[9]【今注】案，沈欽韓《漢書疏證》指出，《後漢書》卷二五《卓茂傳》記載了王莽篡位後請孔休爲國師，休"歐血託病，杜門自絕"之事。

　　莽還京師歲餘，哀帝崩，無子，而傅太后、丁太后皆先薨，太皇太后即日駕之未央宮收取璽綬，遣使者馳召莽。詔尚書，[1]諸發兵符節、百官奏事、中黃門、期門兵皆屬莽。[2]莽白："大司馬高安侯董賢年少，[3]不合衆心，收印綬。"賢即日自殺。太后詔公卿舉可大司馬者，大司徒孔光、大司空彭宣舉莽，[4]前將軍何武、後將軍公孫祿互相舉。[5]太后拜莽爲大司馬，與議立嗣。安陽侯王舜莽之從弟，[6]其人修飭，[7]太后所信愛也，莽白以舜爲車騎將軍，[8]使迎中山王奉成帝後，[9]是爲孝平皇帝。帝年九歲，太后臨朝稱制，[10]委政於莽。莽白趙氏前害皇子，[11]傅氏驕僭，[12]遂廢孝成趙皇后、孝哀傅皇后，[13]皆令自殺，語在《外戚傳》。

[1]【今注】尚書：始於戰國，秦時爲少府屬官，掌殿內文書。漢初承秦制，設令、僕射、丞、尚書吏，掌收發文書，傳達記録詔命章奏，隷少府。漢武帝時漸成爲重要宮廷政治機構，參與國家機密，常以中朝大臣兼領、平、視，以左右曹諸吏平尚書奏事，參與議政決策，宣示詔命。百官奏事先呈尚書，皆爲正、副二封，由領尚書者拆閲副封，加以裁決，可屏抑不奏。百官選舉任用考察詰責彈劾之責亦歸之。漢成帝時設尚書五人，開始分曹辦事，群臣章奏都經尚書。

[2]【今注】中黃門：官名。爲秦漢九卿之一少府屬官。實即在宮廷中服役之太監，因其居禁中在黃門之內給事，故稱。　期門：官名。又稱"期門郎""期門武士"，負責持執兵器扈從皇帝。

[3]【今注】董賢：哀帝寵臣，事見本書卷九三《佞幸傳》。

[4]【今注】大司徒：漢哀帝時以丞相之名不見於經書，改名"大司徒"，列大司馬之下。　彭宣：傳見本書卷七一。

[5]【今注】前將軍：官名。漢代有前、後、左、右將軍，漢武帝時始設，初爲大將軍出征時手下裨將臨時名號，事訖即罷，昭、宣以後常置，典掌禁兵，戍衛京師，或任征伐，皆"位上卿，金印紫綬"。　公孫禄：漢哀帝時爲左將軍，因與何武互舉爲大司馬，皆免官。王莽稱帝後，曾復召入朝徵詢鎮壓人民反抗方略，旋遣出。錢大昕《廿二史考異·漢書三》指出，本書《百官公卿表》、卷八六《何武傳》皆稱公孫禄爲左將軍。此作"後將軍"，當誤。今案，錢説是，本書卷九九下《王莽傳下》亦云"故左將軍"。

[6]【今注】安陽：侯國名。治所在今河南正陽縣南。　王舜：濟南郡東平陵縣（今山東濟南市章丘區）人。漢元帝皇后王政君堂弟大司馬、車騎將軍、安陽侯王音之子，甚爲王莽所親信，倚

爲腹心。成帝永始二年（前15）父死襲爵，綏和元年（前8）以駙馬都尉爲太僕，哀帝元壽二年（前1）遷大司馬、車騎將軍。哀帝崩，奉太皇太后詔持節迎立平帝，平帝元始元年（1）爲太保。王莽居攝，爲太傅、左輔。王莽稱帝，曾爲莽向元后索要傳國玉璽，拜爲太師，封安新公，爲新莽四輔之一。新莽始建國三年（11）病卒。事多見本書本卷、卷九九中《王莽傳中》。

[7]【顏注】師古曰："飭"讀與"敕"同。敕，整也。

[8]【今注】車騎將軍：漢初爲臨時將軍之號，因領車騎士得名，事訖即罷。武帝後常設，地位次於大將軍、驃騎將軍。武帝後常典京城、皇宮禁衛軍隊，出征時常總領諸將軍。文官輔政者亦或加此銜，領尚書政務，成爲中朝重要官員。

[9]【今注】中山：諸侯王國名。治盧奴縣（今河北定州市）。

[10]【今注】稱制：行使皇帝的職權。

[11]【今注】趙氏前害皇子：漢成帝趙皇后（飛燕）、趙昭儀專寵，與皇太后王政君不睦。成帝死，皇太后歸罪趙昭儀，趙昭儀自殺。哀帝初即位，趙飛燕爲皇太后，復有司隸解光舉奏趙飛燕姐妹曾殘害成帝子嗣。哀帝即位多賴趙氏姐妹之力，故不深究此事，僅罷免趙氏兄弟以塞責王氏家族，保全趙太后。至此復被王氏家族追究。事見本書卷九七下《外戚傳下》。關於趙氏姐妹殺害成帝子嗣的罪名，有觀點認爲係王莽等人所造之冤獄（參見孟祥才《撲朔迷離的趙飛燕姊妹謀殺皇子案》，《聊城師範學院學報》2000年第6期）。

[12]【今注】傅氏驕僭：漢哀帝時，尊其祖母傅太后爲皇太太后，地位與元后相侔。傅太后頗參與政事，對哀帝朝政爭影響頗大，與王氏家族結怨甚深。

[13]【今注】趙皇后：趙飛燕，後爲漢成帝皇后。事見本書《外戚傳下》。　傅皇后：漢哀帝皇后，其父傅晏爲哀帝祖母傅太后之堂弟。事見本書《外戚傳下》。

莽以大司徒孔光名儒，相三主，太后所敬，天下信之，於是盛尊事光，引光女壻甄邯爲侍中奉車都尉。[1]諸哀帝外戚及大臣居位素所不說者,[2]莽皆傅致其罪,[3]爲請奏，令邯持與光。光素畏慎，不敢不上之，莽白太后，輒可其奏。於是前將軍何武、後將軍公孫禄坐互相舉免，丁、傅及董賢親屬皆免官爵，徙遠方。紅陽侯立太后親弟,[4]雖不居位，莽以諸父内敬憚之，畏立從容言太后，令己不得肆意,[5]乃復令光奏立舊惡：“前知定陵侯淳于長犯大逆罪,[6]多受其賂，爲言誤朝;[7]後白以官婢楊寄私子爲皇子，衆言曰吕氏、少帝復出,[8]紛紛爲天下所疑，難以示來世，成繈保之功。[9]請遣立就國。” 太后不聽。莽曰：“今漢家衰，比世無嗣,[10]太后獨代幼主統政，誠可畏懼，力用公正先天下，尚恐不從,[11]今以私恩逆大臣議如此，群下傾邪，亂從此起！宜可且遣就國，安後復徵召之。”[12]太后不得已，遣立就國。莽之所以脅持上下，皆此類也。

[1]【今注】甄邯：字子心。西漢末至新莽朝官員。丞相孔光女婿。哀、平時歷任侍中奉車都尉、光禄勳、右將軍，封承陽侯（亦作“丞陽侯”），爲王莽心腹之一。王莽居攝，先後任太保後承、大將軍。新莽代漢，拜大司馬，封承新公。事迹見本書卷九九《王莽傳》。　奉車都尉：官名。漢武帝始置，掌天子車輿，秩比二千石，多由皇帝親信充任。

[2]【顏注】師古曰：“說”讀曰“悅”。

[3]【顏注】師古曰：“傅”讀曰“附”。附益而引致之令

入罪。

[4]【今注】紅陽：侯國名。治所在今河南葉縣南。漢成帝河平二年（前27）封王太后弟王立爲紅陽侯。　立：王立，字子叔。王禁第六子，漢元帝皇后王政君之弟。成帝河平二年以帝舅封紅陽侯。

[5]【顏注】師古曰：肆，放也（殿本無此注）。

[6]【今注】定陵：侯國名。治所在今河南漯河市郾城區西北。漢成帝元延三年（前10）封侍中衞尉淳于長爲定陵侯，食邑一千戶。成帝綏和元年（前8）國除。

[7]【顏注】師古曰：妄稱譽之，誤惑朝廷也。

[8]【今注】少帝：吕后先後立惠帝兩位後宮子爲皇帝，是爲少帝。前少帝在吕后四年（前184）被廢，後少帝弘繼立。吕后死後，功臣發動“誅吕安劉”之變，聲言弘等非惠帝子，迎立文帝，而廢殺少帝。是以王莽以此爲言。不過，近代以來的研究一般認爲所謂少帝非惠帝子之説並非史實。

[9]【今注】案，繈，殿本作“襁”。保，蔡琪本、大德本、殿本作“緥”。

[10]【顏注】師古曰：比，頻也。

[11]【顏注】師古曰：力，勉力。

[12]【顏注】師古曰：安猶徐也。【今注】安後：《資治通鑑》卷三五《漢紀》孝哀皇帝元壽二年胡三省注認爲，“安後”意爲事定之後。何焯《義門讀書記》卷二〇認爲，“安後”意爲國家少安之後。

於是附順者拔擢，忤恨者誅滅。王舜、王邑爲腹心，[1]甄豐、甄邯主擊斷，[2]平晏領機事，[3]劉歆典文章，[4]孫建爲爪牙。[5]豐子尋、歆子棻、[6]涿郡崔發、南陽陳崇皆以材能幸於莽。[7]莽色厲而言方，[8]欲有所爲，微見風采，[9]黨與承其指意而顯奏之，莽稽首涕泣，固推讓焉，上以惑太后，下用示信於衆庶。

[1]【今注】王邑：東平陵（今山東濟南市東）人。王商中子，漢哀帝時襲爵爲成都侯。王莽居攝，翟義起義反莽，任虎牙將軍鎮壓翟義、趙明、霍鴻起義，轉步兵將軍。王莽稱帝後，任大司空，封隆新公。綠林起義時與大司徒王尋率軍鎮壓，大敗於昆陽。綠林軍攻入長安，被殺。

[2]【今注】甄豐：字長伯。西漢末至新莽朝官員。成、哀時歷任京兆都尉、水衡都尉、泗水相、左曹中郎將、光禄勳、右將軍等職。平帝時任少傅左將軍、大司空，封廣陽侯，爲權臣王莽心腹之一。新莽代漢，拜更始將軍，封廣新公。後因其子犯罪，被迫自殺。事迹見本書卷九九《王莽傳》。

[3]【今注】平晏：扶風平陵人。平當子。以明經歷位大司徒，封防鄉侯。

[4]【今注】劉歆：西漢經學家、天文學家、目録學家。繼其父劉向在成、哀之際整理群書，編爲《七略》，奠定了中國古代目録學的基礎。劉歆與王莽相善，利用經學爲新莽代漢奠定了理論基礎，被封爲國師、嘉新公。後因其子女與徒弟被殺而怨王莽，加之外部更始軍之壓力，乃謀劃政變，事敗被殺。

[5]【今注】孫建：周壽昌《漢書注校補》指出，本書卷七〇《傅常鄭甘陳段傳》贊云“孫建用威重顯”，卷九二《游俠傳》則言王莽“素善强弩將軍孫建”。孫建仕莽，至立國將軍成新公，莽欲以其女平帝皇后改嫁孫建之子，可見其寵。

[6]【顏注】師古曰：“菜”或作“樔”字，音扶云反。

[7]【今注】涿郡：治涿縣（今河北涿州市）。屬幽州刺史部。

崔發：周壽昌《漢書注校補》指出，崔發，涿郡安平人，崔篆之兄，崔駰之叔祖也。《後漢書》卷五二《崔駰傳》稱其以佞巧幸於莽，位至大司空。其母師氏能通經學、百家之言，莽寵以殊禮，賜號義成夫人，金印紫綬，顯於新莽一朝。　南陽：郡名。治宛縣（今河南南陽市宛城區）。　陳崇：南陽人。西漢末，以材能受到權臣王莽信任，任司隸校尉、大司徒司直。新莽時任五威司命，封統睦侯。事見本書《王莽傳》。

[8]【顏注】師古曰：外示凜厲之色，而假爲方直之言。【今注】案，方，蔡琪本、大德本、殿本作"之"。

[9]【顏注】師古曰：見，音胡電反。

　　始，風益州令塞外蠻夷獻白雉，[1]元始元年正月，莽白太后下詔，以白雉薦宗廟。群臣因奏言太后"委任大司馬莽定策安宗廟。故大司馬霍光有安宗廟之功，[2]益封三萬戶，疇其爵邑，[3]比蕭相國。[4]莽宜如光故事"。太后問公卿曰："誠以大司馬有大功當著之邪？[5]將以骨肉故欲異之也？"於是群臣乃盛陳："莽功德致周成白雉之瑞，[6]千載同符。聖王之法，臣有大功則生有美號，故周公及身在而託號於周。[7]莽有定國安漢家之大功，宜賜號曰安漢公，益戶，疇爵邑，上應古制，下準行事，[8]以順天心。"太后詔尚書具其事。

[1]【顏注】師古曰："風"讀曰"諷"。下皆類此。【今注】益州：此當指益州郡。治滇池（今雲南昆明市晉寧區東）。案，《韓詩外傳》卷五有云"越嘗氏重九譯而至，獻白雉於周公"。王莽造此祥瑞，意在以周公自比。

[2]【今注】霍光：霍去病之弟，西漢昭、宣朝權臣。傳見本書卷六八。

[3]【今注】疇：同"酬"。

[4]【今注】蕭相國：即蕭何。初爲沛縣主吏掾，後隨劉邦起事，攻破咸陽後保護秦廷律令圖書，在其後軍事活動、法律建設中發揮了重要作用。楚漢相爭任丞相，留守關中，負責後勤與兵源之補充。後長期任丞相、相國，至惠帝時去世。傳見本書卷三九。

[5]【顏注】師古曰：著，明也。

[6]【今注】周成：周成王，名誦，周武王之子。幼年登基，由其叔父周公輔政。

[7]【今注】周公：即周武王之弟周公旦，獲封於魯，不之國，而以其子伯禽就封。在武王去世後輔佐成王，任太師，攝政，東征平滅武王弟管叔、蔡叔與紂王子武庚的聯合叛亂，營建洛邑，設成周八師鎮撫東方。制禮作樂，確立周代諸項制度。在成王成年後，周公還政於成王。被後世視作賢臣代表、儒家聖人。參見《史記》卷三三《魯周公世家》。　案，託，殿本作“記”。

[8]【今注】行事：《漢書考正》劉敞認爲，“行事”意爲已行之事。王先謙《漢書補注》認爲，“行事”爲“故事”（舊例）之意。古制指周公，故事指霍光。

莽上書言：“臣與孔光、王舜、甄豐、甄邯共定策，今願獨條光等功賞，寢置臣莽，勿隨輩列。”甄邯白太后下詔曰：“‘無偏無黨，王道蕩蕩，’[1]屬有親者，義不得阿。君有安宗廟之功，不可以骨肉故蔽隱不揚。君其勿辭。”

[1]【顏注】師古曰：《尚書·洪範》之言也。蕩蕩，廣平之貌也。故引之。

莽復上書讓。太后詔謁者引莽待殿東箱，[1]莽稱疾不肯入。太后使尚書令恂詔之曰：“君以選故而辭以疾，[2]君任重，不可闕，以時亟起。”[3]莽遂固辭。[4]太后復使長信大僕閎承制召莽，[5]莽固稱疾。左右白太后，宜勿奪莽意，但條孔光等，莽乃肯起。太后下詔曰：“太傅博山侯光宿衞四世，[6]世爲傅相，忠孝仁篤，行義顯著，建議定策，益封萬户，以光爲太師，與四輔之政。[7]車騎將軍安陽侯舜積累仁孝，使迎中山王，折衝萬里，功德茂著，益封萬户，以舜爲太保。左將軍光禄勳豐宿衞三世，[8]忠信仁篤，[9]使迎中山王，輔導共養，以安宗廟，[10]封豐爲廣陽侯，食邑五千户，以豐爲少傅。皆授四輔之職，疇其爵邑，各賜第一區。侍中奉車都尉邯宿衞勤勞，建議定策，封邯爲承陽侯，食邑二千四百户。”[11]四人既受賞，莽尚未起，群臣復上言：“莽雖克讓，朝所宜章，以時加賞，明重元功，無使百僚元元失望。”太后乃下詔曰：“大司馬新都侯莽三世爲三公，[12]典周公之職，建萬世策，功德爲忠臣宗，化流海内，遠人慕義，越氏重譯獻白雉。[13]其以召陵、新息二縣户二萬八千益封莽，[14]復其後嗣，疇其爵邑，[15]封功如蕭相國。以莽爲太傅，幹四輔之事，號曰安漢公。以故蕭相國甲第爲安漢公第，[16]定著於令，傳之無窮。”

[1]【今注】謁者：職官名。春秋戰國已有，秦、漢承之。西漢時掌賓贊受事，郎中令（光禄勳）屬官，員七十人，秩比六百石。　案，東箱，蔡琪本、殿本作“東廂”。

[2]【顔注】師古曰：選，善也。國家欲襃其善，加號疇邑，

乃以疾辭。

[3]【顏注】師古曰：丞，急也，音居力反。

[4]【今注】案，王先謙《漢書補注》認爲，"遂"爲"竟"之意。

[5]【今注】長信大僕：即長信太僕。太僕掌管皇帝輿馬，長信太僕當是掌管太后輿馬之職位。長信，本書《百官公卿表》顏師古注引張晏認爲長信宮與長樂宮爲不同的兩宮。然《三輔黃圖》卷三"長樂宮"條下載有"長信宮"，爲太后常居之所。《資治通鑑》卷二四《漢紀》孝昭皇帝元平元年胡三省注進一步指出，據《百官公卿表》記載，平帝時"長信少府"改爲"長樂少府"。然則長信宮當爲長樂宮中的一座宮殿，爲太后所居之殿。

[6]【今注】太傅：太子太傅，諸侯國官制與中央略同，亦設太傅輔導諸侯國太子。西漢初掌保養、監護、輔翼太子，昭、宣以後兼掌教諭訓導。秩二千石。與太子少傅並稱太子二傅。　博山：侯國名。治所在今河南淅川縣東南順陽堡。哀帝綏和二年（前7）封孔光爲博山侯，邑千户。平帝元始元年（1）益萬户。

[7]【顏注】師古曰："與"讀曰"豫"。【今注】四輔：《尚書·周書·洛誥》載有"四輔"，然其所指爲何，並無確切記録。《尚書大傳》始釋之爲"前曰疑，後曰丞，左曰輔，右曰弼"。《史記》卷二《夏本紀》亦有"四輔臣"的記載，然亦無確指。因王莽好古，在其執政後始設此稱謂，然其指代的具體職位多有變化。在哀帝剛去世時，王莽以孔光爲太傅，有觀點認爲，當時已讓太傅與三公並稱四輔。平帝元始元年正月，以孔光爲太師，王舜爲太保，甄豐爲少傅，之後王莽任太傅，合稱四輔。至王莽自立爲皇帝，始建國元年（9）正月，復以王舜爲太師，平晏爲太傅，劉歆爲國師，哀章爲國將，稱爲"四輔"。有觀點認爲，王莽設置四輔與三公並行，是以四輔負責内朝事務，而由三公負責外朝事務（參見徐冲《西漢後期至新莽時代"三公制"的演生》，《文史》2018

年第 4 輯）。

　　[8]【今注】光禄勳：秦時稱郎中令，漢因之，武帝時更名“光禄勳”，掌宮殿掖門户。秩中二千石，位列九卿。

　　[9]【顏注】師古曰：篤，厚也。

　　[10]【顏注】師古曰：共，音居用反。養，音弋亮反。

　　[11]【顏注】師古曰：承，音蒸。【今注】案，二千，殿本作“三千”。

　　[12]【今注】三世爲三公：王莽在漢成帝末年、哀帝初年及平帝時皆任三公之職。

　　[13]【今注】越氏：蔡琪本、大德本、殿本作“越裳氏”。“越裳”之名始見《尚書大傳》。據越南歷史學家陳重金考證，越裳位於今越南廣平省、廣治省一帶。有學者認爲越裳指的是今緬北、老撾境内的撣族（[越]陳重金著，戴可來譯：《越南通史》，商務印書館 1992 年版，第 14 頁）。

　　[14]【今注】召陵：縣名。治所在今河南漯河市召陵區。新息：縣名。治所在今河南息縣。

　　[15]【顏注】師古曰：復，音方目反（方，殿本作“扶”）。

　　[16]【今注】甲第：豪門貴族的頭等住宅。

　　於是莽爲惶恐，[1]不得已而起受策。策曰：“漢危無嗣，而公定之；四輔之職，三公之任，而公幹之；群寮衆位，[2]而公宰之；功德茂著，宗廟以安，蓋白雉之瑞，周成象焉。[3]故賜嘉號曰安漢公，輔翼于帝，期於致平，[4]毋違朕意。”莽受大傅安漢公號，[5]讓還益封疇爵邑事，云願須百姓家給，然後加賞。[6]群公復争，大后詔曰：[7]“公自期百姓家給，是以聽之。其令公奉、舍人、賞賜皆倍故。[8]百姓家給人足，大司徒、大司空以聞。"莽復讓不受,而建言宜立諸侯王後及高祖以來功臣子孫,大者封侯,或賜爵關内侯食邑,[9]然後及諸在位,各有第序。上尊宗廟,增加禮樂;下惠士民鰥寡,恩澤之政無所不施。[10]語在《平紀》。

[1]【今注】爲:王先謙《漢書補注》引蘇輿指出,"爲"與"僞"通假。

[2]【今注】案,寮,大德本、殿本作"僚"。

[3]【顔注】師古曰:言致白雉之瑞(蔡琪本、大德本、殿本"言"後有"莽"字),有周公相成王之象。

[4]【顔注】師古曰:致太平。

[5]【今注】案,大傅,蔡琪本、大德本、殿本作"太傅"。

[6]【顔注】師古曰:給,足也。家給,家家自足(自,大德本、殿本作"給")。

[7]【今注】大后:即太后。蔡琪本、大德本、殿本作"太后"。本卷後文不再出注。

[8]【顔注】師古曰:奉,所食之奉也。舍人,私府吏員也。倍故,數多於故各一倍也。奉,音扶用反。

[9]【今注】關内侯:秦置二十等爵,漢沿襲,關内侯爲第十九級,一般無具體封土而享受租税收入。此處强調"食邑",是爲特殊待遇。

[10]【今注】案,何焯《義門讀書記》卷二〇指出,"上尊宗廟"指詔媚元后,尊元帝爲高宗。"下惠士民鰥寡"指其言"願須百姓家給"方受賞賜。

　　莽既説衆庶,[1]又欲專斷,知太后猒政,乃風公卿[2]奏言：“往者，吏以功次遷至二千石，[3]及州部所舉茂材異等吏，[4]率多不稱，宜皆見安漢公。又大后不宜親省小事。”令太后下詔曰：“皇帝幼年，朕且統政，比加元服。[5]今衆事煩碎，朕春秋高，精氣不堪，殆非所以安躬體而育養皇帝者也。故選忠賢，立四輔，群下勸職，永以康寧。孔子曰：‘巍巍乎，舜禹之有天下而不與焉！’[6]自今以來，非封爵乃以聞。[7]他事，安漢公、四輔平決。州牧、二千石及茂材吏初除奏事者，輒引入至近署對安漢公，考故官，問新職，以知其稱否。”於是莽人人延問，致密恩意，厚加贈送，其不合指，顯奏免之，權與人主侔矣。

　　[1]【顏注】師古曰：“説”讀曰“悦”。【今注】案，衆庶，蔡琪本、殿本作“衆意”。

　　[2]【顏注】師古曰：“風”讀曰“諷”。

　　[3]【今注】二千石：因漢代所得俸禄以米穀爲準，故官秩等級以重量單位“石”名。漢朝二千石爲中央政府機構的列卿，及地方州牧郡守、諸侯王國相等。又可細分爲中二千石、二千石、比二千石三等。據本書《百官公卿表》顏師古注，中二千石者月各百八十斛，二千石者百二十斛，比二千石者百斛。根據張家山漢簡《秩律》與《新書》《史記》等傳世文獻，閻步克又指出漢初祇有二千石，並無中二千石等細分等級，最早的中二千石的記載出現在文帝死後景帝發布的詔書中。楊振紅則進一步認爲中二千石的官位是文帝時在賈誼的建議下設立的，是爲了區別漢廷官員與諸侯官員之地位。而早期中二千石官員亦不止《百官公卿表》所載諸官，如內史、主爵都尉均曾列於中二千石。（參見閻步克《〈二年律令·秩律〉的中二千石秩級闕如問題》，《河北學刊》2003 年第 5 期；楊

振紅《出土簡牘與秦漢社會（續編）》，廣西師範大學出版社 2015年版，第 51—57 頁）

[4]【今注】茂材：即秀才，漢代察舉仕進的重要科目。東漢爲避光武帝劉秀諱而稱茂才。

[5]【顏注】師古曰：比至平帝加元服以來，太后且統政也。比，音必寐反。

[6]【顏注】師古曰：《論語》載孔子之言也。巍巍，高貌也。言舜禹之治天下，委任賢人以成其功（人，蔡琪本、大德本、殿本作“臣”），而不身親其事也（蔡琪本句末無“也”字）。“與”讀曰“預”（“預”，殿本作“豫”）。

[7]【今注】案，非，殿本作“惟”。

莽欲以虛名說太后，[1]白言：“新承孝哀丁、傅奢侈之後，[2]百姓未贍者多，[3]大后宜且衣繒練，頗損膳，以視天下。”[4]莽因上書，願出錢百萬，獻田三十頃，付大司農助給貧民。[5]於是公卿皆慕效焉。莽帥群臣奏言：“陛下春秋尊，久衣重練，減御膳，誠非所以輔精氣，育皇帝，安宗廟也。臣莽數叩頭省戶下，白爭未見許。今幸賴陛下德澤，閒者風雨時，甘露降，神芝生，蓂莢、朱草、嘉禾，[6]休徵同時並至。[7]臣莽等不勝大願，願陛下愛精休神，闊略思慮，[8]遵帝王之常服，復太官之法膳，[9]使臣子各得盡驩心，備共養。唯哀省察！”莽又令太后下詔曰：“蓋聞母后之義，思不出乎閾。[10]國不蒙佑，皇帝年在繈褓，[11]未任親政，戰戰兢兢，懼於宗廟之不安。國家之大綱，微朕孰當統之！[12]是以孔子見南子，周公居攝，蓋權時也。[13]勤身極思，憂勞未綏，故國奢則視之以儉，[14]矯枉者過其正，而朕不身帥，將謂天下何！夙夜夢想，五穀豐孰，[15]百姓家給，比皇帝加元服，[16]委政而授焉。[17]今誠未皇于輕靡而備味，[18]庶幾與百僚有成，其勗之哉！"[19]每有水旱，莽輒素食，[20]左右以白。太后遣使者詔莽曰："聞公菜食，憂民深矣。今秋幸孰，公勤於職，以時食肉，愛身爲國。"

[1]【顏注】師古曰："説"讀曰"悦"。

[2]【今注】案，新承，蔡琪本、大德本、殿本作"親承前"。

[3]【今注】案，蔡琪本"多"後有"矣"字。

[4]【顏注】師古曰：繒練，謂帛無文者。"視"讀曰"示"。

[5]【今注】大司農：漢武帝改大農令置。掌管全國租賦收入和國家財政開支。秩中二千石，列位九卿。

[6]【今注】案，賷，殿本作"賷"。

[7]【顏注】師古曰：休，美也。徴，證也。

[8]【顏注】師古曰：闓，寬也。略，簡也。

[9]【今注】案，太官，殿本作"大官"。

[10]【顏注】師古曰：閾，門橛也（橛，大德本作"闑"），音"域"。【今注】案，蔡琪本、大德本、殿本"閾"前有"門"字。沈欽韓《漢書疏證》指出，《列女傳》有云："孟子母曰：'婦人有閨内之修，而無境外之志。'"

[11]【今注】案，繩，殿本作"褪"。

[12]【顏注】師古曰：微，無也。

[13]【顏注】師古曰：南子，衛靈公夫人。孔子欲説靈公以治道，故見南子也。【今注】案，衛靈公夫人南子名聲不好，故稱孔子見南子爲從權。事見《論語·雍也》。

[14]【顏注】師古曰："視"讀曰"示"。【今注】故國奢則

視之以斂：王先謙《漢書補注》引王文彬：此句出自《禮記·檀弓》。

[15]【今注】五穀：古代中國的五種常見糧食作物，一般認爲指麻、黍（有黏性的黃米）、稷（粟，俗稱小米）、麥、菽（豆子）。

[16]【今注】加元服：即行冠禮，以示成年。元，指首。元服，即冠。

[17]【顏注】師古曰：比，音必寐反。

[18]【顏注】師古曰：皇，服也（服，蔡琪本、大德本、殿本作"暇"）。靡，細也。

[19]【顏注】師古曰：勗，勉也。

[20]【顏注】師古曰：素食，菜食（菜食，蔡琪本、大德本、殿本作"即菜食也"）。解在《霍光傳》。

　　莽念中國已平，唯四夷未有異，乃遣使者齎黃金幣帛，重賂匈奴單于，使上書言："聞中國譏二名，[1]故名囊知牙斯今更名知，慕從聖制。"又遣王昭君女須卜居次入侍。[2]所以詡耀媚事太后，下至旁側長御，方故萬端。

　　[1]【今注】譏二名：沈欽韓《漢書疏證》指出，此句出自《公羊傳》定公六年："曷爲謂之仲孫忌？譏二名。二名，非禮也。"何休注云："爲其難諱也。"

　　[2]【今注】王昭君：名嬙，一作"牆"，字昭君。顏師古稱其爲南郡秭歸人。陳直《漢書新證》則指出，《太平御覽》卷四六三引《琴操》，稱王昭君爲齊國王襄之女，與顏注不同。其本爲元帝後宮良家子，後嫁與匈奴呼韓邪單于，號爲寧胡閼氏。王昭君之後裔頗顯貴，對之後的匈奴政局有較大影響。其與呼韓邪單于生一

子伊屠智牙師，爲右日逐王。後復嫁呼韓邪子復株絫若鞮單于，生二女。長女云號伊墨居次，嫁與匈奴用事大臣右骨都侯須卜當，復號爲須卜居次。云與須卜當生子名奢，後爲大且渠，此外云還有幼子，史失其名。王昭君次女嫁當于氏，號當于居次，其子爲醯櫝王。在西漢末年至新莽朝，王莽與匈奴矛盾頗多，以云、須卜當爲代表的王昭君一系力主匈奴與中原王朝修好，避免了激烈衝突。後王莽將須卜當等帶到長安，立爲須卜單于，欲以之主匈奴。當死後王莽復封其子奢爲後安公，以庶女妻之。後綠林軍推翻新莽王朝，奢等死於戰亂。在今俄羅斯南西伯利亞地區米努辛斯科平原有一處漢式宮殿遺址，有觀點認爲，此宮當即王昭君女云所居（參見周連寬《蘇聯南西伯利亞所發現的中國式宮殿遺址》，《考古學報》1956 年第 4 期；孫家洲《"最北方的漢式宮殿"與王昭君的女兒女婿》，《文史天地》2018 年第 4 期）。

莽既尊重，欲以女配帝爲皇后，以固其權，奏言："皇帝即位三年，長秋宮未建，[1] 液廷媵未充。[2] 乃者，國家之難，本從亡嗣，配取不正。請考論五經，定取禮，[3] 正十二女之義，[4] 以廣繼嗣。博采二王後及周公孔子世列侯在長安者適子女。"[5] 事下有司，上衆女名，王氏女多在選中者。莽恐其與己女爭，即上言："身亡德，子材下，不宜與衆女並采。"太后以爲至誠，乃下詔曰："王氏女，朕之外家，其勿采。"庶民、諸生、郎吏以上守闕上書者日千餘人，公卿大夫或詣廷中，或伏省戶下，咸言："明詔聖德巍巍如彼，安漢公盛勳堂堂若此，今當立后，獨奈何廢公女？天下安所歸命！願得公女爲天下母。"莽遣長史以下分部曉止公卿及諸生，[6] 而上書者愈甚。太后不得已，聽公卿采莽女。莽復自白："宜博選衆女。"公卿争曰："不宜采諸女以貳正統。"[7]莽白："願見女。"太后遣長樂少府、宗正、尚書令納采見女，[8]還奏言："公女漸漬德化，有窈窕之容，[9]宜承天序，奉祭祀。"有詔遣大司徒、大司空策告宗廟，雜加卜筮，皆曰："兆遇金水王相，卦遇父母得位，[10]所謂'康强'之占，[11]'逢吉'之符也。"[12]信鄉侯佟上言：[13]"《春秋》，天子將娶於紀，則褒紀子稱侯，[14]安漢公國未稱古制。"[15]事下有司，皆白："古者天子封后父百里，尊而不臣，以重宗廟，孝之至也。佟言應禮，可許。請以新野田二萬五千六百頃益封莽，滿百里。"莽謝曰："臣莽子女誠不足以配至尊，復聽衆議，益封臣莽。伏自惟念，得託肺腑，獲爵土，如使子女誠能奉稱聖德，臣莽國邑足以共朝貢，[16]不須復加益地之寵。願歸所益。"太后許之。有司奏："故事，[17]聘皇后黃金二萬斤，[18]爲錢二萬萬。"莽深辭讓，受四千萬，而以其三千三百萬予十一媵家。群臣復言："今皇后受聘，踰群妾亡幾。"[19]有詔，復益二千三百萬，合爲三千萬。莽復以其千萬分予九族貧者。

[1]【今注】長秋宮：東漢時，因皇后居長秋宮，以長秋宮代指皇后。西漢時一般無此習慣，此處若非後人追改，或當爲以長秋宮指代皇后之始。

[2]【顏注】師古曰："液"與"掖"同音（液，蔡琪本作"掖"），通用（通用，殿本作"古字通用"）。　【今注】媵（yìng）：陪嫁的妾婢。

[3]【顏注】師古曰:"取"皆讀曰"娶"。

[4]【今注】正十二女之義:沈欽韓《漢書疏證》指出,《列女傳》有謂:"天子十二,諸侯九,大夫三,士二。"《禮記·檀弓》注云:"舜但三妃,夏后氏增以三三而九,合十二人。《春秋說》云'天子取十二',即夏制也。"

[5]【顏注】師古曰:"適"讀曰"嫡"。謂妻所生也(謂,殿本作"嫡";殿本"生"後有"女"字)。【今注】二王:"三統說"中的概念。其說爲董仲舒等人倡導的王朝循環理論,認爲王朝興替按照黑統、白統、赤統分別循環用事,每三個王朝爲一組,當政的王朝應厚待前兩朝的王族,是爲"二王"。由於秦朝不被"三統說"認作正朔,因而殷商、周朝被視作漢朝的前兩朝。至成帝綏和元年(前8)二月,乃以"三統說"爲據,封孔子後裔吉爲"殷紹嘉侯"。三月,復封"二王之後"爲殷紹嘉公、周承休公,至平帝元始四年(4),復改封爲宋公、鄭公。此制發展到後來,形成了對中國古代禮制影響頗爲深遠的"二王三恪"制度。

[6]【顏注】師古曰:分,音扶問反。【今注】長史:官名。漢三公、將軍府皆設,爲幕府諸掾史之長,秩千石。

[7]【顏注】師古曰:言皇后之位當在莘女(蔡琪本、大德本、殿本句末有"也"字)。

[8]【今注】宗正:秦置,一說西周至戰國皆置,秦、漢沿置,管理皇族外戚事務。例由宗室擔任。列卿之一,秩中二千石。

[9]【顏注】師古曰:窈窕,幽閑也。

[10]【顏注】孟康曰:金水相生也。張晏曰:金王則水相也。遇父母,謂《泰卦》乾下坤上,天下於地,是配享之卦。師古曰:王,音于放反。

[11]【今注】案,强,蔡琪本作"疆"。

[12]【今注】逢:沈欽韓《漢書疏證》指出,《尚書·洪範》《正義》引馬融有云:"逢,大也。"

[13]【顏注】師古曰：《王子侯表》清河綱王子豹始封新鄉侯，傳爵至曾孫佟，王莽篡位賜姓王，即謂此也。而此傳作"信鄉侯"，古者"新""信"同音故耳。佟，音徒冬反。

[14]【顏注】師古曰：解在《外戚恩澤侯表》也。【今注】案，沈欽韓《漢書疏證》指出，《公羊傳》隱公二年，稱紀國國君爲子；桓公二年稱紀侯。何休注認爲稱侯是因爲周天子將娶於紀。《穀梁》解云"時王所進"。

[15]【顏注】師古曰：稱，副也，音尺孕反。其下亦同。

[16]【顏注】師古曰："共"讀曰"供"。

[17]【今注】故事：舊制。

[18]【今注】聘皇后黃金二萬斤：沈欽韓《漢書疏證》指出，《漢官儀》稱皇帝聘皇后，"黃金萬斤"；《後漢書》卷一〇下《梁皇后紀》則云"依孝惠皇帝納后故事，聘黃金二萬斤"；《宋書·禮志》則云"漢高后制，聘后黃金二百斤，馬十二匹；夫人金五十斤，馬四匹"。沈欽韓認爲當以《宋書·禮志》爲是。

[19]【顏注】師古曰：亡幾，不多也。"亡"讀曰"無"。幾，音居豈反。其下並同。

　　陳崇時爲大司徒司直，與張敞孫竦相善。[1]竦者博通士，爲崇草奏，稱莽功德，[2]崇奏之，曰：

[1]【今注】張敞：漢宣帝朝能吏。傳見本書卷七六。

[2]【顏注】師古曰：草，謂創立其文也。

　　竊見安漢公自初束脩，[1]值世俗隆奢麗之時，蒙兩宮厚骨肉之寵，[2]被諸父赫赫之光，[3]財饒埶足，亡所牾意，[4]然而折節行仁，克心履禮，拂世矯俗，確然特立；[5]惡衣惡食，陋車駑馬，妃匹無二，閨門之内，孝友之德，衆莫不聞；清静樂道，溫良下士，[6]惠于故舊，篤于師友。孔子曰"未若貧而樂，富而好禮"，[7]公之謂矣。

[1]【顏注】師古曰：束脩，謂初學官之時。【今注】束脩：本意指扎成一捆的乾肉。《論語·述而》有云："子曰：'自行束脩以上，吾未嘗無誨焉。'"是以又以束脩指學生送給教師的酬金。

[2]【顏注】師古曰：兩宮，謂成帝及太后。【今注】案，蔡琪本無"厚"字。

[3]【顏注】師古曰：被，音皮義反。

[4]【顏注】師古曰：逆也，無人能逆其意也。牾，音五故反。

[5]【顏注】師古曰：拂，違也。矯，正也。拂，音佛。

[6]【顏注】師古曰：下，音胡嫁反。

[7]【顏注】師古曰：《論語》子貢問曰（蔡琪本、大德本"子貢"前有"云"字）："貧而無諂，富而無驕，何如？"孔子曰："可也，未若貧而樂，富而好禮者也。"

及爲侍中，故定陵侯淳于長有大逆罪，公不敢私，建白誅討。[1]周公誅管蔡，[2]季子鴆叔牙，[3]公之謂矣。

[1]【顏注】師古曰：首立其事也（立，殿本作"言"）。

[2]【今注】管蔡：管叔鮮和蔡叔度，均是周武王之弟。武王死後，起兵反叛，被周公平定。

[3]【顏注】師古曰：解並在前。【今注】季子鴆叔牙：季子、叔牙皆爲魯莊公弟。莊公臨終時，叔牙欲支持莊公另一個弟弟

慶父篡位。季子奉魯莊公之命，毒死叔牙，立莊公子公子般爲君。

是以孝成皇帝命公大司馬，委以國統。孝哀即位，高昌侯董宏希指求美，造作二統，[1]公手劾之，以定大綱。建白定陶太后不宜在乘輿幄坐，[2]以明國體。《詩》曰"柔亦不茹，[3]剛亦不吐，[4]不畏強圉"，[5]公之謂矣。

[1]【顏注】晉灼曰：欲令丁姬爲帝太后（蔡琪本、大德本、殿本句末有"也"字）。

[2]【顏注】師古曰：坐，音才卧反。【今注】定陶太后：漢哀帝母丁太后。

[3]【今注】詩：指《詩經》，儒家五經之一。

[4]【今注】案，蔡琪本、大德本、殿本"剛亦不吐"後有"不侮鰥寡"四字。

[5]【顏注】師古曰：《大雅·烝人》之詩（人，蔡琪本、大德本、殿本作"民"），美仲山甫之德。茹，食也。強圉，強梁圉扞也。【今注】案，強，蔡琪本、殿本作"彊"。

深執謙退，推誠讓位。定陶太后欲立僭號，憚彼面刺幄坐之義，佞惑之雄，朱博之疇，[1]懲此長、宏手劾之事，上下壹心，[2]讒賊交亂，詭辟制度，遂成篡號，[3]斥逐仁賢，誅殘戚屬，而公被胥、原之訴，遠去就國，[4]朝政崩壞，綱紀廢弛，[5]危亡之禍，不隧如髮。[6]《詩》云"人之云亡，邦國殄瘁"，[7]公之謂矣。

[1]【今注】朱博：傳見本書卷八三。

[2]【今注】案，壹，殿本作“一”。

[3]【顏注】師古曰：詭，違也。“辟”讀曰“僻”。

[4]【顏注】應劭曰：胥、原，子胥、屈原也。師古曰：遠去朝廷，而就其侯國。【今注】胥：即伍子胥，名員。春秋時期軍事家。因直諫觸怒吳王夫差而被殺。 原：屈原。芈姓，屈氏，名平，字原。楚國貴族。楚懷王時任左官徒、三閭大夫等職。公元前278年，秦將白起攻破楚都郢（今湖北荆州市荆州區西北）。之後，屈原投汨羅江而死。著有《離騷》《九歌》等。

[5]【今注】案，弛，蔡琪本、大德本、殿本作“弛”。

[6]【顏注】師古曰：弛（弛，蔡琪本、大德本、殿本作“弛”），解也，音式爾反（尔，蔡琪本、殿本作“爾”）。隧，音直類反。【今注】隧：王先謙《漢書補注》引蘇輿説：“隧”與“墜”字通假。

[7]【顏注】師古曰：《大雅・瞻仰》之詩也。殄，盡也。頼，病也。言爲政不善，賢人奔亡矣，天下邦國盡困病也。“頼”與“瘁”同（瘁，蔡琪本、殿本作“悴”），音才醉反。

　　當此之時，宫亡儲主，董賢據重，加以傅氏有女之援，[1]皆自知得罪天下，結讎中山，[2]則必同憂，斷金相翼，[3]藉假遺詔，頻用賞誅，先除所憚，急引所附，遂誣往冤，更懲遠屬，[4]事執張見，其不難矣！[5]賴公立入，即時退賢，及其黨親。當此之時，公運獨見之明，奮亡前之威，[6]盱衡屬色，振揚武怒，[7]乘其未堅，厭其未發，[8]震起機動，敵人摧折，雖有賁育不及持刺，[9]雖有樗里不及回知，[10]雖有鬼谷不及造次，[11]是故董賢

喪其魂魄，遂自絞殺。人不還踵，日不移晷，^[12]
霍然四除，更爲寧朝。非陛下莫引立公，非公莫
克此禍。《詩》云"惟師尚父，時惟鷹揚，亮彼
武王"，^[13]孔子曰"敏則有功"，^[14]公之謂矣。

[1]【顏注】師古曰：謂哀帝傅皇后。

[2]【顏注】張晏曰：傅太后譖中山馮太后，陷以祝詛之罪。

[3]【顏注】師古曰：引《易·繫辭》"二人同心，其利斷
金"。翼，助也。

[4]【今注】案，懲，蔡琪本、大德本、殿本作"徵"。

[5]【顏注】師古曰：言哀帝既崩，丁、傅、董賢欲稱遺詔，
樹立黨親（樹，蔡琪本作"封"），共立幼主（幼，蔡琪本作
"功"），以據國權也。遠屬，國之宗室疎遠者也（國，蔡琪本作
"国"；疎，殿本作"疎"）。【今注】案，何焯《義門讀書記》卷
二〇認爲，此八句虛設丁、傅、董賢之罪，以張大王莽之功績。並
且誣往冤者，言平帝必因馮太后的原因不得立。

[6]【顏注】師古曰：無前（無，蔡琪本作"亡"），謂無有
敢當之者。

[7]【顏注】孟康曰：眉上曰衡。盱衡，舉眉揚目也。師古
曰：盱，音許于反。【今注】盱（xū）：睜大眼睛。

[8]【顏注】師古曰：厭，音一涉反。

[9]【顏注】師古曰：孟賁、夏育皆古勇士也。持刺，謂持
兵刃以刺。【今注】賁：孟賁。戰國著名武士，傳説能生拔牛角。
有衛人、秦人、齊人三説。《尸子》説云："人謂孟賁生乎曰勇，貴
乎曰勇，富乎曰勇，三者人之所難而皆不足以易勇，故能懾三軍、
服猛獸也。"《墨子·親士》："孟賁之殺，其勇也。"《史記》卷七
九《范雎蔡澤列傳》載："成荊、孟賁、王慶忌、夏育之勇焉而
死。"裴駰《集解》引許慎曰："孟賁，衛人。"《帝王世紀》誤將

他與秦力士孟説混爲一人。 育：夏育。戰國時衛國勇士，力大無
窮。《戰國策》曰“夏育叱呼駭三軍，身死庸夫”，高誘注：“育，
衛人，爲申繻所殺。”

[10]【顏注】師古曰：樗里子名疾，秦惠王之弟也，爲秦
相，時人號曰“智囊”。【今注】樗里：樗里疾。事見《史記》卷
七一《樗里子甘茂列傳》。

[11]【顏注】師古曰：鬼谷先生，蘇秦之師，善談説。【今
注】鬼谷：鬼谷子。傳説爲蘇秦、張儀之師。

[12]【顏注】師古曰：“還”讀曰“旋”。晷，景也。言其
速疾。

[13]【顏注】師古曰：《大雅·大明》之詩也。師尚父，太
公也。亮，助也。言太公武毅，若鷹之飛揚，佐助武王以克殷也。
【今注】案，錢大昭《漢書辨疑》指出，《韓詩薛君章句》有云
“亮，相也”。此處所用爲《韓詩》。

[14]【顏注】師古曰：《論語》載孔子對子張之言也。敏，
疾也。言應事速疾（速疾，蔡琪本、殿本作“疾速”），乃能
成功。

　　於是公乃白内故泗水相豐、釐令邯，[1]與大司
徒光、車騎將軍舜建定社稷，[2]奉節東迎，皆以功
德受封益土，爲國名臣。《書》曰“知人則哲”，[3]公
之謂也。

[1]【顏注】師古曰：甄豐、甄邯也。“釐”讀曰“邰”。【今
注】泗水：諸侯王國名。治淩縣（今江蘇宿遷市東南）。 釐
(tái)：縣名。治所在今陝西武功縣西南。

[2]【今注】案，《漢書考正》宋祁認爲，“大司徒”當作
“大司馬”。

7462

[3]【顏注】師古曰：《虞書·咎繇謨》之辭也。哲，智也。【今注】書：即尚書。先秦時稱《書》。漢初始稱《尚書》，指上古之書。尚，同"上"。記載上古及夏商事迹，體裁有典、謨、訓、誥、誓、命六種。武帝立五經博士，該書成爲儒家經典之一。

公卿咸歎公德，同盛公勳，皆以周公爲比，[1]宜賜號安漢公，益封二縣，公皆不受。傳曰申包胥不受存楚之報，晏平仲不受輔齊之封，[2]孔子曰"能以禮讓爲國乎何有"，[3]公之謂也。

[1]【顏注】師古曰：比，音必寐反。

[2]【顏注】師古曰：申包胥，楚大夫也。吳師入郢，楚昭王出奔，包胥如秦乞師，秦出師以救楚。昭王反國欲賞，包胥辭曰："吾爲君也，非爲身也。"遂不受。晏平仲，齊大夫晏嬰也，以道佐齊景公。景公欲封之，讓而不受。【今注】申包胥不受存楚之報：事見《左傳》定公四年、定公五年。 晏平仲不受輔齊之封：沈欽韓《漢書疏證》謂，事見《晏子·雜篇》。

[3]【顏注】師古曰：《論語》載孔子之言也。解在《董仲舒傳》。

將爲皇帝定立妃后，有司上名，公女爲首，公深辭讓，迫不得已然後受詔。父子之親天性自然，欲其榮貴甚於爲身，皇后之尊侔於天子，當時之會千載希有，然而公惟國家之統，揖大福之恩，[1]事事謙退，動而固辭。《書》曰"舜讓于德不嗣"，[2]公之謂矣。

　　[1]【顏注】師古曰：揖，謂讓而不當也。

　　[2]【顏注】書曰（書曰，蔡琪本作"師古曰"）：《虞書·舜典》之辭。言舜自讓德薄，不足以繼帝堯之事也。

　　自公受策，以至于今，亹亹翼翼，日新其德，[1]增修雅素以命下國，後儉隆約以矯世俗，[2]割財損家以帥群下，彌躬執平以逮公卿，[3]教子尊學以隆國化。僮奴衣布，[4]馬不秣穀，[5]食飲之用，不過凡庶。《詩》云"溫溫恭人，如集于木"，[6]孔子曰"食無求飽，居無求安"，[7]公之謂矣。

　　[1]【顏注】師古曰：亹亹，勉也。翼翼，敬也。亹，音武匪反。【今注】亹（wěi）亹：勤勉。　日新其德：出自《易·大畜卦》。

　　[2]【顏注】師古曰：後，退也。矯，正也。後，音千旬反，其字從彳。

　　[3]【顏注】師古曰："彌"讀與"弭"同。

　　[4]【今注】案，衣布，殿本作"布衣"。王先謙《漢書補注》引王文彬說，《左傳》云"魯季文子無衣帛之妾，無食粟之馬"。據此，王氏指出，此"衣布"與"秣穀"對文，不當作"布衣"。

　　[5]【今注】秣（mò）：餵養牲畜。

　　[6]【顏注】師古曰：《小雅·小宛》之詩。溫溫，柔貌也。如集于木，恐憻墜耳（憻，蔡琪本、大德本、殿本作"墮"）。

　　[7]【顏注】師古曰：《論語》載孔子之言也。謂君子好學樂道，故志不在安飽。

　　克身自約，糲食逮給，[1]物物印市，日闋亡儲。[2]又上書歸孝哀皇帝所益封邑，入錢獻田，[3]殫盡舊業，爲衆倡始。[4]於是小大鄉和，承風從化，[5]外則王公列侯，內則帷幄侍御，翕然同時，各竭所有，或入金錢，或獻田畝，以振貧窮，收贍不足者。昔令尹子文朝不及夕，魯公儀子不茹園葵，[6]公之謂矣。

[1]【顏注】師古曰：糴得粗及僅足而已（粗，蔡琪本作"相"）。【今注】糴（dí）：買（糧食）。

[2]【顏注】師古曰：物物卬市，言其衣食所須皆買之於市，不自營作，而不奪工商利也。闋，盡也。日闋，言當日即盡，不蓄積也。卬，音牛向反。闋，音空穴反。【今注】卬（yǎng）：同"仰"。　闋（què）：同"缺"。

[3]【今注】錢，蔡琪本、殿本"錢"前有"金"字。

[4]【顏注】師古曰：倡，音尺尚反。

[5]【顏注】師古曰："鄉"讀曰"嚮"。

[6]【顏注】張晏曰：令尹子文自毀其家以紓楚國之難（國，大德本作"国"，本注下同），仕而逃祿，朝不及夕也。師古曰：子文，楚令尹鬭穀於菟也。公儀子，魯國相公儀休也，拔其園葵（園，蔡琪本作"國"），不奪園夫之利。食菜曰茹，音人諸反。【今注】令尹子文朝不及夕：沈欽韓《漢書疏證》指出，《國語·楚語》有云："鬭且曰：'成王聞子文之朝不及夕也，每朝設脯一束，糗一筐，以羞子文。'"張晏説泛引《左傳》，非是。　公儀子不茹園葵：事見本書卷五六《董仲舒傳》所載董仲舒策書。案，茹，大德本作"如"。

開門延士，下及白屋，[1]婁省朝政，綜管衆治,^[2]親見牧守以下，考迹雅素,^[3]審知白黑。《詩》云"夙夜匪解，以事一人",^[4]《易》曰"終日乾乾，夕惕若厲",^[5]公之謂矣。

[1]【顔注】師古曰：白屋，謂庶人以白茅覆屋者也。

[2]【顔注】師古曰：婁，古"屢"字。

[3]【今注】考迹雅素：王先謙《漢書補注》指出，意爲考核其人生平。

[4]【顔注】師古曰：《大雅·烝人》之詩也（人，大德本、殿本作"民"）。一人，天子也。"解"讀曰"懈"。

[5]【顔注】師古曰：《乾卦》九三爻辭也。乾乾，自强之意（强，蔡琪本、殿本作"彊"）。惕，懼（懼，蔡琪本、大德本、殿本句末有"也"字）。厲，病也。

比三世爲三公，再奉送大行,^[1]秉冢宰職，填安國家,^[2]四海輻湊，靡不得所。《書》曰"納于大麓，列風雷雨不迷",^[3]公之謂矣。

[1]【顔注】師古曰：比，頻也（頻，大德本作"類"）。【今注】再奉送大行：指先後葬成帝、哀帝。

[2]【顔注】師古曰：填，音竹刃反。

[3]【顔注】師古曰：虞書《舜典》叙舜之德。麓，録也。言堯使舜大録萬機之政。一曰，山足曰麓。言有聖德（殿本"言"後有"舜"字），雖遇風雷不迷惑也（風雷，蔡琪本、大德本、殿本作"雷風"）。【今注】案，列，蔡琪本、殿本作"烈"。

此皆上世之所鮮，禹稷之所難,^[1]而公包其終始，一以貫之，可謂備矣![2]是以三年之間，化行如神，嘉瑞疊累，豈非陛下知人之效，得賢之致哉！故非獨君之受命也，臣之生亦不虛矣。是以伯禹賜玄圭，[3]周公受郊祀，[4]蓋以達天之使，不敢擅天之功也。[5]揆公德行，爲天下紀；[6]觀公功勳，爲萬世基。基成而賞不配，紀立而襃不副，[7]誠非所以厚國家，順天心也。

[1]【顏注】師古曰：鮮，音先踐反（反，蔡琪本作"也"）。【今注】禹：傳說中的古代聖王，又稱"崇禹""戎禹""伯禹""大禹"，一說名文命，姒姓。據說堯、舜在位時發生大洪水，禹之父鯀奉命治水不成而爲舜所殺，禹繼之治水，歷盡艱辛，終獲成功，乃受舜禪位爲王，並大會諸侯於會稽。禹死後，其子啓繼位，結束禪讓制，開始家天下制度，建立夏朝。禹被後世視作夏朝的開國君主，所謂"三王"之一。近代以來，顧頡剛先生根據許慎《説文解字》"禹，蟲也"的記載，對禹的傳說提出了質疑，認爲"禹"本是夏代時崇拜的地位最高、時間最古的動物神（"蟲"之古義本泛指動物）。此説提出後引起學界爭議，至今未決。現在一般將夏以後的記載視爲信史，而將禹以前的記載視爲傳說。傳說中的事迹亦有歷史的成分，但尚需結合新出考古發現與人類學研究進一步判斷。　稷：后稷。相傳爲周人始祖。本名棄，長於種植穀物。舜時封於邰，號曰后稷，別姓姬氏。

[2]【顏注】師古曰：《論語》稱孔子謂曾子曰"參乎，吾道一以貫之"，謂忠恕。

[3]【今注】案，賜，殿本作"錫"。

[4]【顏注】師古曰：《尚書·禹貢》云"禹錫玄圭，告厥成功"，言賞治水功成也。《禮記·明堂位》曰："成王幼弱，周公踐

天子之位以治天下。七年，乃致政於成王。成王以周公爲有勳勞
於天下，封周公於曲阜，地方七百里，革車千乘，命魯公世世祀
周公以天子禮樂。是以魯君孟春乘大路，旂十有二旒，日月之章，
祀帝于郊，配以后稷，天子之禮也。"

　　[5]【顏注】師古曰：言天降賢材以助王者，王者當申達其
用，而不敢自專。

　　[6]【顏注】師古曰：揆，度也。紀，理也。

　　[7]【顏注】師古曰：配，對也。

　　高皇帝襃賞元功，[1]相國蕭何邑户既倍，又蒙
殊禮，奏事不名，入殿不趨，封其親屬十有餘人。
樂善無厭，[2]班賞亡遴，[3]苟有一策，即必爵之，
是故公孫戎位在充郎，選颣旄頭，壹明樊噲，[4]封
二千户。[5]孝文皇帝襃賞絳侯，[6]益封萬户，賜黃
金五千斤。孝武皇帝卹録軍功，裂三萬户以封衛
青，[7]青子三人，或在繦褓，皆爲通侯。孝宣皇帝
顯著霍光，增户命疇，封者三人，延及兄孫。夫
絳侯即因漢藩之固，杖朱虛之鯁，[8]依諸將之遞，
據相扶之埶，其事雖醜，要不能遂。[9]霍光即席常
任之重，[10]乘大勝之威，[11]未嘗遭時不行，陷假
離朝，[12]朝之執事，亡非同類，割斷歷久，[13]統
政曠世，雖曰有功，所因亦易，然猶有計策不審
過徵之累。[14]及至青、戎，摽末之功，[15]一言之
勞，然猶皆蒙丘山之賞。課功絳、霍，造之與因
也；比於青、戎，地之與天也。而公又有宰治之
效，乃當上與伯禹、周公等盛齊隆，兼其襃賞，

豈特與若云者同日而論哉？[16]然曾不得蒙青等之厚，臣誠惑之！

[1]【今注】高皇帝：即劉邦。

[2]【今注】案，無厭，蔡琪本、殿本作"亡厭"。

[3]【顏注】師古曰："遜"與"丟"同。

[4]【今注】樊噲：劉邦連襟，其妻呂嬃爲呂后之妹。隨劉邦起事，戰功頗多，有勇武之名。獲封舞陽侯。

[5]【顏注】孟康曰：公孫戎奴也，高帝時爲旄頭郎（高帝，蔡琪本作"高皇帝"）。晉灼曰：《楚漢春秋》，上東圍項羽，聞樊噲反，旄頭公孫戎明之，卒不反，封戎二千户。師古曰：此公孫戎耳，非戎奴也。戎奴自武帝時人，孟說誤矣。"繇"讀與"由"同。

[6]【今注】絳侯：即周勃。劉邦麾下戰將，呂后攝政時任太尉。呂后去世後，周勃與功臣誅滅諸呂，迎立文帝繼位，一度任右丞相。傳見本書卷四〇。

[7]【今注】衛青：西漢名將，武帝皇后衛子夫之同母異父兄弟。傳見本書卷五五。

[8]【今注】朱虛：此指朱虛侯劉章，齊悼惠王劉肥之子。在"誅呂"一事中出力甚多，文帝繼位後獲封爲城陽王，去世後謚爲"景"。在其去世後，或因其在誅諸呂過程中的傳奇表現及不甚公平的待遇，"城陽景王"成爲齊地的重要信仰。此信仰貫穿兩漢，興旺不絶，直至東漢末年，其被當作"淫祠"打擊，方告衰微。（參見張華松《漢代城陽景王神崇拜始末考》，《齊魯文化研究》第3輯）"朱虛本"爲縣名。治所在今山東臨朐縣東南。呂后二年（前186）封齊悼惠王子劉章爲朱虛侯，文帝二年（前178）國除爲縣。

[9]【顏注】李奇曰：言勃之功不遂，而霍光據席常任也。晉灼曰：醜，衆也。言勃欲誅諸呂，其事雖衆，要不能以呂后在

時而遂意也。師古曰：二説皆非也。遞，繞也，謂相圍繞也。言絳侯之時漢之強（蔡琪本、大德本、殿本無"漢之強"三字），漢家外有藩屏磐石之固，内有朱虛骨鯁之強，諸將同心圍繞扶翼，吕氏之黨雖欲作亂，心懷醜惡，事必不成。言勃之功不足多也。遞，音"帶"（帶，蔡琪本、殿本作"滯"）。

[10]【今注】霍光：霍去病之弟，昭、宣朝權臣。傳見本書卷六八。

[11]【今注】案，勝，殿本作"滕"。

[12]【顔注】服虔曰：言光未嘗陷假不遇，而離去朝也。莽嘗退就國，是陷假也。師古曰：假，升也。陷假者，被陷害而去所升之位（大德本、殿本句末有"也"字，蔡琪本、殿本此句後尚有"韋昭曰陷隊也假音下下猶瘢也"一句）。

[13]【今注】割斷：王先謙《漢書補注》認爲，"割斷"指天子崩逝，更繼新君。這裏是説景帝崩已歷久，武帝即位以來已數十年，與之對照，王莽當國統三絶，困難更大。

[14]【顔注】師古曰：光誤徵昌邑王，不得其人也。累，音力瑞反。

[15]【顔注】服虔曰：摽，音刀末之摽。謂衞青、公孫戎也。師古曰：摽，音匹遙反。

[16]【顔注】師古曰：若云，謂若向者所云絳、霍、青、戎也。

　　臣聞功亡原者賞不限，德亡首者褒不檢。[1]是故成王之於周公也，度百里之限，[2]越九錫之檢，開七百里之宇，[3]兼商、奄之民，[4]賜以附庸殷民六族，[5]大路大旂，[6]封父之繁弱，夏后之璜，[7]祝宗卜史，[8]備物典策，[9]官司彝器，[10]白牡之牲，[11]郊望之禮。[12]王曰："叔父，建爾元子。"[13]

子父俱延拜而受之。[14]可謂不檢亡原者矣。非特止此,六子皆封。[15]《詩》曰:"亡言不讎,亡德不報。"[16]報當如之,不如非報也。[17]近觀行事,高祖之約非劉氏不王,然而番君得王長沙,下詔稱忠,定著於令,[18]明有大信不拘於制也。春秋晉悼公用魏絳之策,[19]諸夏服從。鄭伯獻樂,悼公於是以半賜之。絳深辭讓,晉侯曰:"微子,寡人不能濟河。夫賞,國之典,不可廢也。子其受之。"魏絳於是有金石之樂,《春秋》善之,[20]取其臣竭忠以辭功,君知臣以遂賞也。[21]今陛下既知公有周公功德,不行成王之襃賞,遂聽公之固辭,不顧《春秋》之明義,則民臣何稱,萬世何述?誠非所以爲國也。臣愚以爲宜恢公國,令如周公,[22]建立公子,令如伯禽,[23]所賜之品,亦皆如之。諸子之封,皆如六子。即群下較然輸忠,黎庶昭然感德。[24]臣誠輸忠,民誠感德,則於王事何有?[25]唯陛下深惟祖宗之重,敬畏上天之戒,儀形虞、周之盛,[26]敕盡伯禽之賜,無遴周公之報,[27]令天法有設,後世有祖,[28]天下幸甚!

[1]【顏注】師古曰:無原,謂不可測其本原也。無首謂無出其上者也。檢,局也。【今注】功亡原者賞不限:王念孫《讀書雜志·漢書第八》認爲,"原"爲"量"之意。意爲有無量之功,故有不限之賞。

[2]【顏注】師古曰:度亦踰越也。

[3]【顏注】師古曰:解並在前也(在前也,蔡琪本作"在

前"，大德本、殿本作"見前"）。

　　［4］【顏注】師古曰：商、奄，二國名。

　　［5］【顏注】師古曰：謂條氏、徐氏、蕭氏、索氏、長勺氏、尾勺氏也。【今注】殷民六族：周武王滅殷商後，令紂王之子武庚率領殷遺民。後武庚造反，爲周公所平，乃分析殷遺民，部分封給紂王庶兄微子，建立宋國奉殷嗣；部分分給周公，即所謂殷民六族；還有部分强制西遷，秦國先祖即源於此。顏注所舉殷民六族，見於《左傳》定公四年。

　　［6］【顏注】師古曰：解已在前也（在前也，蔡琪本、大德本作"在前"，殿本作"見前"）。【今注】大路：君王所乘的車駕。路，車。　大旂：君王出行所用的旗幟。《儀禮·覲禮》有云："天子乘龍，載大旂，象日月、升龍、降龍。"旂，旗面上繪有龍而旗杆上掛有鈴的旗幟。

　　［7］【顏注】師古曰：封父，古諸侯也。繁弱，大弓名也。半璧曰璜。"父"讀曰"甫"。【今注】繁弱：《荀子·性惡》有云"繁弱、鉅黍，古之良弓也。"　夏后之璜：傳說中的寶玉。《淮南子·説山訓》有云："吕氏之璧，夏后之璜，揖讓而進之，以合歡。"夏后，指夏后氏，亦即夏朝。璜，半璧形的玉器。

　　［8］【顏注】師古曰：太祝、太宗、太卜、太史，凡四官。

　　［9］【顏注】師古曰：既有備物，而加之策書也。一曰，典策，春秋之制也。

　　［10］【顏注】師古曰：官司，百官也。彝器，常用之器也。一曰，彝，祭宗廟酒器也。《周禮》有六彝。彝，法也，言器有所法象之貌耳。【今注】案，王先謙《漢書補注》指出，自"商、奄之民"至此，本自《左傳》定公四年。

　　［11］【顏注】師古曰：《明堂位》曰："季夏六月，以禘禮祀周公於太廟，牲用白牡。"

　　［12］【顏注】師古曰：郊，即上祀帝于郊也（上祀，殿本作

"祀上")。望，謂望山川而祭之也。

［13］【顏注】師古曰：《魯頌·閟宮》之詩曰："王曰叔父，建爾元子，俾侯于魯。"謂命周公以封伯禽爲魯公也（大德本、殿本"爲"前有"而"字）。

［14］【顏注】師古曰：謂周公拜前，魯公拜後。

［15］【顏注】師古曰：周公六子，伯禽之弟也。【今注】六子皆封：周壽昌《漢書注校補》指出，根據《左傳》，凡、蔣、邢、茅、胙、祭等姓，皆爲周公之後代。

［16］【顏注】師古曰：《大雅·抑》之詩也。讎，用也。有善言則用之，有德者必報之。一曰，讎，對也。賞當其言也。

［17］【顏注】服虔曰：報賞當如其德，不如德者，非報也。

［18］【顏注】師古曰：謂吳芮也。解在《芮傳》。番，音蒲河反（河，蔡琪本作"何"）。【今注】番君：即吳芮。本爲秦朝番陽令，故號番君。秦末與英布等起兵，至此獲封衡陽王。漢五年（前202）劉邦滅項羽，徙封吳芮爲長沙王，同年病死。 長沙：諸侯王國名。治臨湘（今湖南長沙市）。

［19］【今注】晉悼公：春秋時晉國君主，姓姬，名周，襄公曾孫。在位期間擊敗楚國，並多次舉行會盟，爲晉國取得了霸主地位。 魏絳：姬姓，魏氏，晉悼公、平公時之國卿。

［20］【顏注】師古曰：事見《左傳》襄十一年。微，無也。

［21］【今注】遂：王先謙《漢書補注》指出，"遂"爲"成"之意。

［22］【顏注】師古曰：恢，入也（入，蔡琪本、大德本、殿本作"大"）。

［23］【今注】伯禽：周公之子，魯國實際上的第一任君主。事見《史記》卷三三《魯周公世家》。

［24］【顏注】師古曰：皎，明貌也。

［25］【顏注】師古曰：言臻其極無闕遺。【今注】於王事何

有：王先謙《漢書補注》認爲，此句意爲“王事無不舉”。今案，此句意當爲臣“輸忠”與民“感德”已包含了所有“王事”，此外再無他事。當以顏說爲是。

[26]【顏注】師古曰：儀形（形，蔡琪本、大德本、殿本作“刑”），謂則而象之。【今注】案，形，蔡琪本、殿本作“刑”。

[27]【顏注】師古曰：敕，備也。“遘”與“去”同。

[28]【顏注】師古曰：祖，始也。以此爲法之始。

太后以視群公，[1]群公方議其事，會吕寬事起。[2]

[1]【顏注】師古曰：“視”讀曰“示”。

[2]【今注】吕寬：王莽子王宇妻兄。與王宇密謀在王莽府門塗血，以神怪迫懾王莽歸政衛氏。事敗，吕寬、王宇皆死，多人受牽連。事見本書卷九二《游俠傳》、卷九九《王莽傳》。

初，莽欲擅權，白太后：“前哀帝立，背恩義，自貴外家丁、傅，撓亂國家，幾危社稷。[1]今帝以幼年復奉太宗，爲成帝後，宜明一統之義，以戒前事，爲後代法。”於是遣甄豐奉璽綬，即拜帝母衛姬爲中山孝王后，賜帝舅衛寶、寶弟玄爵關內侯，皆留中山，不得至京師。莽子宇，非莽隔絶衛氏，恐帝長大後見怨。宇即私遣人與寶等通書，教令帝母上書求入。語在《衛后傳》。莽不聽。宇與師吳章及婦兄吕寬議其故，[2]章以爲莽不可諫，而好鬼神，可爲變怪以驚懼之，章因推類說令歸政於衛氏。宇即使寬夜持血灑莽第，門吏發覺之，莽執宇送獄，飲藥死。宇妻焉懷子，[3]繫獄，須産子已，殺之。[4]莽奏言：“宇爲吕寬等

所詿誤，流言惑衆，[5]與管蔡同罪，臣不敢隱，其
誅。”甄邯等白太后下詔曰：“夫唐堯有丹朱，[6]周文王
有管蔡，此皆上聖亡奈下愚子何，以其性不可移也。
公居周公之位，輔成王之主，而行管蔡之誅，不以親
親害尊尊，[7]朕甚嘉之。昔周公誅四國之後，大化乃
成，至於刑錯。[8]公其專意翼國，期於致平。”[9]莽因
是誅滅衞氏，窮治吕寬之獄，連引郡國豪桀素非議己
者，內及敬武公主，[10]梁王立、紅陽侯立、平阿侯
仁，[11]使者迫守，皆自殺。死者以百數，海內震
焉。[12]大司馬護軍褒奏言：[13]“安漢公遭子宇陷於管
蔡之辜，子愛至重，[14]爲帝室故不敢顧私。惟宇遭辜，
喟然憤發作書八篇，以戒子孫。宜班郡國，令學官以
教授。”事下群公，請令天下吏能誦公戒者，以著官
簿，比《孝經》。[15]

[1]【顏注】師古曰：撓，擾也，音火高反（火，殿本作
“女”）。幾，音巨依反。

[2]【今注】故：王先謙《漢書補注》引王先慎指出，“故”
爲“事”之意。

[3]【顏注】師古曰：焉，其名。

[4]【顏注】師古曰：須，待也。

[5]【今注】案，蔡琪本、大德本、殿本“衆”後有
“惡”字。

[6]【今注】唐堯：傳説中的上古人物，五帝之一。姓伊祁
氏，名放勳，號陶唐。高唐氏部落首領，又稱唐堯。在位命羲和定
曆法，設諫言之鼓，置四嶽（四方諸侯），命鯀治水患。後禪讓於
舜。　丹朱：帝堯之子。名朱，居丹淵，因名丹朱。堯因其不肖、

傲慢荒淫，禪位於舜。

[7]【今注】親親：血緣親近的人。貴族家族内部强調同族情誼，兄弟和睦。這一原則是中國古代宗法制的基礎。　尊尊：貴族小宗子弟要向作爲大宗的父兄稱臣，等級森嚴。《禮記·大傳》有云："親親也，尊尊也，長長也，男女有別，此其不可得與民變革者也。"

[8]【顏注】師古曰：四國，謂三監及淮夷耳。

[9]【顏注】師古曰：翼，助也。

[10]【顏注】師古曰：元帝女弟也。　【今注】案，王先謙《漢書補注》指出，此事詳見本書卷八三《薛宣傳》。

[11]【今注】梁王立：漢景帝弟梁孝王劉武之後裔。　紅陽侯立：王立，王莽六叔。　平阿侯仁：王仁，王莽三叔之子。平阿，侯國名。治所在今安徽懷遠縣西南。漢成帝河平二年（前27）封外戚王譚爲平阿侯。

[12]【今注】案，何焯《義門讀書記》卷二〇指出，這是先以恩結，復以威震。

[13]【今注】案，襄，蔡琪本、殿本作"褒"。

[14]【今注】案，重，蔡琪本、大德本、殿本作"深"。

[15]【顏注】師古曰：著官簿，言用之得選舉也。　【今注】孝經：儒家講孝道之書，相傳爲曾子弟子所作。案，周壽昌《漢書注校補》指出，孝文時有《孝經》博士，司隸設《孝經》師，此爲《孝經》之著官簿者，大約在當時立之學官。

　　四年春，郊祀高祖以配天，宗祀孝文皇帝以配上帝。四月丁未，莽女立爲皇后，大赦天下。遣大司徒司直陳崇等八人分行天下，覽觀風俗。[1]

[1]【顏注】師古曰：行，音于更反（于，蔡琪本、大德本、

殿本作"下"。殿本此注位於"大赦天下"後)。【今注】八人:
四庫本《漢書》之《考證》根據本書《外戚恩澤侯表》,列八人名
單如下:王惲、閻遷、李翕、郝黨、陳崇、謝殷、逯並、陳鳳。

　　太保舜等奏言:"《春秋》列功德之義,太上有立
德,其次有立功,其次有立言,[1]唯至德大賢然後能
之。其在人臣,則生有大賞,終爲宗臣,殷之伊尹,[2]
周之周公是也。"及民上書者八千餘人,咸曰:"伊尹
爲阿衡,周公爲太宰,周公享七子之封,有過上公之
賞。宜如陳崇言。"章下有司,有司請:"還前所益二
縣及黃郵聚、新野田,采伊尹、周公稱號,加公爲宰
衡,位上公。掾史秩六百石。[3]三公言事,稱'敢言
之'。群吏毋得與公同名。出從期門二十人,羽林三十
人,[4]前後大車十乘。賜公太夫人號曰功顯君,食邑二
千户,黃金印赤韍。[5]封公子男二人,安爲襃新侯,臨
爲賞都侯。[6]加后聘三千七百萬,合爲一萬萬,以明大
禮。"太后臨前殿,親封拜。安漢公拜前,二子拜後,
如周公故事。莽稽首辭讓,出奏封事,願獨受母號,
還安、臨印韍及號位户邑。事下太師光等,皆曰:"賞
未足以直功,[7]謙約退讓,公之常節,終不可聽。"莽
求見固讓。太后下詔曰:"公每見,叩頭流涕固辭,今
移病,固當聽其讓,令眠事邪?[8]將當遂行其賞,遣歸
就第也?"光等曰:"安、臨親受印韍,策號通天,其
義昭昭。黃郵、召陵、新野之田爲入尤多,[9]皆止於
公,公欲自損以成國化,宜可聽許。治平之化當以時
成,宰衡之官不可世及。[10]納徵錢,乃以尊皇后,非

爲公也。功顯君戶，止身不傳。褒新、賞都兩國合三千戶，甚少矣。忠臣之節，亦宜自屈，而信主上之義。[11]宜遣大司徒、大司空持節承制，詔公眂入眂事。[12]詔尚書勿復受公之讓奏。”奏可。

[1]【今注】案，《左傳》襄公二十四年云“大上有立德，其次有立功，其次有立言”。

[2]【今注】伊尹：名摯，商初的賢相。相傳湯伐桀，滅夏，遂王天下。湯崩，其孫太甲無道，伊尹放諸桐宮，俟其悔過，再迎之復位。善烹調，後人拜爲厨聖。

[3]【今注】掾史：秦漢時中央及地方官署屬吏的泛稱。一般以掾爲正職，史爲副職。此處爲丞相府掾史。《漢舊儀》載，丞相府掾史見丞相，執禮如師弟子，並不以臣下禮。掾有事當見者，主簿至曹請不傳召。掾見脫履，公立席後答稱。本書卷八四《翟方進傳》載薛宣丞相府掾史三百餘人。

[4]【今注】羽林：漢代皇帝車駕的護衛騎兵。

[5]【顏注】師古曰：此鞍（殿本無“此”字），印之組也（組，蔡琪本作“紐”）。【今注】鞍（fú）：繫官印的絲帶。

[6]【今注】案，王莽嫡子四人，宇、獲皆死，至此衹剩安、臨二人。

[7]【顏注】師古曰：直，當也。

[8]【顏注】師古曰：眂，古“視”字（古視字，大德本作“音視”）。【今注】眂：同“視”。

[9]【顏注】師古曰：“召”讀“邵”（讀，大德本作“音”，蔡琪本、大德本、殿本“邵”前有“曰”字）。

[10]【今注】宰衡：漢平帝時加王莽號。王莽因伊尹爲阿衡，周公爲太宰，故采此二人稱號爲宰衡，加於安漢公之上以自尊。宰衡位上公，在諸侯王上，掾史秩六百石。

[11]【顏注】師古曰："信"讀曰"申"。

[12]【顏注】師古曰：亟，急也，音居力反。

莽乃起眡事，上書言："臣以元壽二年六月戊午倉卒之夜，以新都侯引入未央宫；庚申拜爲大司馬，充三公位；元始元年二月丙辰拜爲太傅，[1]賜號安漢公，備四輔官；今年四月甲子復拜爲宰衡，位上公。臣莽伏自惟，爵爲新都侯，號爲安漢公，官爲宰衡、太傅、大司馬，爵貴號尊官重，一身蒙大寵者五，誠非鄙臣所能堪。據元始三年，天下歲已復，官屬宜皆置。[2]《穀梁傳》曰：'天子之宰，通于四海。'[3]臣愚以爲，宰衡官以正百僚平海內爲職，而無印信，名實不副。[4]臣莽無兼官之材，今聖朝既過誤而用之，臣請御史刻宰衡印章曰'宰衡太傅大司馬印'，成，授臣莽，上太傅與大司馬之印。"太后詔曰："可。載如相國，[5]朕親臨授焉。"莽乃復以所益納徵錢千萬，遺與長樂長御奉共養者。[6]太保舜奏言："天下聞公不受千乘之土，辭萬金之幣，散財施予千萬數，莫不鄉化。[7]蜀郡男子路建等輟訟慙怍而退，雖文王卻虞芮何以加！[8]宜報告天下。"奏可。宰衡出，從大車前後各十乘，直事尚書郎、侍御史、謁者、中黃門、期門羽林。[9]宰衡常持節，所止，謁者代持之。[10]宰衡掾史秩六百石，三公稱"敢言之"。[11]

[1]【今注】案，二月，大德本、殿本作"正月"。

[2]【顏注】如淳曰：前時飢，省官職，今豐，宜復之也。

師古曰：復，音扶目反。

[3]【顏注】師古曰：宰，治也。治衆事者，謂大臣也。

[4]【今注】案，名，蔡琪本作“多”。

[5]【顏注】師古曰：鞁亦謂組也。

[6]【顏注】師古曰：太后之長御也。共，音居用反。養，音弋亮反。

[7]【顏注】師古曰：“鄉”讀曰“嚮”。

[8]【顏注】師古曰：卻，退也。虞、芮，二國名也，並在河之東。二國之君相與爭田，久而不平，聞文王之德，乃往斷焉。入周之境，則耕者讓畔，行者讓路，乃相謂曰：“我小人也，不可以履君子之庭。”遂相讓，以其所爭爲閑田而退。【今注】蜀郡：治成都（今四川成都市）。

[9]【顏注】師古曰：自此以上，皆從宰衡出。【今注】侍御史：秦置，漢因之。御史大夫屬官，由御史中丞統領，入侍禁中蘭臺，給事殿中，故名。掌受公卿奏事，舉劾非法，或供臨時差遣，出監郡國，持節典護大臣喪事，出討姦猾，治大獄，收捕、審訊有罪官吏等。員十五人，秩六百石。

[10]【顏注】師古曰：相代而持也。【今注】案，王先謙《漢書補注》指出，此句意爲稱王莽出行休息時，由謁者代爲持節。

[11]【今注】案，《漢書考正》劉攽指出，“宰衡”以下至此，前文已有其事，此復重出，當删併。

是歲，莽奏起明堂、辟雍、靈臺，[1]爲學者築舍萬區，作市、常滿倉，制度甚盛。立《樂經》，益博士員，經各五人。徵天下通一藝教授十一人以上，及有逸《禮》、古《書》、《毛詩》、《周官》、《爾雅》、天文、圖讖、鍾律、月令、兵法、史篇文字，[2]通知其意者，皆詣公車。[3]網羅天下異能之士，至者前後千數，皆令記説廷中，將令正乖謬，[4]壹異説云。群臣奏言：
"昔周公奉繼體之嗣，據上公之尊，然猶七年制度乃
定。夫明堂、辟雍，墮廢千載莫能興，[5]今安漢公起於
第家，輔翼陛下，四年于茲，功德爛然。[6]公以八月載
生魄庚子[7]奉使，朝用書[8]臨賦營築，越若翊辛
丑，[9]諸生、庶民大和會，十萬衆並集，平作二旬，大
功畢成。[10]唐虞發舉，[11]成周造業，誠亡以加。宰衡
位宜在諸侯王上，賜以束帛加璧，[12]大國乘車、安車
各一，[13]驪馬二駟。"[14]詔曰："可。其議九錫之法。"

[1]【今注】明堂：古代帝王宣明政教的地方。凡朝會、祭
祀、慶賞、選士、養老、教學等大典，都在此舉行。　辟雍：西周
天子所設大學。　靈臺：《詩·大雅·靈臺》有云："經始靈臺，經
之營之。庶民攻之，不日成之。經始勿亟，庶民子來。"歷代注家
皆認爲此句詩描寫的是周文王築靈臺之事。

[2]【顏注】孟康曰：史籀所作十五篇古文書也。師古曰：
周宣王太史史籀所作大篆書也。籀，音直救反。【今注】禮：即
《禮經》，又稱《士禮》，至晉代以後又被稱作《儀禮》（明代以後
《禮》成爲《禮記》的代稱，與漢晉時不同）。　古書：《古文尚
書》。據説《尚書》原本達百餘篇，因秦代焚書，導致了《尚書》
流傳史上的今古文之爭。《今文尚書》爲故秦博士伏生在漢文帝時
所傳，用漢隸書寫，故稱《今文尚書》，僅餘二十八篇。後來在漢
代多有《古文尚書》被發現的記載，如河間獻王所搜古文尚書、孔
安國所獻《古文尚書》皆爲其例。至西晉永嘉之亂時，《古文尚
書》佚失，豫章内史梅賾復獻之，傳於後世。然自宋儒開始懷疑，
至清儒閻若璩作《尚書古文疏證》，已證明梅本《古文尚書》爲僞
作。至於漢代流傳的《古文尚書》之真僞，尚存在爭議。具體到河

間獻王所搜之《尚書》，部分學者根據《史記》卷五九《五宗世家》不載獻王搜書事而認爲是後人附會，然無確據（參見劉起釪《尚書學史》，中華書局 1989 年版）。　毛詩：漢儒毛亨所傳《詩經》。漢代傳《詩》者數家，至後世皆散佚，惟《毛詩》獨盛，流傳至今。　周官：書名。即《周禮》。儒家經典之一。傳爲周公所作。西漢時儒師對此書講習較少，自王莽居攝後方被尊爲諸經之一。宋明以後之今文學家多有以此書爲劉歆僞作者。經過近代以來百餘年的研究，學界主流觀點多不同意所謂劉歆僞作説，多認爲是戰國時人所編的一部官制彙編性質的典籍，至晚不晚於西漢初年。此外，據《隋書·經籍志一》記載，《周禮》中《冬官》一篇本佚，係河間獻王拿《考工記》所補。據相關研究，《考工記》年代當早於其他各部分，約在戰國初年（參見彭林《〈周禮〉主體思想與成書年代研究》，中國人民大學出版社 2009 年版；聞人軍《〈考工記〉成書年代新考》，《文史》第 23 輯）。　爾雅：中國古代最早的解釋詞義的專著，由漢初儒者綴輯舊文遞相增益而成。　天文：觀測演算天象運行，並進行相關占卜解釋的學問。　圖讖：以隱語或預言判定吉凶的書。　鍾律：中國古代音律學制定樂音音高標準的定律。　月令：戰國以來，在陰陽五行説的影響下，形成的一種規定某月施行某種政事的學説。這一學説被記於《禮記·月令》之中，相同內容亦見於《吕氏春秋·十二紀》。出土簡牘如青川木牘《爲田律》、睡虎地秦簡《田律》、張家山漢簡《二年律令·田律》皆有相關內容。江蘇連雲港尹灣出土的成帝元延年間東海郡《集簿·以春令》、甘肅敦煌懸泉出土的平帝元始五年（5）《詔書四時月令五十條》更是直接標識了“月令”。可見這一學説並非僅僅流於空談，其對秦漢實際政治亦有重要影響。這些出土文獻內容與《禮記·月令》有同有異，關於其文本解釋與差異形成的原因，學界尚存在爭議。（參見楊振紅《出土簡牘與秦漢社會》第五章，廣西師範大學出版社 2009 年版）　兵法：古兵書所載的用兵作戰的方法、策略。　史篇：《史籀篇》的省稱，又稱史籀、籀書、史書、大篆、籀文，相傳爲周宣王太史籀所作的大篆體字書，近現代研究者又多認爲其爲春秋戰國時的作品。原書已佚，但東漢許慎編著的《説文解字》中對其所收大篆文字多有保留。案，中國古代文字在先秦秦漢時期主要經歷了甲骨文、金文、大篆、小篆、秦隸、漢隸幾個階段，字形由圓而方，筆畫日趨簡潔，逐漸失去了原始象形的特點。《史籀篇》所收的大篆字體起着承上啓下的作用，在中國文字發展史上有重要地位。

　　[3]【今注】公車：漢代官署。爲衛尉的下屬機構，設公車令，掌管宮殿司馬門的警衛。天下上事及徵召等事宜，經由此處受理。

　　[4]【今注】案，謬，大德本、殿本作“繆”。

　　[5]【顏注】師古曰：墮，毀也，音火規反。

　　[6]【顏注】師古曰：爛然，章明之貌。

　　[7]【顏注】師古曰：載，始也。魄，月魄也。【今注】載生魄：農曆每月十六。

　　[8]【顏注】孟康曰：賦功役之書。

　　[9]【顏注】師古曰：翊，明也。辛丑者，庚子之明日也。越，發語辭也。

　　[10]【顏注】師古曰：平作，謂不促遽也。“平”字或作“丕”。丕亦大也。

　　[11]【今注】唐：此指堯帝。　虞：此指舜帝。傳說中的上古人物，五帝之一。媯姓，名重華。有虞氏部落首領，又稱虞舜。在位時放逐四凶（鯀、共工、驩兜和三苗），命禹治水，后稷掌農業，契行教化，益管山林，皋陶治法律。後死於蒼梧之野（今湖南寧遠縣南蒼梧山）。　案，舉，大德本作“辛”。

　　[12]【今注】束帛加璧：束帛，古時用以聘問、婚喪、饋贈的禮品。用五匹帛捆扎而成。每匹從兩端捲起，共爲十端。璧，一種環狀玉器。束帛加璧表示敬重。《禮記·禮器》有云：“束帛加

璧，尊德也。"

　　[13]【顏注】服虔曰：大國乘車，如大國王之乘車也。

　　[14]【顏注】師古曰：驪馬，併駕也。

　　冬，大風吹長安城東門屋瓦且盡。

　　五年正月，祫祭明堂，諸侯王二十八人，列侯百二十人，宗室子九百餘人，徵助祭。禮畢，封孝宣曾孫信等三十六人爲列侯，餘皆益户賜爵，金帛之賞各有數。是時，吏民以莽不受新野田而上書者前後四十八萬七千五百七十二人，及諸侯、王公、列侯、宗室見者皆叩頭言，宜亟加賞於安漢公。[1]於是莽上書曰："臣以外屬，越次備位，未能奉稱。[2]伏念聖德純茂，承天當古，制禮以治民，作樂以移風，四海奔走，百蠻竝轃，[3]辭去之日，莫不隕涕。非有款誠，[4]豈可虛致？自諸侯王已下至于吏民，咸知臣莽上與陛下有葭莩之故，[5]又得典職，每歸功列德者，輒以臣莽爲餘言。臣見諸侯面言事於前者，未嘗不流汗而慙愧也。雖性愚鄙，至誠自知，德薄位尊，力少任大，夙夜悼栗，常恐污辱聖朝。今天下治平，風俗齊同，百蠻率服，皆陛下聖德所自躬親，太師光、太保舜等輔政佐治，群卿大夫莫不忠良，故能以五年之間至致此焉。臣莽實無奇策異謀。奉承太后聖詔，宣之于下，不能得什一；受群賢之籌畫，而上以聞，不能得什伍。[6]當被無益之辜，所以敢且保首領須臾者，誠上休陛下餘光，而下依群公之故也。[7]陛下不忍衆言，輒下其章於議者。臣莽前欲立奏止，恐其遂不肯止。今大禮已行，助祭者畢辭，不勝至願，願諸章下議者皆寢勿上，使臣莽得盡力畢制禮作樂事。事成，以傳示天下，與海內平之。即有所閒非，則臣莽當被註上誤朝之罪；[8]如無他譴，得全命賜骸骨歸家，避賢者路，是臣之私願也。惟陛下哀憐財幸！"[9]甄邯等白太后，詔曰："可。唯公功德光于天下，是以諸侯、王公、列侯、宗室、諸生、吏民翕然同辭，連守闕庭，故下其章。諸侯、宗室辭去之日，復見前重陳，[10]雖曉喻罷遣，猶不肯去。告以孟夏將行厥賞，莫不驩悦，稱萬歲而退。今公每見，輒流涕叩頭言願不受賞，賞即加不敢當位。方制作未定，事須公而決，故且聽公。制作畢成，群公以聞。究于前議，[11]其九錫禮儀亟奏。"[12]

[1]【顏注】師古曰：亟，急也。

[2]【顏注】師古曰：稱，音尺證反。

[3]【顏注】師古曰："輳"即"臻"字也。

[4]【今注】案，欵，蔡琪本、殿本作"欵"。

[5]【顏注】師古曰：葭，蘆也。莩者，其筒裏白皮也。言其輕薄而附著也，故以爲喻。葭，音"加"。莩，音"孚"。

[6]【顏注】師古曰：言皆不曉，又遺忘也。

[7]【顏注】師古曰：休，庇廕也。

[8]【顏注】師古曰：閒，音居莧反（莧，蔡琪本作"見"）。

[9]【顏注】師古曰：此"財"與"裁"同（大德本、殿本無"此"字），通用也（蔡琪本、大德本無"也"字。殿本無此句。）。

[10]【顏注】師古曰：重，音直用反。

[11]【顏注】師古曰：究，竟也。

[12]【顏注】師古曰：亟，急也。

　　於是公卿大夫、博士、議郎、列侯張純等九百二人皆曰：[1]"聖帝明王招賢勸能，德盛者位高，功大者賞厚。故宗臣有九命上公之尊，則有九錫登等之寵。[2]今九族親睦，百姓既章，萬國和協，黎民時雍，[3]聖瑞畢溱，太平已洽。[4]帝者之盛莫隆於唐虞，而陛下任之；忠臣茂功莫著於伊周，而宰衡配之。所謂異時而興，如合符者也。謹以六蓺通義，經文所見，《周官》《禮記》宜於今者，[5]爲九命之錫。[6]臣請命錫。"奏可。策曰：

　　[1]【今注】議郎：爲高級郎官，不入直宿衛，職掌顧問應對，參與議政。秩比六百石。　案，蔡琪本、大德本、殿本"列侯"後有"富平侯"三字。

　　[2]【顏注】張晏曰：宗臣有勳勞爲上公，國所宗者也。《周禮》"上公九命"，九命，九賜也（賜，蔡琪本、大德本、殿本作"錫"）。師古曰：登等，謂升於常等也。

　　[3]【顏注】師古曰：章，明也。時，是也。雍亦和也。自此已上皆取《堯典》叙堯德之言也（殿本無"自"字）。

　　[4]【顏注】師古曰："溱"亦與"臻"同（大德本、殿本無"亦"字）。

　　[5]【今注】禮記：書名。戰國至漢初由孔子弟子及再傳弟子記載講習禮儀的著作，內容重在闡明禮的作用和意義。漢宣帝時戴德選定八十五篇，稱《大戴禮記》，其侄戴聖選定四十九篇，稱《小戴禮記》。成帝時，劉向校書編定爲一百三十一篇，後世將此本

稱作《禮記》，與《儀禮》《周禮》合稱"三禮"，至明代，甚至代替《儀禮》成爲五經中"禮"的代表。今本共存四十九篇，有漢鄭玄注、唐孔穎達《禮記正義》，清孫希旦《禮記集解》等。

[6]【顏注】師古曰：《禮含文嘉》云（含，蔡琪本作"合"）："九錫者，車馬、衣服、樂懸、朱户、納陛、武賁、鈇鉞、弓矢、秬鬯也。"【今注】九命之錫：具體賞賜條目見後文。周壽昌《漢書注校補》指出，王莽九錫：一衣服，二車馬，三弓矢，四斧鉞，五秬鬯，六命珪，七朱户，八納陛，九虎賁，獨無樂懸。而《公羊緯》《禮緯》《韓詩外傳》以及本書卷六《武紀》顏師古注引應劭説皆有樂懸，無命珪，與王莽九錫不同。周氏認爲，此出於王莽諸臣所臆造，故不符合經典。案，劉凱《九錫淵源考辨》（《中國史研究》2018年第1期）指出，先秦賜諸侯禮品雖有與"九錫"相合者，然並無詳細規範。齊桓公所受賜僅兩項與"九錫"相合，晉文公所受賜僅四項相合，其所受賜總數亦遠不及"九"數。至《周禮》乃有"九命"之説："職、服、位、器、則、官、國、牧、伯"，至西漢後期流行的《禮緯·含文嘉》方有顏注所謂"九錫"，並與"九命"混爲一談。

惟元始五年五月庚寅，太皇太后臨于前殿，延登，親詔之曰：公進，虛聽朕言。[1]前公宿衛孝成皇帝十有六年，納策盡忠，白誅故定陵侯淳于長，以彌亂發姦，[2]登大司馬，職在内輔。孝哀皇帝即位，驕妾窺欲，姦臣萌動，公手劾高昌侯董宏，改正故定陶共王母之僭坐。自是之後，朝臣論議，靡不據經。以病辭位，歸于第家，爲賊臣所陷。就國之後，孝哀皇帝覺寤，復還公長安，臨病加劇，猶不忘公，復特進位。是夜倉卒，國無儲主，姦臣充朝，危殆甚矣。朕惟定國之計莫宜於公，引納于朝，即日罷退高安侯董賢，轉漏之閒，[3]忠策輒建，綱紀咸張。綏和、元壽，[4]再遭大行，萬事畢舉，禍亂不作。輔朕五年，人倫之本正，天地之位定。[5]欽承神祇，經緯四時，復千載之廢，矯百世之失，[6]天下和會，大衆方輯。[7]《詩》之靈臺，《書》之作雒，鎬京之制，商邑之度，於今復興。[8]昭章先帝之元功，明著祖宗之令德，推顯嚴父配天之義，修立郊禘宗祀之禮，以光大孝。是以四海雍雍，萬國慕義，蠻夷殊俗，不召自至，漸化端冕，奉珍助祭。[9]尋舊本道，遵術重古，動而有成，事得厥中。至德要道，通於神明，祖考嘉享。光耀顯章，天符仍臻，元氣大同。麟鳳龜龍，衆祥之瑞，七百有餘。遂制禮作樂，有綏靖宗廟社稷之大勳。普天之下，惟公是賴，官在宰衡，位爲上公。今加九命之錫，其以助祭，共文武之職，[10]乃遂及厥祖。[11]於戲，豈不休哉！[12]

[1]【顔注】師古曰：進前虛己而聽也。

[2]【顔注】師古曰：“彌”讀曰“弭”。弭（蔡琪本同，大德本、殿本無此字），止也。

[3]【今注】轉漏之閒：王先謙《漢書補注》引王先慎説，此爲“不移時刻”（喻迅速）之意。

[4]【今注】綏和：漢成帝年號（前8—前7）。　元壽：漢哀帝年號（前2—前1）。

[5]【顏注】張晏曰：定冠婚之儀，徙南北之郊也。

[6]【顏注】張晏曰：封先代之後，立古文經，定迭毀之禮也。

[7]【顏注】師古曰："輯"與"集"字同（蔡琪本同，大德本、殿本無"字"字）。

[8]【顏注】師古曰：靈臺，所以觀氣象者也。文王受命，作邑于豐，始立此臺，兆庶自勸，就其功作，故《大雅·靈臺》之詩曰："經始靈臺，經之營之，庶人攻之，不日成之。"作雒，謂周公營洛邑以爲王都，所謂成周也。《周書·洛誥》曰："召公既相宅，周公往營成周，使來告卜（卜，大德本作"上"），作《洛誥》。"豐、鎬相近，故總曰鎬京。成周既城（城，大德本、殿本作"成"），遷殷頑民使居之，故云"商邑之度"也。【今注】作雒：營建洛邑。雒，雒陽，亦即洛陽。縣名。治所在今河南洛陽市東北。周武王死後，其弟管叔、蔡叔聯合紂王之子武庚造反。輔政的武王弟周公旦東征平滅武庚之亂後，營建洛邑，置成周八師，以鎮撫東方。《尚書》有《洛誥》篇，《逸周書》有《作雒解》。　鎬京：西周都城。在今陝西西安市長安區西北鎬京村附近。周武王滅殷之後，將都城從豐遷至鎬。

[9]【顏注】師古曰：蠻夷漸染朝化而正衣冠，奉其國珍來助祭。

[10]【顏注】師古曰："共"讀曰"供"。

[11]【顏注】師古曰：榮寵之命，上延其先祖也。

[12]【顏注】師古曰："於戲"讀曰"嗚呼"。休，美也。

於是莽稽首再拜，受綠韍袞冕衣裳，[1]瑒瑑瑒珌，[2]句履，[3]鸞路乘馬，[4]龍旂九旒，[5]皮弁素積，[6]戎路乘馬，[7]彤弓矢，盧弓矢，[8]左建朱鉞，右建金戚，[9]甲冑一具，[10]秬鬯二卣，[11]圭瓚二，[12]九命青玉珪二，[13]朱户納陛。[14]署宗官、祝官、卜官、史官，[15]虎賁三百人，家令丞各一人，宗、祝、卜、史官皆置嗇夫，佐安漢公。在中府外第，虎賁爲門衛，當出入者傅籍。[16]自四輔、三公有事府第，皆用傳。[17]以楚王邸爲安漢公第，大繕治，通周衛。祖禰廟及寝皆爲朱户納陛。[18]陳崇又奏：“安漢公祠祖禰，出城門，城門校尉宜將騎士從。[19]入有門衛，出有騎士，所以重國也。”奏可。

[1]【顔注】師古曰：此韍，謂蔽膝也，或謂韎韐。韍，音“弗”。韐，音“畢”。

[2]【顔注】孟康曰：瑒，玉名也。佩刀之飾，上曰璏，下曰珌。《詩》云“鞞琫有珌”是也。師古曰：瑒，音“蕩”。璏，音布孔反。珌，音“必”。【今注】瑒（dàng）璏（běng）瑒珌（bì）：佩刀鞘上的黄金裝飾。瑒，同“鐋”。指黄金。璏，刀鞘近口處的裝飾。珌，刀鞘末端的裝飾。

[3]【顔注】孟康曰：今齊祀履舄頭飾也。出履三寸（三，蔡琪本、殿本作“二”）。師古曰：其形歧頭。句，音巨俱反。【今注】句履：一種頭部翹出如刀鞘頂端的鞋子。

[4]【顔注】師古曰：鸞路，路車之施鸞者也，解在《禮樂志》。四馬曰乘，音食證反。其下亦同。【今注】鸞路：軛首或車衡上裝有鈴的車。鸞，同“鑾”。鈴鐺。路，亦作“輅”。古代天子、諸侯之車稱“路”。　乘馬：四匹馬。

[5]【今注】旒：旌旗下邊或邊緣上懸垂的裝飾品。

[6]【顔注】師古曰：素積，素裳也。【今注】　弁（biàn）：帽子。

[7]【顔注】師古曰：戎路，戎車也。

[8]【顏注】師古曰：彤，赤色。盧，黑色。

[9]【顏注】師古曰：鉞、戚，皆斧屬。

[10]【顏注】師古曰：胄，兜鍪。

[11]【顏注】師古曰：秬鬯，香酒也。卣，中樽也，音"攸"，又羊九反（蔡琪本"羊"前有"音"字）。【今注】秬（jù）：黑黍。 鬯（chàng）：以鬱金草合黍釀造的香酒，用以祭祀。 卣（yǒu）：一種口小腹大的盛酒器具，有蓋和提梁。

[12]【顏注】師古曰：以圭爲勺末。【今注】圭瓚：古代用玉圭作柄的勺狀灌酒器。圭，玉器名。長條形，上端作三角形，下端齊平。瓚，古代祭禮中用來舀酒的玉勺。

[13]【顏注】師古曰：青者，春色，東方生而長育萬物也。【今注】珪：同"圭"。

[14]【顏注】孟康曰：納，内也。謂鑿殿基際爲陛，不使露也。師古曰：孟説是也。尊者不欲露而升陛，故内之於霤下也。諸家之釋，文句雖煩，義皆不了，故無取云。

[15]【今注】祝官：掌管祭祀、祝禱等事之官。

[16]【顏注】師古曰：傅猶著也，音"附"。

[17]【顏注】孟康曰：傳，符也。師古曰：音張戀反（蔡琪本、殿本此句後有"韋昭曰傳二封啓也"一句）。

[18]【今注】禰（nǐ）：古人奉祀亡父的宗廟。

[19]【今注】城門校尉：漢武帝時置。掌京城長安諸城門警衛，領城門屯兵。秩二千石。 騎士：即騎兵，主要設置在北方邊郡與長安周邊。

其秋，莽以皇后有子孫瑞，通子午道。[1]子午道從杜陵直絶南山，徑漢中。[2]

[1]【顏注】張晏曰：時年十四，始有婦人之道也。子，水；

午，火也。水以天一爲牡（牡，蔡琪本作"牝"），火以地二爲牝（牝，蔡琪本作"牡"），故火爲水妃（妃，大德本作"始"），今通子午以協之（今，大德本作"令"）。【今注】通子午道：鴻門宴後，劉邦獲封漢王，由關中赴漢中。其路綫據說是"從杜南入蝕中"，杜南所對即爲子午道。且漢中的東漢摩崖石刻《石門頌》亦有云"高祖受命，興於漢中。道由子午，出散入秦"。故而一般認爲，其所過即子午道。然劉邦入漢中時，曾從張良策"燒絕棧道"，子午道遂毀，至此而重通。（參見辛德勇《論劉邦進出漢中的地理意義及其行軍路綫》，《傳統文化與現代化》1997 年第 4 期；晏波《劉邦赴漢中所過棧道新解》，《史林》2010 年第 2 期；王子今《秦嶺"四道"與劉邦"興於漢中"》，《石家莊學院學報》2016 年第 5 期；孫啓祥《漢王劉邦就國南鄭時"燒絕棧道"考辨》，《成都大學學報》2018 年第 6 期）

[2]【顏注】師古曰：子，北方也。午，南方也。言通南北道相當，故謂之子午耳。今京城直南山有谷通梁、漢道者，名子午谷。又宜州西界，慶州東界，有山名子午領，計南北直相當。此則北山者是子，南山者是午，共爲子午道。【今注】杜陵：縣名。漢宣帝於杜縣建杜陵，並改杜縣爲杜陵縣，屬京兆尹，故治在今陝西西安市雁塔區曲江街道辦事處三兆村西北。　漢中：郡名。秦時治南鄭（今陝西漢中市），漢時移治西城（今陝西安康市西北）。

風俗使者八人還，言天下風俗齊同，詐爲郡國造歌謠，頌功德，凡三萬言。莽奏定著令。[1]又奏爲市無二賈，[2]官無獄訟，邑無盜賊，野無飢民，道不拾遺，男女異路之制，犯者象刑。[3]劉歆、陳崇等十二人皆以治明堂，[4]宣教化，封爲列侯。

[1]【今注】著令：周壽昌《漢書注校補》認爲，"著令"爲漢天子之權力，令藏於御史府，從高祖、高后時即行之。至此時，王莽公然奏請定著令。

[2]【顏注】師古曰：言純質也。"貫"音"價"。

[3]【顏注】師古曰：象刑，解在《武紀》及《刑法志》。【今注】象刑：傳説上古時以特殊的服飾象徵五刑，以示恥辱，而不真正施以刑罰。

[4]【今注】十二人：王先謙《漢書補注》指出四庫本《漢書考證》云，陳崇等八人以宣教化封，劉歆、平晏、孔永、孫遷以治明堂封。

莽既致太平，北化匈奴，東致海外，南懷黄支，唯西方未有加。遒遣中郎將平憲等多持金幣誘塞外羌，[1]使獻地，願内屬。憲等奏言："羌豪良願等種，人口可萬二千人，願爲内臣，獻鮮水海、允谷鹽池，[2]平地美草皆予漢民，自居險阻處爲藩蔽。問良願降意，對曰：'太皇太后聖明，安漢公至仁，天下太平，五穀成孰，[3]或禾長丈餘，或一粟三米，或不種自生，或璽不蠶自成，甘露從天下，醴泉自地出，鳳皇來儀，神爵降集。從四歲以來，羌人無所疾苦，故思樂内屬。'宜以時處業，[4]置屬國領護。"[5]事下莽，莽復奏曰："太后秉統數年，恩澤洋溢，和氣四塞，絶域殊俗，靡不慕義。越裳氏重譯獻白雉，黄支自三萬里貢生犀，[6]東夷王度大海奉國珍，匈奴單于順制作，去二名，今西域良願等復舉地爲臣妾，昔唐堯横被四表，[7]亦亡以加之。今謹案已有東海、南海、北海郡，[8]未有西海郡，請受良願等所獻地爲西海郡。[9]臣又聞聖王序天文，定地理，因山川民俗以制州界。漢家地廣二帝三王，[10]凡十三州，[11]州名及界多不應經。堯典十有二州，後定爲九州。漢家廓地遼遠，州牧行部，[12]遠者三萬餘里，不可爲九。謹以經義正十二州名分界，以應正始。"奏可。又增法五十條，犯者徙之西海。徙者以千萬數，民始怨矣。

[1]【今注】中郎將：官名。秦、西漢時爲中郎長官，職掌宮禁宿衛，隨行護駕，協助郎中令（光禄勳）考核選拔郎官及從官，亦常奉詔出使，職位清要。後又專設五官、左、右中郎將分領中郎及謁者。西漢昭、宣以來，其職多由外戚及親近官員擔任，加中朝官號。隸郎中令，秩比二千石。　羌：西北古族名。西漢時主要分布在今青藏高原邊緣的青海、甘肅及四川等地，以游牧爲主業，兼務農作。部族衆多，不相統屬。

[2]【今注】案，王先謙《漢書補注》指出，此事詳見本書《地理志》。鮮水海，即今青海東部之青海湖。

[3]【今注】案，孰，蔡琪本、殿本作"熟"。

[4]【今注】處業：王先謙《漢書補注》指出，意爲令安處有作業。

[5]【今注】屬國：漢廷對歸降部落因其故俗，存其國號而屬漢朝，故稱屬國，由屬國都尉管理。

[6]【今注】黄支：國名。位於今南印度東海岸的康契普臘姆（Conjervaram）。

[7]【今注】橫：錢大昭《漢書辨疑》認爲，即"光"之意。

[8]【今注】東海：郡名。秦置，治郯縣（今山東郯城縣北）。南海：郡名。治番禺縣（今廣東廣州市番禺區）。屬交趾刺史部。北海：郡名。西漢時郡治在營陵（今山東昌樂縣東南）。

[9]【今注】西海郡：治所在今青海海晏縣。"西海"本指鮮

水海，亦即今之青海湖。青海海晏縣文化館藏虎符石匱銘文有謂"西海郡虎符石匱始建國元年十月癸卯工河南郭戎造"。由此基本可證實石匱來源地海晏縣三角城遺址當即平帝時王莽所置西海郡之治所（參見安志敏《青海的古代文化》，《考古》1959 年第 7 期；姜法春《再述"西海郡虎符石匱"》，《群文天地》2014 年第 4 期）。

[10]【顏注】服虔曰：唐虞及周要服之內方七千里，夏殷方三千里，漢地南北萬三千里也。

[11]【今注】案，三，蔡琪本、大德本、殿本作"二"。當以"三"爲是。

[12]【今注】行部：謂巡行所屬部域，考核政績。

泉陵侯劉慶上書[1]言："周成王幼少，稱孺子，周公居攝。今帝富於春秋，宜令安漢公行天子事，如周公。"群臣皆曰："宜如慶言。"

[1]【顏注】師古曰：《王子侯年表》"衆陵節侯賢，長沙定王子，本始四年戴侯真定嗣，二十二年薨，黃龍元年頃侯慶嗣"，此則是也。此傳及《翟義傳》並云"泉陵"（並，蔡琪本、大德本作"竝"），《地理志》泉陵屬零陵郡，而表作"衆陵"，表爲誤也。【今注】泉陵：侯國名。治所在今湖南永州市。漢武帝元朔五年（前 124）封長沙定王子劉賢爲泉陵侯。

冬，熒惑入月中。[1]

[1]【今注】熒惑：火星。

平帝疾，莽作策，請命於泰畤，戴璧秉圭，願以身代。[1]藏策金縢，置于前殿，敕諸公勿敢言。[2]十二月平帝崩，大赦天下。莽徵明禮者宗伯鳳等與定天下吏六百石以上皆服喪三年。[3]奏尊孝成廟曰統宗，孝平廟曰元宗。時元帝世絕，而宣帝曾孫有見王五人，[4]列侯廣戚侯顯等四十八人，[5]莽惡其長大，曰："兄弟不得相爲後。"迺選玄孫中最幼廣戚侯子嬰，年二歲，託以爲卜相最吉。

[1]【今注】泰畤：漢武帝以來祭祀天神泰一之處，在左馮翊雲陽縣甘泉山（今陝西淳化縣西北）。

[2]【顏注】師古曰：詐依周公爲武王請命，作金縢也。【今注】金縢：以金封緘的藏物器，可用以保存書契。《尚書》有《金縢》篇，記載武王病重時，周公藏策於金縢之中，祈以身代。王莽這是在有意模仿周公。

[3]【今注】案，何焯《義門讀書記》卷二〇指出，臣爲君服喪三年之制，自此後議行之。

[4]【顏注】師古曰：王之見在者。【今注】見王五人：《資治通鑑》卷三六《漢紀》孝平皇帝元始五年胡三省注指出，五王爲淮陽王縯、中山王成都、楚王紆、信都王景、東平王開明。

[5]【今注】廣戚：侯國名。治所在今江蘇沛縣東。　四十八人：《資治通鑑》卷三六《漢紀》孝平皇帝元始五年胡三省注指出，當時王子侯有廣戚侯顯、陽興侯寄、陵陽侯嘉、高樂侯修、平邑侯閎、平纂侯況、合昌侯輔、伊鄉侯開、就鄉侯不害、膠鄉侯武、宜鄉侯恢、昌城侯豐、樂安侯禹、陶鄉侯恢、釐鄉侯褒、昌鄉侯且、新鄉侯鯉、邵鄉侯光、新城侯武、宜陵侯封、堂鄉侯護、成陵侯由、成陽侯衆、復昌侯休、安陸侯平、梧安侯譽、朝鄉侯充、扶鄉侯普、方城侯宣、當陽侯益、廣城侯逮、春城侯允、呂鄉侯

尚、李鄉侯殷、宛鄉侯隆、壽泉侯承、杏山侯遵、嚴鄉侯信、武平侯璜、陵鄉侯曾、武安侯愰、富陽侯萌、西陽侯偃、桃鄉侯立、栗鄉侯玄成、金鄉侯不害、平通侯且、西安侯漢、湖鄉侯開、重鄉侯少柏，共五十人。他認爲栗鄉侯玄成先已免侯，而廣戚侯顯爲孺子之父，不計，共止四十八人。今案，正文既言"廣戚侯顯等四十八人"，則廣戚侯當在數內無疑。

　　是月，前煇光謝囂奏武功長孟通浚井得白石，[1]上圓下方，有丹書著石，[2]文曰"告安漢公莽爲皇帝"。符命之起，自此始矣。莽使群公以白太后，太后曰："此誣罔天下，不可施行！"太保舜謂太后："事已如此，無可奈何，沮之力不能止。[3]又莽非敢有它，但欲稱攝以重其權，[4]填服天下耳。"[5]太后聽許，舜等即共令太后下詔曰："蓋聞天生衆民，不能相治，爲之立君以統理之。君年幼稚，[6]必有寄託而居攝焉，然後能奉天施而成地化，群生茂育。《書》不云乎，'天工，人其代之。'[7]朕以孝平皇帝幼年，且統國政，幾加元服，委政而屬之。[8]今短命而崩，嗚呼哀哉！已使有司徵孝宣皇帝玄孫二十三人，差度宜者，以嗣孝平皇帝之後。[9]玄孫年在繦褓，不得至德君子，孰能安之？安漢公莽輔政三世，比遭際會，安光漢室，[10]遂同殊風，至于制作，與周公異世同符。今前煇光囂、武功長通上言丹石之符，朕深思厥意，云'爲皇帝'者，乃攝行皇帝之事也。夫有法成易，非聖人者亡法。其令安漢公居攝踐祚，[11]如周公故事，以武功縣爲安漢公采地，[12]名曰漢光邑。具禮儀奏。"

　　[1]【顏注】師古曰：浚，抒治之也。嶢，音許驕反。浚，音"峻"。抒，音直呂反。【今注】前煇光：漢平帝元始四年（4），分京師置前煇光、後承烈二郡。《資治通鑑》卷三六《漢紀》孝平皇帝元始四年胡三省注認爲，前煇光當領長安以南諸縣，後承烈當領長安以北諸縣。　武功：縣名。治所在今陝西眉縣東。《資治通鑑》卷三六《漢紀》孝平皇帝元始五年胡三省注指出，武功縣本屬扶風，王莽時分屬前煇光。

　　[2]【顏注】師古曰：著，音直略反。

　　[3]【顏注】師古曰：沮，壞也，音才汝反。

　　[4]【今注】案，稱，殿本作"居"。

　　[5]【顏注】師古曰：塡，音竹刃反。

　　[6]【今注】案，幼稚，蔡琪本作"幼穉"。

　　[7]【顏注】師古曰：《虞書·咎繇謨》之辭也。言人代天理治工事也（大德本、殿本"天"後有"以"字）。

　　[8]【顏注】師古曰：屬，付也。"幾"音曰"冀"。屬，音之欲反。

　　[9]【顏注】師古曰：差度，謂擇也。度，音大各反。

　　[10]【顏注】師古曰：比，頻也（頻，大德本作"類"）。

　　[11]【今注】案，踐祚，殿本作"踐阼"。

　　[12]【顏注】師古曰：采，官也。以官受地，故謂之采。

　　於是群臣奏言："太后聖德昭然，深見天意，詔令安漢公居攝。臣聞周成王幼少，周道未成，成王不能共事天地，修文武之烈。[1]周公權而居攝，則周道成，王室安；不居攝，則恐周隊失天命。[2]《書》曰：'我嗣事子孫，大不克共上下，遏失前人光，在家不知命不易。天應棐諶，乃亡隊命。'[3]說曰：[4]周公服天子之冕，南面而朝群臣，發號施令，常稱王命。召公賢人，不知聖人之意，故不說也。[5]《禮·明堂記》曰：‘周公朝諸侯於明堂，天子負斧依南面而立。’[6] 謂‘周公踐天子位，六年朝諸侯，制禮作樂，而天下大服’也。召公不說。時武王崩，繈褓未除。[7] 由是言之，周公始攝則居天子之位，非乃六年而踐阼也。《書》逸《嘉禾篇》曰：‘周公奉鬯立于阼階，延登，贊曰：“假王莅政，勤和天下。”’此周公攝政，贊者所稱。[8] 成王加元服，周公則致政。《書》曰‘朕復子明辟’，[9] 周公常稱王命，專行不報，故言我復子明君也。臣請安漢公居攝踐阼，服天子韨冕，[10] 背斧依于户牖之間，[11] 南面朝群臣，聽政事。車服出入警蹕，[12] 民臣稱臣妾，皆如天子之制。郊祀天地，宗祀明堂，共祀宗廟，享祭群神，贊曰‘假皇帝’，[13] 民臣謂之‘攝皇帝’，自稱曰‘予’。平決朝事，常以皇帝之詔稱‘制’，以奉順皇天之心，輔翼漢室，保安孝平皇帝之幼嗣，遂寄託之義，隆治平之化。[14] 其朝見太皇太后、帝皇后，皆復臣節。[15] 自施政教於其宮家國采，[16] 如諸侯禮儀故事。臣昧死請。”[17] 太后詔曰：“可。”明年，改元曰居攝。

[1]【顏注】師古曰：“共”讀曰“恭”。烈，業也。

[2]【顏注】師古曰：隊，音直類反。

[3]【顏注】師古曰：《周書·君奭》之篇也。邵公爲保，周公爲師，相成王爲左右。邵公不說，周公作《君奭》以告之。奭，邵公名也。尊而呼之，故曰君也。言我恐後嗣子孫大不能恭承天

地，絕失先王光大之道，不知受命之難。天所應輔唯在有誠，所以亡失其命也。共，音"恭"。棐，音"匪"。

[4]【顏注】師古曰：謂說經義也。

[5]【顏注】師古曰："召"讀曰"邵"。"說"讀曰"悅"。次下並同（並，蔡琪本、大德本作"竝"）。

[6]【顏注】師古曰："依"讀曰"扆"。此下亦同。

[7]【顏注】師古曰：繰，音千回反。【今注】繰麤（cū）：粗麻布喪服。麤，同"粗"。

[8]【顏注】師古曰：賛，謂祭祝之辭也。

[9]【顏注】師古曰：《周書·洛誥》載周公告成王之辭，言我復還明君之政於子也。復，音扶目反。

[10]【顏注】師古曰：此鞁亦謂裳鞁也。

[11]【今注】案，王先謙《漢書補注》指出，《資治通鑑》"依"下有"立"字。

[12]【今注】警蹕：皇帝出入，在經過的地方嚴加戒備，斷絕行人。

[13]【顏注】師古曰：賛，謂祭祀之辭也（祀，蔡琪本、殿本作"祝"）。共，音"恭"。

[14]【顏注】師古曰：遂，成也。

[15]【今注】帝皇后皆復臣節：《資治通鑑》卷三六《漢紀》孝平皇帝元始五年胡三省注指出，"帝皇后"指平帝皇后。"復"爲"返""還"之意。

[16]【今注】宮家國采：《資治通鑑》卷三六《漢紀》孝平皇帝元始五年胡三省注指出，"宮"爲安漢公府第，"家"指王家，"國"指其所封新都國，"采"指以武功縣爲采地。

[17]【今注】昧死：文書用語，一般用於臣下向皇帝上呈文書，以表示敬畏。

居攝元年正月，莽祀上帝於南郊，迎春於東郊，行大射禮于明堂，[1]養三老五更，成禮而去。[2]置柱下五史，袟如御史，[3]聽政事，侍旁記疏言行。

[1]【今注】大射禮：射禮有大射、賓射、燕射、鄉射四種。將祭擇士爲大射，諸侯來朝或諸侯相朝而射爲賓射，宴飲之射爲燕射，卿大夫舉士後所行之射爲鄉射。

[2]【顏注】師古曰：更，音工衡反。

[3]【今注】案，袟，蔡琪本、大德本、殿本作“秩”。 御史：此指侍御史。秦置，漢因之。西漢時爲御史大夫屬官，由御史中丞統領，入侍禁中蘭臺，給事殿中，故名。掌受公卿奏事，舉劾按章，監察文武官員，分令、印、供、尉馬、乘五曹，監領律令、刻印、齋祀、厩馬、護駕等事宜，或供臨時差遣，出監郡國，持節典護大臣喪事，收捕、審訊有罪官吏等。武帝時特置繡衣直指使者，亦稱繡衣御史，巡行郡國，逐捕盜賊，治理大獄，有權誅二千石以下官吏，不常置。其專掌皇帝璽印者，稱符璽御史。又有治書侍御史，選明習法律者充任，覆核疑案，平決刑獄。員十五人，秩六百石。

三月己丑，立宣帝玄孫嬰爲皇太子，號曰孺子。[1]以王舜爲太傅左輔，甄豐爲大阿右拂，[2]甄邯爲太保後承。又置四少，[3]秩皆二千石。

[1]【今注】案，何焯《義門讀書記》卷二〇指出，王莽先爲攝皇帝，而後立嬰，是爲了避免與其有君臣之分。而止立其爲皇太子，不立其爲君，則是爲了能够予取予奪。《資治通鑑》卷三六《漢紀》王莽居攝元年胡三省注指出，周公輔成王時，管叔、蔡叔有流言“公將不利於孺子”，故王莽爲此號。

[2]【顏注】師古曰："拂"讀曰"弼"。【今注】案,大,蔡琪本、殿本作"太"。

[3]【今注】四少:《資治通鑑》卷三六《漢紀》王莽居攝元年胡三省注指出,四少爲少師、少傅、少阿、少保。

四月,安衆侯劉崇與相張紹謀曰:[1]"安漢公莽專制朝政,必危劉氏。天下非之者,乃莫敢先舉,此宗室恥也。吾帥宗族爲先,海內必和。"紹等從者百餘人,遂進攻宛,不得入而敗。紹者,張竦之從兄也。竦與崇族父劉嘉詣闕自歸,莽赦弗罪。竦因爲嘉作奏曰:

[1]【顏注】師古曰:安衆康侯丹,長沙定王子,崇即丹之玄孫子也,見《王子侯表》。【今注】案,周壽昌《漢書注校補》指出,劉崇爲最早起事反莽的西漢宗室,其後起事者有嚴鄉侯信、武平侯璜,再以後有徐鄉侯快、陵鄉侯曾、扶恩侯貴。據本書《王子侯表》,東漢光武帝建武二年(26),劉寵以崇從父弟得封侯,至班氏作《表》時其侯國尚存,當是因劉崇爲最早起事宗室之故。

建平、元壽之間,大統幾絕,宗室幾棄。[1]賴蒙陛下聖德,扶服振救,[2]遮扞匡衛,國命復延,宗室明目。臨朝統政,發號施令,動以宗室爲始,登用九族爲先。並錄支親,建立王侯,南面之孤,計以百數。收復絕屬,存亡續廢,[3]得比肩首,復爲人者,嬪然成行,[4]所以藩漢國,輔漢宗也。建辟雍,立明堂,班天法,流聖化,朝群后,昭文德,宗室諸侯咸益土地。天下喁喁,引領而歡,[5]

頌聲洋洋，滿耳而入。[6]國家所以服此美，膺此名，饗此福，受此榮者，豈非太皇太后日昊之思，陛下夕惕之念哉！何謂？[7]亂則統其理，危則致其安，禍則引其福，絕則繼其統，幼則代其任，晨夜屑屑，寒暑勤勤，[8]無時休息，孳孳不已者，[9]凡以爲天下厚劉氏也。[10]臣無愚智，民無男女，皆諭至意。[11]

[1]【顏注】師古曰：幾，亦音巨依反（蔡琪本、殿本無"亦"字）。

[2]【顏注】師古曰：陛下，謂莽也。服，音蒲北反。

[3]【顏注】師古曰：復，音扶目反。

[4]【顏注】師古曰：嬪然，多貌也。行，列也。嬪，音匹人反。行，音下郎反。

[5]【顏注】師古曰：喁喁，衆口向上也，音"顒"。

[6]【顏注】師古曰：《論語》載孔子曰："師摯之始，《關雎》之亂，洋洋乎盈耳哉！"故竦引之也。洋，音"羊"，又音翔也（蔡琪本、大德本、殿本句末無"也"字）。

[7]【顏注】師古曰：先爲設問，復陳其事也。

[8]【顏注】師古曰：屑屑猶切切，動作之意也。【今注】屑屑：錢大昭《漢書辨疑》根據《方言》《廣雅》指出，"屑屑"爲"不安"之意，又有"劬勞"之意。《漢書》卷五六《董仲舒傳》有謂"凡所爲屑屑，夙興夜寐"，《後漢書》卷二七《王良傳》有謂"何其往來屑屑不憚煩也"，《後漢書》卷五二《崔駰傳》則謂"吾亦病子屑屑而不已也"。

[9]【顏注】師古曰：孳孳，不怠之意也，音與"孜"同。

[10]【顏注】師古曰：爲，音于僞反。

[11]【顏注】師古曰：諭，曉也。

　　而安衆侯崇乃獨懷悖惑之心，操畔逆之慮，[1]興兵動衆，欲危宗廟，惡不忍聞，罪不容誅，誠臣子之仇，宗室之讎，國家之賊，天下之害也。是故親屬震落而告其罪，民人潰畔而棄其兵，進不跬步，退伏其殃。[2]百歲之母，孩提之子，[3]同時斷斬，懸頭竿杪，[4]珠珥在耳，首飾猶存，爲計若此，豈不誖哉！[5]

　　[1]【顏注】師古曰：悖，乖也。　【今注】畔：同“叛”。叛亂。
　　[2]【顏注】師古曰：半步曰跬，謂一舉足也，音空橤反。
　　[3]【顏注】師古曰：嬰兒始孩，人所提挈，故曰孩提也。孩者，小兒笑也。
　　[4]【顏注】師古曰：杪，末也，音莫小反。
　　[5]【顏注】師古曰：誖，惑也，音布內反。

　　臣聞古者畔逆之國，既以誅討，則豬其宮室以爲汙池，納垢濁焉，[1]名曰凶虛，[2]雖生菜茹，而人不食。[3]四牆其社，覆上棧下，示不得通。[4]辨社諸侯，[5]出門見之，著以爲戒。[6]方今天下聞崇之反也，咸欲騫衣手劍而叱之。其先至者，則拂其頸，[7]衝其匈，刃其軀，切其肌；後至者，欲撥其門，仆其牆，[8]夷其屋，焚其器，[9]應聲滌地，則時成創。[10]而宗室尤甚，言必切齒焉。何則？

以其背畔恩義，而不知重德之所在也。宗室所居或遠，嘉幸得先聞，不勝憤憤之願，願爲宗室倡始，[11]父子兄弟負籠荷鍤，馳之南陽，[12]豬崇宮室，令如古制。及崇社宜如亳社，以賜諸侯，用永監戒。願下四輔公卿大夫議，以明好惡，視四方。[13]

[1]【顏注】李奇曰：掘其宮以爲池，用貯水也。師古曰：豬，謂畜水汙下也。汙，音“烏”。

[2]【顏注】師古曰：“虛”讀曰“墟”。墟，故居也，言凶人所居也。

[3]【顏注】師古曰：所食之菜曰茹，音人庶反。

[4]【顏注】師古曰：棧，謂以箐蔽之也。下則棧之，上則覆之，所以隔塞不通陰陽之氣（蔡琪本、殿本此句後有“韋昭曰棧柴也”一句）。

[5]【顏注】孟康曰：辨，布也。布崇社國，國各作一，見以爲戒也。師古曰：“辨”讀曰“班”。

[6]【顏注】師古曰：著，明也。

[7]【顏注】師古曰：拂，戾也，音“佛”。【今注】拂：王念孫《讀書雜志·漢書第十五》指出，“拂”通假“刜”，爲“斫”之意。此句意謂以劍斫其頸。

[8]【顏注】師古曰：仆，倒也。

[9]【顏注】師古曰：夷，平也（殿本無此注）。

[10]【顏注】師古曰：滌地猶言塗地。則時，即時也。創，傷也，音初良反。【今注】則：王先謙《漢書補注》指出，“則”與“即”字通假。

[11]【顏注】師古曰：倡，音先向反（先，蔡琪本、殿本作

“昌”）。

[12]【顏注】師古曰：籠，所以盛土也。鍤，臿也。【今注】案，荷，蔡琪本、殿本作“倚”。　鍤（chā）：鐵鍬。

[13]【顏注】師古曰：“視”讀曰“示”。

　　於是莽大説。[1]公卿曰：“皆宜如嘉言。”[2]莽白太后下詔曰：“惟嘉父子兄弟，雖與崇有屬，不敢阿私，或見萌牙，[3]相率告之，及其禍成，同共讎之，應合古制，忠孝著焉。其以杜衍户千封嘉爲師禮侯，[4]嘉子七人皆賜爵關内侯。”後又封竦爲淑德侯。長安爲之語曰：“欲求封，過張伯松；[5]力戰鬭，不如巧爲奏。”莽又封南陽吏民有功者百餘人，汙池劉崇室宅。後謀反者，皆汙池云。

[1]【顏注】師古曰：“説”讀曰“悦”。

[2]【今注】案，王先謙《漢書補注》引蘇輿説，認爲今本“曰”“皆”兩字或被顛倒，當作“皆曰”。

[3]【今注】案，牙，大德本、殿本作“芽”。

[4]【今注】杜衍：縣名。治所在今河南南陽市卧龍區西南。師禮侯：錢大昭《漢書辨疑》指出，本書卷九九中《王莽傳中》作“率禮侯”。錢氏認爲，此處“師”當作“帥”，與“率”通假。王念孫《讀書雜志·漢書第十五》指出，《太平御覽·封建部四》即引此作“帥”。

[5]【顏注】師古曰：竦之字。

　　群臣復白：“劉崇等謀逆者，以莽權輕也。宜尊重以填海内。”[1]五月甲辰，太后詔莽朝見太后稱“假皇帝"。

[1]【顔注】師古曰：填，音竹刃反。

冬十月丙辰朔，日有食之。[1]

[1]【今注】日有食之：查諸日食表，孺子居攝元年十月丙辰似無日食。是年七月丙辰晦，亦即公元6年9月11日有日食，今陝西西安地區食甚時刻爲下午4時44分，食分高達0.95。然則班固當是因干支相同而致誤（參見張培瑜《三千五百年曆日天象》，大象出版社1997年版）。

十二月，群臣奏請："益安漢公宮及家吏，置率更令，廟、厩、厨長丞，中庶子，虎賁以下百餘人，[1]又置衛士三百人。安漢公廬爲攝省，府爲攝殿，弟爲攝宮。"[2]奏可。

[1]【今注】案，王先謙《漢書補注》指出，厩、厨長丞與率更令爲詹事屬官。廟長丞爲奉常屬官。中庶子爲太子太傅、少傅屬官。虎賁，舊名"期門"，屬郎中令，平帝元始元年（1）更名"虎賁郎"。厩，馬房。主官稱長，或稱令，主管車馬。佐官稱丞。

[2]【今注】案，《資治通鑑》卷三六《漢紀》王莽居攝元年胡三省注指出，"廬"爲殿中止宿之舍，"府"爲治事之所，"第"爲居住之所。

莽白太后下詔曰：故太師光雖前薨，功效已列。太保舜、大司空豐、輕車將軍邯、步兵將軍建皆爲誘進單于籌策，又典靈臺、明堂、辟雍、四郊，[1]定制度，開子午道，與宰衡同心說德，[2]合意并力，功德茂著。封舜子匡爲同心侯，林爲說德侯，光孫壽爲合意侯，豐孫匡爲并力侯。益邯、建各三千户。

　　[1]【今注】案，又，蔡琪本作“及”。

　　[2]【顏注】師古曰：說，音悅。次下亦同（次下亦同，大德本、殿本作“下同”）。

　　是歲，西羌龐恬、傅幡等[1]怨莽奪其地作西海郡，反攻西海太守程永，永奔走。莽誅永，遣護羌校尉竇況擊之。[2]

　　[1]【顏注】師古曰：幡，音敷元反，其字從巾。

　　[2]【今注】護羌校尉：官名。漢武帝時始置，主要掌管西羌事務。《後漢書》卷八七《西羌傳》載其主要職責是“持節領護，理其怨結，歲時循行，問所疾苦。又數遣使驛通動静，使塞外羌夷爲吏耳目，州郡因此可得徹備”。秩比二千石。案，蔡琪本作“護義校尉”，誤。

　　二年春，竇況等擊破西羌。

　　五月，更造貨：錯刀，[1]一直五千；契刀，[2]一直五百；大錢，一直五十，與五銖錢並行。[3]民多盜鑄者。禁列侯以下不得挾黃金，輸御府受直，[4]然卒不與直。

　　[1]【今注】錯刀：錢幣名。刀形，長二寸，以黃金錯（塗

飾）其文，故稱“錯刀”，亦稱“金錯刀”。孺子居攝二年（7）發行，至王莽稱帝後即廢。其製作工藝精美而發行量較少，是傳世古幣中的精品。本書《食貨志下》稱其錢文爲“一刀直五千”，然據出土實物，其文實當爲“一刀平五千”，黃金所錯者爲“一刀”二字。

[2]【今注】契刀：錢幣名。其身形似刀，環如大錢，長二寸，其文云“契刀五百”。

[3]【今注】五銖錢：錢幣名。因之前行用的四銖半兩錢、三銖錢等多有盜鑄、磨錢盜銅等問題，乃於漢武帝元狩五年（前118）鑄行五銖錢，並於元鼎四年（前113）將鑄幣權收歸中央，專令上林三官鑄造。其重如其文，兩面均有周廓，以防磨錢盜銅。五銖錢是中國歷史上行用最久的貨幣，自漢至隋七百餘年，基本上持續沿用。

[4]【今注】御府：王先謙《漢書補注》指出，據本書《百官公卿表》，少府有御府令丞。

　　九月，東郡太守翟義都試，[1]勒車騎，因發犇命，立嚴鄉侯劉信爲天子，[2]移檄郡國，言莽“毒殺平帝，攝天子位，欲絕漢室，今共行天罰誅莽”。[3]郡國疑惑，衆十餘萬。莽惶懼不能食，晝夜抱孺子告禱郊廟，放《大誥》作策，[4]遣諫大夫桓譚等班於天下，[5]諭以攝位當反政孺子之意。[6]遣王邑、孫建等八將軍擊義，分屯諸關，守陷塞。槐里男子趙明、霍鴻等起兵，[7]以和翟義，[8]相與謀曰：“諸將精兵悉東，京師空，可攻長安。”衆稍多，至且十萬人，莽恐，遣將軍王奇、王級將兵距之。[9]以太保甄邯爲大將軍，受鉞高廟，[10]領天下兵，左杖節，右把鉞，屯城外。王舜、甄豐晝夜循行殿中。[11]

[1]【今注】東郡：治濮陽縣（今河南濮陽市西南）。　翟義：漢成帝朝丞相翟方進之子，見王莽有代漢之意，乃起兵。王莽毒殺平帝之説即出於此次起事。事見本書卷八四《翟義傳》。有學者認爲，翟方進之死與王莽迫害有關，翟義起兵有復仇的因素（參見黃一農《漢成帝與丞相翟方進死亡之謎》，《社會天文學十講》，復旦大學出版社 2004 年版）。

[2]【顔注】師古曰：東平煬王之子。

[3]【顔注】師古曰："共"讀曰"恭"。【今注】案，王莽毒殺平帝的説法，美國學者畢漢斯以其嫁女予平帝爲由，認爲其没有作案動機（參見［英］崔瑞德、［英］魯惟一主編《劍橋中國秦漢史》第三章，中國社會科學出版社 1992 年版）。此説顯然是未注意到王莽隔絶乃至殺害平帝母家衛氏一事。單就動機而言，王莽確有作案動機。或因此故，毒殺平帝之説在反莽起義中流傳甚廣。然此説之源頭實出自翟義此次起事。本書《翟義傳》中載翟義與外甥陳豐商議起事時僅云王莽"必代漢家，其漸可見"，起事後忽有"言莽鴆殺孝平皇帝"之説。可見翟義實不知此事之原委，爲起事而造此説而已，班固之意甚明。且平帝去世後無遺詔，似非精心策劃之結果。綜上，王莽雖有殺平帝之動機，然史料中並無其殺平帝之確據。平帝是病死還是毒殺，抑或是被以其他方式害死，已不可知。

[4]【顔注】師古曰：放，依也。《大誥》，《周書》篇名，周公所作也。放，音甫往反。

[5]【今注】諫大夫：漢武帝置，掌諫爭、顧問應對，議論朝政，無定員，秩比八百石。

[6]【顔注】師古曰：諭（諭，蔡琪本、大德本作"喻"），曉告之。

[7]【今注】槐里：縣名。治所在今陝西興平市東南。

[8]【顏注】師古曰：曰（曰，蔡琪本、大德本、殿本作"和"），音胡臥反。

[9]【今注】案，距，殿本作"拒"。

[10]【今注】高廟：即高祖廟，又稱"太祖廟"，是祭祀開國皇帝劉邦的宗廟。西漢新帝即位，須拜謁高祖廟，以宣示自己的合法性和正統性。霍光廢昌邑王時，即曾以"未見命高廟"爲由。惠帝時始設，地方諸郡國皆立。據《三輔黃圖》，京師高廟在長安城安門街東（參見劉慶柱、李毓芳《關於西漢帝陵形制諸問題探討》，《考古與文物》1985 年第 5 期）。

[11]【顏注】師古曰：行，音下更反。

　　十二月，王邑等破翟義於圉。[1]司威陳崇使監軍[2]上書言："陛下奉天洪範，心合寶龜，[3]膺受元命，豫知成敗，咸應兆占，是謂配天。配天之主，慮則移氣，言則動物，施則成化。臣崇伏讀詔書下日，竊計其時，聖思始發，而反虜仍破；[4]詔文始書，反虜大敗；制書始下，反虜畢斬，衆將未及齊其鋒芒。臣崇未及盡其愚慮，而事已決矣。"莽大說。[5]

[1]【今注】圉：縣名。治所在今河南杞縣西南。

[2]【顏注】師古曰：爲使而監軍於外（蔡琪本、殿本此句後有"韋昭曰圉故屬淮陽後屬陳留呂靜曰圉音語"一句）。

[3]【顏注】師古曰：心與龜合也。

[4]【顏注】師古曰：思，慮也。

[5]【顏注】師古曰：說，音曰"悅"（音，殿本作"讀"；大德本無"曰"字）。

三年春，地震。大赦天下。

王邑等還京師，西與王級等合擊明、鴻，皆破滅，語在《翟義傳》。莽大置酒未央宮白虎殿，勞賜將帥。詔陳崇治校軍功，第其高下。莽乃上奏曰："明聖之世，國多賢人，故唐虞之時，可比屋而封，至功成事就，則加賞焉。至于夏后塗山之會，執玉帛者萬國，[1]諸侯執玉，附庸執帛。周武王孟津之上，尚有八百諸侯。[2]周公居攝，郊祀后稷以配天，宗祀文王於明堂以配上帝，[3]是以四海之内各以其職來祭，蓋諸侯千八百矣。《禮記·王制》千七百餘國，[4]是以孔子著《孝經》曰：'不敢遺小國之臣，而況於公侯伯子男乎？故得萬國之歡心以事其先王。'[5]此天子之孝也。秦爲亡道，殘滅諸侯以爲郡縣，欲擅天下之利，故二世而亡。高皇帝受命除殘，考功施賞，建國數百，後稍衰微，其餘僅存。太皇太后躬統大綱，廣封功德以勸善，興滅繼絶以永世，是以大化流通，旦暮且成。遭羌寇害西海郡，反虜流言東郡，逆賊惑衆西土，忠臣孝子莫不奮怒，所征殄滅，盡備厥辜，[6]天下咸寧。制禮作樂，[7]實考周爵五等，地四等，有明文；[8]殷爵三等，有其說，無其文。[9]孔子曰：'周監於二代，郁郁乎文哉！吾從周。'[10]臣請諸將帥當受爵邑者爵五等，地四等。"奏可。於是封者高爲侯伯，次爲子男，當賜爵關内侯者更名曰附城，凡數百人。擊西海者以"羌"爲號，槐里以"武"爲號，翟義以"虜"爲號。

　　[1]【今注】案，《左傳》哀公七年云：“禹合諸侯於塗山，執玉帛者萬國。”

　　[2]【今注】案，《史記》卷四《周本紀》云：“諸侯不期而會盟津者八百諸侯。”

　　[3]【今注】案，《孝經·聖治》云：“昔者，周公郊祀后稷以配天，宗祀文王於明堂，以配上帝。”

　　[4]【今注】案，《禮記·王制》云：“凡九州，千七百七十三國。”

　　[5]【今注】案，蔡琪本、殿本無“其”字。

　　[6]【今注】備：王念孫《讀書雜志·漢書第十五》指出，“備”與“伏”通假。他認爲，“服”“伏”“備”三字，古皆讀如“匐”，字亦相通。《戰國策·趙策二》“今騎射之服”，《史記》卷四三《趙世家》此句“服”作“備”，即爲此例。

　　[7]【今注】案，蔡琪本、大德本、殿本“制禮作樂”前有“今”字。

　　[8]【顏注】蘇林曰：爵五等：公、侯、伯、子、男也。地四等：公一等，侯伯二等，子男三等，附庸四等。

　　[9]【顏注】師古曰：公一等，侯二等，伯、子、男三等。【今注】案，王先謙《漢書補注》引蘇輿説，指出《春秋公羊傳》以伯、子、男統爲一等，合公與侯爲三。此云“無其文”，是因此説僅見於傳，不見於經。

　　[10]【顏注】師古曰：《論語》載孔子之言也。監，視也。二代，夏、殷也。郁郁，文章貌。

　　群臣復奏言：“太后脩功録德，遠者千載，近者當世，或以文封，或以武爵，深淺大小。靡不畢舉。今攝皇帝背依踐阼，宜異於宰國之時，制作雖未畢已，[1]宜進二子爵皆爲公。《春秋》‘善善及子孫’，‘賢者之後，宜有土地'。[2]成王廣封周公庶子六人，皆有茅土。[3]及漢家名相大將蕭、霍之屬，咸及支庶。兄子光，可先封爲列侯；諸孫，制度畢已，大司徒、大司空上名，如前詔書。"太后詔曰："進攝皇帝子褒新侯安爲新舉公，賞都侯臨爲褒新公，封光爲衍功侯。"是時，莽還歸新都國，群臣復白以封莽孫宗爲新都侯。[4]莽既滅翟義，自謂威德日盛，獲天人助，遂謀即真之事矣。

[1]【顏注】師古曰：已，止也。

[2]【今注】案，《春秋公羊傳》昭公二十年云："惡惡止其身，善善及子孫。"昭公三十一年云："賢者子孫宜有地也。"

[3]【今注】茅土：天子分封王、侯時，用代表方位的五色土築壇，按封地所在方向取一色土，包以白茅而授之，作爲受封者得以有國建社的表徵。

[4]【今注】案，封莽孫宗，蔡琪本作"莽孫宗"，殿本作"封莽孫安"。

九月，莽母功顯君死，意不在哀，令太后詔議其服。[1]少阿、羲和劉歆與博士諸儒七十八人皆曰：[2]"居攝之義，所以統立天功，興崇帝道，成就法度，安輯海内也。[3]昔殷成湯既没，[4]而太子蚤夭，其子太甲幼少不明，伊尹放諸桐宫而居攝，以興殷道。周武王既没，周道未成，成王幼少，周公屏成王而居攝，以成周道。[5]是以殷有翼翼之化，[6]周有刑錯之功。[7]今太皇太后比遭家之不造，[8]委任安漢公宰尹群僚，衡平天下。[9]遭孺子幼少，未能共上下，[10]皇天降瑞，出丹石之符，是以太后則天明命，[11]詔安漢公居攝踐祚，[12]將以成聖漢之業，與唐虞三代比隆也。攝皇帝遂開祕府，會群儒，制禮作樂，卒定庶官，茂成天功。[13]聖心周悉，卓爾獨見，發得周禮，以明因監，[14]則天稽古，而損益焉，猶仲尼之聞《韶》，[15]日月之不可階，[16]非聖哲之至，孰能若茲！綱紀咸張，成在一匱，[17]此其所以保佑聖漢，安靖元元之效也。[18]今功顯君薨，《禮》'庶子爲後，爲其母緦'。[19]傳曰'與尊者爲體，不敢服其私親也'。攝皇帝以聖德承皇天之命，受太后之詔居攝踐祚，[20]奉漢太宗之後，[21]上有天地社稷之重，下有元元萬機之憂，不得顧其私親。故太皇太后建厥元孫，[22]俾侯新都，[23]爲哀侯後。明攝皇帝與尊者爲體，承宗廟之祭，奉共養太皇太后，不得服其私親也。《周禮》曰'王爲諸侯緦縗'，[24]'弁而加環経'，[25]同姓則麻，[26]異姓則葛。[27]攝皇帝當爲功顯君緦縗，弁而加麻環経，如天子弔諸侯服，以應聖制。"莽遂行焉，凡壹弔再會，而令新都侯宗爲主，服喪三年云。

[1]【今注】案，何焯《義門讀書記》卷二〇認爲，奪情之制，自王莽開始。

[2]【今注】義和：本是上古神話傳說中的人物，有太陽之母、太陽的駕車人、黃帝時掌天文曆法的官員、帝堯時掌天文的家族等衆多異說。西漢末被王莽借用爲官名，改大司農爲義和，後又改稱納言，掌錢穀金帛諸貨幣。王先謙《漢書補注》則認爲，此時

封劉歆爲羲和，本自爲一官。至王莽稱帝後，改大司農爲羲和。

[3]【顏注】師古曰："輯"字與"集"同。

[4]【今注】成湯：商朝的開國帝王，滅亡夏朝，建立商朝。事見《史記》卷三《殷本紀》。

[5]【顏注】師古曰：屏猶擁也。【今注】屏：《漢書考正》劉敞認爲，即《荀子》所言"屏成王而及武王"。"屏"當爲"卻"之意。

[6]【顏注】師古曰：《商頌·殷武》之詩曰"商邑翼翼，四方之極"，言商邑禮俗翼翼然可則效（效，大德本、蔡琪本、殿本作"傚"），乃四方之中正也。

[7]【顏注】師古曰：謂成康之世囹圄空虛。

[8]【顏注】師古曰：比，頻也。《周頌·閔予小子》之篇曰"遭家不造"。造，成也。故議者引之。

[9]【顏注】師古曰：宰，治也。尹，正也。衡，平也，言如稱之衡。

[10]【顏注】師古曰："共"讀曰"恭"。上下，謂天地。

[11]【今注】案，蔡琪本、大德本、殿本作"太后"前有"太皇"二字。

[12]【今注】案，祚，殿本作"阼"。

[13]【顏注】師古曰：茂，美也。

[14]【顏注】李奇曰：殷因於夏禮，周監於二代。

[15]【顏注】師古曰：孔子至齊郭門之外，遇一嬰兒，挈一壺，相與俱行，其視精，其心正，其行端。孔子謂御曰："趣驅之，趣驅之，《韶》樂方作。"孔子至彼而及《韶》，聞之，三月不知肉味。言天縱多能而識微也，故取喻耳。

[16]【顏注】師古曰：《論語》載子貢叙孔子德云："它人賢者，丘陵也，猶可踰也。仲尼，日月也，無得而踰焉。"又曰："夫子之不可及，猶天之不可階而升也。"

[17]【顏注】師古曰：《論語》云孔子曰："譬如爲山，未成一簣，止吾止也。譬如平地，雖覆一簣，進吾往也。"簣者，織草爲器，所以盛土也。言人脩行道德，有若爲山，雖於平地，始覆一簣之土而作不止，可以得成，故吾欲往觀之。今此議者云莽脩行政化，致於太平本由一簣也。【今注】案，《漢書考正》劉攽認爲，此句意爲王莽制作禮樂已成，然尚有未足。

[18]【今注】元元：百姓，庶民。《戰國策·秦策一》："制海內，子元元，臣諸侯，非兵不可！"高誘注："元，善也，民之類善故稱元。"

[19]【今注】緦（sī）：製作喪服的細麻布。

[20]【今注】案，阼，蔡琪本作"祚"。

[21]【今注】案，太，殿本作"大"。

[22]【今注】厥：其。

[23]【顏注】師古曰：建，立也。元，長也。謂立莽孫宗爲新都侯也。俾，使也。

[24]【今注】縗（cuī）：用粗麻布做成的喪服。

[25]【顏注】師古曰：於弁上加環絰也。謂之環者，言其輕細如環之形。【今注】環絰（dié）：古喪服名。用麻或葛繞成環狀，戴在頭上。

[26]【今注】麻：草本植物，其莖皮纖維可製繩索、織布。

[27]【今注】葛：豆科多年生草本植物，莖可編籃做繩，纖維可織布，塊根肥大，名爲"葛根"，可製澱粉，可入藥。

司威陳崇奏，衍功侯光私報執金吾竇況，[1]令殺人，[2]況爲收繫，致其法。莽大怒，切責光。光母曰："女自眠孰與長孫、中孫？"[3]遂母子自殺，及況皆死。初，莽以事母、養嫂、撫兄子爲名，及後悖虐，復以示公義焉。[4]令光子嘉嗣爵爲侯。

[1]【今注】執金吾：官名。西漢中央諸卿之一，西漢前期稱
"中尉"，漢武帝時改稱"執金吾"，職掌宮殿之外、京城之内的警
備事務，天子出行時充任儀衛導行。秩中二千石。

[2]【今注】案，人，蔡琪本、殿本作"之"。

[3]【顏注】師古曰：長孫、中孫，莽子宇及獲字也（字，
殿本作"衍"）。皆爲莽所殺，故云然。"中"讀曰"仲"。

[4]【顏注】服虔曰：不舍光罪爲公義。

莽下書曰："遏密之義，訖于季冬，[1]正月郊祀，
八音當奏。王公卿士，樂凡幾等？五聲八音，[2]條各云
何？其與所部儒生各盡精思，悉陳其義。"

[1]【顏注】張晏曰：平帝以元始五年十二月崩，至此再朞
年也。師古曰：《虞書》："放勳乃徂，百姓如喪考妣，三載，四海
遏密八音。"遏，止也。密，靜也。謂不作樂也。故莽引之。【今
注】案，季，蔡琪本作"委"。

[2]【今注】五聲：古代音律中的五個音階。即宮、商、角、
徵、羽。相當於現代音律中的1、2、3、5、6。 八音：古代音樂
中八種製造樂器的材質，即金、石、土、革、絲、木、匏、竹。
《周禮·春官宗伯》云："皆文之以五聲：宮、商、角、徵、羽。皆
播之以八音：金、石、土、革、絲、木、匏、竹。"

是歲廣饒侯劉京、車騎將軍千人扈雲、太保屬臧
鴻奏符命。[1]京言齊郡新井，雲言巴郡石牛，鴻言扶風
雍石，莽皆迎受。十一月甲子，莽奏太后：[2]"由陛
下至聖，遭家不造，遇漢十二世三七之阸，承天威命，
詔臣莽居攝，受孺子之託，任天下之寄。臣莽兢兢業

業，懼於不稱。[3]宗室廣饒侯劉京上書言：'七月中，齊郡臨淄縣昌興亭長辛當一暮數夢，[4]曰："吾，天公使也。天公使我告亭長曰：'攝皇帝當爲真。'即不信我，此亭中當有新井。"亭長晨起視亭中，誠有新井，[5]入地且百尺。'十一月壬子，直建冬至，[6]巴郡石牛，[7]戊午，雍石文，[8]皆到于未央宮之前殿。臣與太保安陽侯舜等視，天風起，塵冥，風止，得銅符帛圖於石前，文曰：'天告帝符，獻者封侯。承天命，用神令。'騎都尉崔發等眠説。[9]及前孝哀皇帝建平二年六月甲子下詔書，更爲太初元將元年，案其本事，甘忠可、夏賀良讖書臧蘭臺。[10]臣莽以爲元將元年者，大將居攝改元之文也，於今信矣。《尚書·康誥》：'王若曰："孟侯，朕其弟，小子封。"'[11]此周公居攝稱王之文也。[12]《春秋》隱公不言即位，攝也。此二經周公、孔子所定，蓋爲後法。孔子曰：'畏天命，畏大人，畏聖人之言。'[13]臣莽敢不承用！臣請共事神祇宗廟，奏言太皇太后、孝平皇后，皆稱假皇帝。[14]其號令天下，天下奏言事，毋言'攝'。以居攝三年爲初始元年，[15]漏刻以百二十爲度，[16]用應天命。臣莽夙夜養育隆就孺子，[17]令與周之成王比德，宣明太皇太后威德於萬方，期於富而教之。孺子加元服，復子明辟，如周公故事。"奏可。衆庶知其奉符命，指意群臣博議別奏，以視即真之漸矣。[18]

　　[1]【顏注】師古曰：千人，官名也，屬車騎將軍。匿其姓，

雲其名。【今注】廣饒：侯國名。治所在今山東廣饒縣、壽光市交界處。漢武帝元鼎元年（前 116）封菑川王子劉國爲廣饒侯。案，太，殿本作"大"。

［2］【今注】案，奏太后，蔡琪本、大德本、殿本作"上奏太后曰"。

［3］【顏注】師古曰：兢兢，慎也。業業，危也。

［4］【今注】臨淄：縣名。治所在今山東淄博市臨淄區齊都鎮。 亭長：主管亭部的小吏。亭，秦漢時具有軍事治安和郵驛館舍職能的基層單位。

［5］【顏注】師古曰：誠，實也。

［6］【顏注】師古曰：壬子之日冬至，而其日當建。

［7］【今注】巴郡：治江州（今重慶市北嘉陵江北岸）。

［8］【今注】雍：縣名。屬右扶風，治所在今陝西鳳翔縣西南豆腐村、河南屯之間。

［9］【顏注】師古曰：眂，古"視"字也。視其文而説其意也。

［10］【顏注】師古曰：蘭臺，掌圖籍之所。【今注】甘忠可：西漢術士，自稱爲赤精子之徒，造《天官曆》、《包元太平經》十二卷，宣揚漢朝當更受命。成帝時爲劉向所告，下獄而死。 夏賀良：西漢術士，甘忠可之徒。哀帝時，被推薦待詔黃門，建議哀帝改元，"再受命"。建平二年（前 5），哀帝改元"太初元將"，稱"陳聖劉太平皇帝"，以冀病體好轉。後因身體不見好轉，乃復廢改元之事，夏賀良下獄而死。

［11］【顏注】師古曰：孟，長也。孟侯者，言爲諸侯之長也。封者，衛康叔名。

［12］【今注】此周公居攝稱王之文也：王先謙《漢書補注》引蘇輿曰，《尚書》今文説確實如此。故本書卷八四《翟方進傳》載王莽仿《大誥》文直作"攝皇帝若曰"。王肅以《大誥》之王爲

成王，誤。《尚書》凡言周公述王命者，皆言“周公”以別之，如《多方》《多士篇》皆是。《大誥》《康誥》不然，其“王”所指爲周公。因此王莽多假引此二篇文也。

[13]【顏注】師古曰：《論語》載孔子之言也。已解在上。

[14]【顏注】師古曰：共，音曰“恭”（音，殿本作“讀”）。

[15]【今注】案，《資治通鑑》卷三六《漢紀》王莽始初元年《考異》云：“《莽傳》作‘初始’。荀《紀》及韋莊《美嘉號錄》、宋庠《紀年通譜》皆作‘始初’。今從之。”

[16]【今注】漏刻以百二十爲度：何焯《義門讀書記》卷二〇指出，百二十度用夏賀良僞書。今案，漢哀帝再受命時，曾用此法，詳見本書卷一一《哀紀》。時以總度數除以十二時辰，用以計時。舊以一百爲度，無法整除十二，改用夏賀良此法便於計算。是知夏賀良雖以神道設教，然其背後實有合理性所在。惜乎新莽滅後，此法亦廢。

[17]【顏注】師古曰：隆，長也。成就之使其長大也。【今注】案，《漢書考正》劉奉世認爲，此事當發生在孺子居攝二年（7）冬，這樣纔能請以居攝三年爲初始元年。傳中以此時爲居攝三年，有誤。今案，劉說誤。漢代經常當年改元，甚至追改早前年份之年號。如本書卷七《昭紀》元鳳元年（前80）八月，“改始元爲元鳳”。卷八《宣紀》神爵元年（前61）三月，“其以五年爲神爵元年”。卷一〇《成紀》河平元年（前28）三月，“其改元爲河平”。皆爲其例。再如居延漢簡發現標有“本始六年三月”之文牘，故王國維認爲，地節元年（前69）乃至二年皆爲後來追改。辛德勇則進一步認爲，此事與當時政治形勢有很大關係，宣帝本始六年（前68）亦即地節二年，霍光去世，宣帝親政，追改年號爲地節，暗含對霍氏家族之警告（參見辛德勇《建元與改元——西漢新莽年號研究》，中華書局2013年版）。

[18]【顏注】師古曰：“視”讀曰“示”。

　　期門郎張充等六人謀共劫莽，[1]立楚王。[2]發覺，誅死。

　　[1]【今注】期門：王先謙《漢書補注》指出，平帝元始元年（1），期門已更名“虎賁”。與此記載不同。

　　[2]【今注】楚王：《資治通鑑》卷三六《漢紀》王莽始初元年胡三省注指出，楚王紆爲宣帝曾孫。

　　梓潼人哀章[1]學問長安，素無行，好爲大言。見莽居攝，即作銅匱，爲兩檢，[2]署其一曰“天帝行璽金匱圖”，其一署曰“赤帝璽某傳予黄帝金策書”。[3]某者，高皇帝名也。書言王莽爲真天子，皇太后如天命。圖書皆書莽大臣八人，又取令名王興、王盛，章因自竄姓名，[4]凡爲十一人，皆署官爵，爲輔佐。章聞齊井、石牛事下，即日昏時，衣黄衣，持匱至高廟，以付僕射。[5]僕射以聞。戊辰，莽至高廟拜受金匱神嬗。[6]御王冠，謁太后，還坐未央宫前殿，下書曰：“予以不德，託于皇初祖考黄帝之後，皇始祖考虞帝之苗裔，而太皇太后之末屬。皇天上帝隆顯大佑，成命統序，符契圖文，金匱策書，神明詔告，屬予以天下兆民。[7]赤帝漢氏高皇帝之靈，承天命，傳國金策之書，予甚祇畏，敢不欽受！以戊辰直定，[8]御王冠，即真天子位，定有天下之號曰新。其改正朔，易服色，變犧牲，殊徽幟，異器制。[9]以十二月朔癸酉爲建國元年正月之朔，[10]以雞鳴爲時。[11]服色配德上黄，犧牲應正用白，[12]使節之旄幡皆純黄其署曰‘新使五威節'，[13]以承皇天上帝威命也。"

[1]【顏注】師古曰：梓潼，廣漢之縣也。潼，音"童"。
【今注】梓潼：縣名。治所在今四川梓潼縣。 哀章：周壽昌《漢
書注校補》指出，《後漢書》卷一一《劉元傳》注引《風俗通》
稱，哀姓是以魯哀公諡號爲姓。

[2]【今注】檢：《資治通鑑》卷三六《漢紀》王莽始初元年
胡三省注引毛晃説，稱"檢"爲"書檢"之意，即印窠之封題。

[3]【今注】案，蔡琪本、大德本、殿本"璽"前有"行"
字。 予：《資治通鑑》卷三六《漢紀》王莽始初元年胡三省注指
出，此處"予"和"與"通假。

[4]【顏注】師古曰：竄，謂厠著也。

[5]【今注】僕射：秦漢置爲侍中、謁者、博士、郎等諸官之
長。因古時重武臣，以善射者掌事，故名。依其職事爲稱。《資治
通鑑》卷三六《漢紀》王莽始初元年胡三省注認爲，高廟設置有
令、僕射。王先謙《漢書補注》認爲，奉常有高廟令，但無高廟
僕射。

[6]【顏注】師古曰：嬗，古"禪"字。言有神命，使漢禪
位於莽也。

[7]【顏注】師古曰：屬，委付也，音之欲反。

[8]【顏注】師古曰：於建除之次（於，蔡琪本作"以"），
其日當定。【今注】以戊辰直定：周壽昌《漢書注校補》指出，
《淮南子·天文訓》有云："寅爲建，卯爲除，辰爲滿，巳爲平，主
生。午爲定，未爲執，主陷。申爲破，主衡。酉爲危，主杓。戌爲
成，主少德。亥爲收，主大德。子爲開，主太歲。丑爲閉，主太
陰。"而後世的"日者書"認爲以隨月日爲轉移，十二干無定屬，
不用此法。但基本仍以除、危、定、執爲吉，建、滿、平、收爲
次，成、開亦吉，閉、破則凶。據此，知其法自漢已然。莽信時日

小數，故取諸此。上文云"十一月壬子，直建冬至"，注云"其日當建"，亦與此同。周氏又指出，《隋書·律曆志上》云："後魏景明中，并州人王顯達獻古銅權一枚，上銘八十一字。其銘云'律權石，重四鈞'，又云'黄帝初祖，德帀于虞。虞帝始祖，德帀于辛。歲在大梁，龍集戊辰。戊辰直定，天命有人。據土德，受正號即真。改正建丑，長壽隆崇。同律度量衡，稽當前人。龍在己巳，歲次實沈，初班天下，萬國永遵。子子孫孫，享傳億年'。"周氏認爲，此權亦王莽此日所制，故有"戊辰直定"四字。錢大昭《漢書辨疑》指出，魏文帝受禪，以十月二十九日辛未直成日成定，亦取吉祥之意。

[9]【顏注】師古曰：徽幟，通謂旌旗之屬也。幟，音式志反。

[10]【今注】十二月：漢武帝太初改制，以漢代爲黑統，建寅，即以農曆一月爲正月。根據三統説，繼黑統者爲白統，建丑，即以農曆十二月爲正月。又，何焯《義門讀書記》卷二〇指出，魏曹叡景初元年（237），改用建丑之月（農曆十二月）爲正月，凡三年，曹芳嗣位，改元正始，以叡忌日在正月爲辭，復用建寅之月（農曆一月）爲正月。何氏認爲，曹魏改回曆法當與其認識到王莽篡位亦以丑月爲正有關。 建國：《漢書考正》劉攽認爲，王莽改年號爲始建國，此言"建國"，當誤。

[11]【今注】以雞鳴爲時：《資治通鑑》卷三六《漢紀》王莽始初元年胡三省注指出，此句意爲以丑時爲十二時之始。

[12]【今注】案，《資治通鑑》卷三六《漢紀》王莽始初元年胡三省注指出，王莽以土德繼火德，故尚黄。又依照三正説，以丑正之白統繼寅正之黑統。按三正説，丑月（農曆十二月）萬物萌芽，其色白，故而用白。

[13]【今注】旄：竿頂用犛牛尾裝飾的旗子。 案，幡，殿本作"旛"。